SIGNED

SIGNED

LARISSA
KIKOL

UNTERWEGS MIT DER 1UP-CREW UND MOSES & TAPS™

DCV

Für meine neugierige Mutter

Ähnlichkeiten mit lebenden Personen sind REINER Zufall.

1. Teil

Berlin, Wedding

Der Wecker klingelte fünfzehn Minuten vorher. Ich werde um 5:30 Uhr abgeholt. Beim Zähneputzen packe ich die Tasche und stopfe Jacke, Ausweis und Bargeld hinein. Ich denke daran, dass sich in diesem Moment noch wenigstens 20 weitere Gruppen fertig machen. Eine Morgengymnastik für alle Mannschaften. Beruhigend. Bei durchschnittlich fünf Spielern pro Team macht das 100 Leute. Ein Team besteht aus zwei Checkern und drei Sprühern. 40 Checker, die bald ganz genau wissen werden, was an den U-Bahnhöfen passiert, und die sich schon auf das Frühstück danach freuen. Die beobachten, wo ein Betrunkener randaliert, wo ein Fahrer seine Zigarette raucht, welche Züge ausfallen und welche BVG-Mitarbeiter zu spät ihren Dienst antreten. 60 Sprüher, die sich gleich ihre Handschuhe überziehen und Dosen schütteln. Ich verlasse meine dunkle Wohnung und hole mir einen Kaffee gegenüber, während in der Stadt 1500 Dosen durchgeschüttelt werden. Eine Mobilität der Sucht, die an Produktivität durch keine andere zu überbieten ist. An den Spots in den Tunneln werden einige die Ersten sein, andere dürfen dazukommen oder müssen wieder gehen. Nacht für Nacht schleichen Männer und Frauen über S-Bahn-Gleise und im blauen Licht der U-Bahn-Tunnel herum – einem unterirdischen System, das sie besser kennen als die meisten BVG-Mitarbeiter. Es gibt Notausgänge, die hoch auf die Straße führen, deren Schachtklappen man öffnet und deren Sensoren sich vorher präparieren lassen. Das U-Bahn-Netz ist längst in ihrer Hand. Die stillste Macht ist auch gleichzeitig die stärkste. Seit ein paar Jahren können die Züge so schnell gar nicht mehr geputzt werden. Der BVG fehlt das Geld dafür. Die bunten, fahrenden Waggons locken noch mehr Sprüher an, und zwar aus der ganzen Welt.

Ich stehe pünktlich auf der Straße. In Steffens Auto läuft MIA. Ricky sitzt auf dem Beifahrersitz und schüttelt Dosen. Ich steige hinten ein. Alle sind noch müde. Wir gucken aus dem Fenster, um größere Unterhaltungen zu vermeiden. Die Lichter der Nacht und das Klirren der Kugeln in den Dosen mischen sich in die Musik. In einem dunklen Park sitzen die anderen auf einer Tischtennisplatte und gucken entspannt in die Sterne. Im Gebüsch gegenüber lärmt es. Sie gucken hinüber.

»Ratten«, sagt Ricky zu mir.

Ich hatte gehofft, einen Waschbären zu sehen.

»Weiß einer, welcher Zug da jetzt steht? Vielleicht ist nicht genug Platz für uns alle.«

Auf der Tischtennisplatte hocken sechs Maler, zwei aus Holland, vier aus Berlin: Steffen, Ricky, Ines und Sola. Daneben ein Typ, der Fotos machen will und seine Kamera fest umschlungen auf seinem Schoß hält. Daneben sitzen zwei Checker.

Ricky will, dass sich die Touris „anstellen". Das heißt nicht, dass sie später reingehen, sondern dass man ihnen einen Platz am Wagen zuteilt. Manchmal muss auch was übermalt werden, damit jeder rankann.

Ein Eichhörnchen springt panisch aus dem Gebüsch. Hinter ihm kaut eine Ratte gemütlich auf einer Fritte.

»Lass uns gehen, erklär ihr die Station«, meint Steffen und schaut mich dabei an.

Ricky gibt mir das alte Nokia-Telefon und ein Headset. Unten in der U-Bahn-Station ist es heiß, die Bäckereien sind noch geschlossen, und die blau gekachelten Wände sehen aus, als hätte sich der Schweiß der gesamten Stadt in sie eingebrannt. Sie sind ausgeblichen und glitschig, wie der Boden eines alten Schwimmbads. »Wenn man da näher herangeht, sieht man bestimmt Haare und nasse Pflaster auf ihnen kleben«, denke ich.

»Hier auf die Tür musst du achten.«

Hinter einer Glastür sieht man einen langen Flur.

»Links sind die Türen zu den Aufenthaltsräumen für die BVG-Mitarbeiter. Das ist egal. Aber guck, wenn einer ganz hinten durchläuft. In die blaue Tür.«

»Die ist grau.«

»Nee, dahinten die blaue Tür.«

»Ich sehe nur eine graue.«

»Echt? Aber es geht auch nicht um Farben. Immer nur um Style. Hier hast du direkt mal was gelernt.« Ricky schlägt mir auf die Schulter.

»Also, wenn da einer durchgeht, kommt der in den Tunnel. Guck, ob da einer durchgeht. Und hier die beiden Seiten, ob die über den Steg in den Tunnel gehen. Da ist noch 'ne Tür, guck da auch drauf. Und hier steht die Kofferbombe.« Er zeigt auf einen herrenlosen Koffer, der an der Treppenwand lehnt. Wir betrachten ihn. Keiner kommt ihn holen.

»Nicht schlimm, passiert hier öfter.«

Mir gefällt das nicht.

»Ist aber scheiße mit dem Koffer«, sage ich.
»Nee, ist egal. Ich ruf dich an, bis gleich.«
Ich gehe um den Koffer herum und setze mich auf die hintere Bank, direkt vor die Glastür mit dem Flur dahinter. Neben den Türen, den Tunneleingängen, den Zuganzeigen und den Leuten beobachte ich jetzt auch noch den Koffer. Um 6:45 Uhr werde ich angerufen. Die Lautstärke hatte Ricky vorher auf Maximum gestellt. Es schrillt in meinen Ohren. Für die nächsten zwei Stunden werde ich mit Ricky auf der Standleitung verbunden bleiben.
»Hi, alles gut?«
»Ja, alles ruhig hier.«
»Sag mal die Takte, wir gehen jetzt rein.«
Ricky und die anderen stehen auf dem nächsten U-Bahnhof. Sie laufen vor ans Gleisende und ziehen sich ihre orangefarbenen Warnwesten über. Die sind nicht nur Bauarbeiterbekleidung, diese Westen tragen auch die Putzkräfte oder andere Mitarbeiter der BVG. Darum gehören sie auch zur Berufsgarderobe der Sprayer. In dieser Nacht werden sehr viele zusätzliche Arbeiter in orangefarbenen Westen in die Tunnel steigen. Die Station ist fast leer, keiner kümmert sich um sie.
»Richtung Rathaus Spandau kommt der Zug in drei Minuten, Richtung Rudow in neun Minuten«, sage ich.
»Okay.«
Ricky schließt mit seinem Schlüssel die Gittertür am Ende des Stegs auf, die in den Tunnel führt. Die sechs Sprüher gehen zügig mit ihren Sporttaschen hinein, der Fotograf läuft hinter ihnen her und weiß nicht, ob er schon Bilder machen soll. Er lässt es erst mal bleiben.
»Sag noch mal die Takte.«
»Rathaus zwei Minuten, Rudow acht Minuten.«
»Und die Tür?«
»Alles gut.« Ich höre Schnaufen und Rauschen.
»Rathaus eine Minute, Rudow sieben Minuten.«
Weiteres Schnaufen.
»Rathaus blinkt jetzt.«
»Sag, wenn er einfährt.«
»Fährt jetzt ein.«
»Rathaus fährt jetzt ein«, sagt Ricky zu Ines und Steffen.

Am Gleis läuft ein alter Mann, ungefähr Mitte 70, mit langen grauen Haaren, langem Bart und sehr kurzen Shorts zielstrebig Richtung Tunneleingang. Er stellt sich vor die Gittertür und starrt ins Dunkle.

»Da steht so 'n alter Mann, Mitte 70, mit grauem Bart und langen grauen Haaren und guckt direkt in den Tunnel.«

»Telefoniert der?«

»Nee.«

»Da steht so 'n alter Mann mit grauem Bart vorm Tunnel und guckt rein«, sagt Ricky zu den anderen.

»Ist der so Mitte 70?«, fragt Ines zurück. »Hat der lange graue Haare?«

»Ja«, sagt Ricky.

»Der ist nicht schlimm, der steht oft da und guckt, wie die Züge einfahren.«

»Haste Ines gehört?«

»Ja. Rathaus fährt ab.«

»Rathaus fährt jetzt ab.«

Ich schaue zum Koffer. Ein BVG-Mitarbeiter kommt aus der Glastür und geht an ihm vorbei zum Ausgang. Auch ihn interessiert die potenzielle Bombe nicht.

»Wir sind jetzt zwischen den Zügen. Takte sind jetzt egal.«

Ich höre, wie sie den Platz einteilen. Ricky stellt sich etwas abseits mit einem Waggon Abstand zu den Touris, er braucht seinen Freiraum. Ein Betrunkener macht sich währenddessen am Koffer zu schaffen und schaut hinein. Dann schlendert er weiter. Anscheinend ist der Koffer leer.

»Bei dir alles gut?«, fragt mich Ricky.

»Ja, alles ruhig hier.« Sie fangen an zu malen. Das Geräusch von entstehendem Farbnebel ist eines der beruhigendsten, das ich kenne. Ich entspanne mich jetzt und gucke weiter auf die Türen. Ricky ist nun wach: »Hast du schon gefrühstückt?«

»Hatte 'nen Kaffee und 'ne Zigarette.«

»Und du bist also Doktor?«

»In Kunstwissenschaft, ja.«

»Und worüber hast du die Doktorarbeit geschrieben?«

»Also, hauptsächlich habe ich Kritzel analysiert. Von Ernst Ludwig Kirchner übers 20. Jahrhundert bis heute zu Günther Förg und Jonathan Meese.«

»Und was gab es da?«

»Den Krakel, den spitzen Typ, den runden, den geschlagenen oder den spiralartigen Typ. Dann noch den erzählenden Strich, den gesetzten Punkt und den geschlagenen Punkt. Und auch den abgesetzten Strich und die geschlossene Figur.«

Ricky lacht. »Hört sich ja an wie im Ballett.«

»Nach Kurt Staguhn bildet die Kritzelphase ein Urphänomen der Verhaltensmöglichkeiten, in dem Bewegung in ein grafisches Abbild überführt wird.«

Es zischt weiter. Ricky zeichnet seine Buchstaben vor.

»Find ich super, dass du in Kritzel promoviert hast.«

»Hilft auch bei der Betrachtung von Tags.«

»Gibt es auch ein geschlagenes Stakkato?«

»Ich sehe hier gerade was.«

»Was?«

»Warte mal.«

»Was?!«

»Da gehen zwei Securitys auf den Tunnel zu, die gucken rein.«

»Sie sagt, da sind zwei Securitys vor dem Tunnel.«

»Die gehen jetzt rein.«

»Die kommen rein.«

Es klappert am anderen Ende der Leitung. Ich höre, wie hastig die Dosen zusammengepackt werden.

»Siehst du sie?«

»Nee, die sind drin.«

Schnaufen, Laufgeräusche.

»Die kommen jetzt wieder raus.«

»Was machen die? Telefonieren?«

»Nee, die unterhalten sich. Gehen jetzt zur anderen Seite, Richtung Rathaus. Die schließen die Tür daneben auf und holen Westen raus.«

»Und jetzt?«

»Die gehen jetzt auf der anderen Seite rein.«

»Scheiße.«

Sie rennen.

»Lass uns doch mal am Notausgang warten. Was machen die?«

»Die sind noch im Tunnel.«

Die anderen wollen nicht warten. Sie gehen hoch und öffnen den Ausgang. Jedes Mal, wenn der Notausgang geöffnet wird, schlägt ein Melder Alarm. Damit ist es offiziell. Zurück können sie nicht mehr.

»Wir sind oben. Geh mal hoch auf die Straße, und guck, was da los ist.«

Ich gehe hoch. Oben fährt ein Polizeiauto vorbei. Es hält nicht an.

»Ist da Polizei?«

»Nee, die sind weitergefahren Richtung Tiergarten.«

»Wir können jetzt nicht mehr runter, der Alarm ist schon ausgelöst. Scheiße, warum ist da keine Polizei?«

»Keine Ahnung, hier ist keiner.«

»Scheiße. Und ein Helikopter?«

»Auch nicht.«

»Bestimmt Fehlalarm. Haben die dich unten angeguckt?«

»Nee.«

»Dann geh mal wieder runter, und guck, was da los ist.«

Ich steige die Stufen wieder hinunter. Die Securitys gehen gerade in die entgegengesetzte Richtung und gucken ins andere Tunnelende.

»Scheiße«, sagt Ricky, »das war bestimmt nur ein Routinecheck.«

»Käme dann wirklich ein Helikopter?«

»Nee.« Ricky lacht. »Nicht in der Stadt. Hab dir das nur gesagt, damit du auch was Dramaturgie hast in deiner Geschichte. Ich hätte auch sagen können: Ey, wenn ich schon abbreche, will ich wenigstens, dass hier ein Helikopter fliegt.«

»Fänd ich auch sehr schön mit einem Helikopter.«

»Ja, sorry, dass wir keinen hier haben. Aber geh mal wieder hoch, komm zu dem Frühstücksladen. Dann gehen wir jetzt halt Rührei essen.«

Der Frühstücksladen im Wedding ist ein türkischer Imbiss, der wie ein amerikanisches Diner aussieht. Neben ein paar echten Bauarbeitern sind wir die Einzigen dort. Man bleibt quasi unter Kollegen und grüßt sich. Hier heißt die Eierspeise Menemen. Das ist Rührei mit Käse und türkischen Gewürzen, Rickys Lieblingsessen im Diner. Er spendiert mir ein Menemen mit Sucuk, der türkischen Knoblauchwurst.

»Damit du bei Kräften bleibst«, sagt er zu mir.

Es ist jetzt 7:45 Uhr. Wir sitzen draußen auf der Terrasse unter einem großen Sonnenschirm. Es regnet in Strömen.

»Ich hätte noch zehn Minuten gebraucht«, flucht Ricky. »Ich hab noch gesagt, lass uns unten warten, aber ihr wolltet ja hoch.«

Ines kramt eine Skizze aus ihrem BH hervor. Auch sie ist nicht fertig geworden.

Wir essen alle, und unsere Enttäuschung wird mit Eiern, Nutella, Käse und Marmelade getröstet. Nur der Fotograf ist froh, er hat seine Fotos bekommen, ob die Graffitis jetzt fertig wurden oder nicht, interessiert ihn nicht. Die anderen wollen seine Fotos sehen, er zeigt sie ihnen auf dem Display, ohne dabei seine Kamera loszulassen.

Berlin, am Kiosk, Rückblick

Als ich das erste Mal versuchte, mich über 1UP zu informieren, war das spätabends und verwirrend. Es gab so viele Videos, ich konnte mich nicht entscheiden. Da waren erst mal die Städte, und dann malten sie noch auf ein großes Schiff in einem türkisenen Meer, und aus Korallen wuchs unter Wasser auch ein 1UP hervor, und auf einem riesigen Hochhaus in Bangkok stand ganz oben ihr Name. Und dann natürlich Berlin, an den Häuserwänden, in Kreuzberg und Neukölln. Dann die Videos mit den Berliner U-Bahnen und S-Bahnen. Ich wusste nicht, wo ich anfangen sollte. Also ging ich erst mal raus, es war Winter; warm anziehen und zum Kiosk. Ich nahm mir eine Flasche Köstritzer und sagte dem Kioskchef, dass die zum Hiertrinken sei. Er machte sie mir schon mal auf, und ich setzte mich draußen an seinen Biertisch mit dem Heizpilz. Der Kioskchef und seine Frau Martina setzten sich zu mir. Sie tranken Kaffee aus braunen Plastikbechern.

»Könnt ihr mir sagen, was 1UP so macht? Da sind so viele Videos, ich habe mir die noch nicht alle angeguckt«, fragte ich beide.

»Die sind doch hier aus Kreuzberg. Guck doch mal hoch.«

Ich guckte am Haus hoch. Oben stand groß »1UP«.

»Ach ja.«

»Warum willst du das denn wissen?«, fragte Martina.

»Ich muss über die was schreiben. Also, ich werde die bald interviewen, für *Kunstforum*, und ich muss dazu eine Einleitung schreiben, also die vorstellen. Aber ich will die auch nicht fragen, wie ich sie vorstellen soll, das klingt ja auch unprofessionell. Könnt ihr mir da nicht helfen?«

»Was willst du denn wissen?«

»Machen die richtig viel? Auch illegal?«

»Ja, das meiste ist illegal. Die haben auch viele Leute in anderen Städten. Und Ländern. Die sind bestimmt so um die 50.«

»Jahre alt?«

»Nee, Leute.«

»Ach so. Warte, ich schreibe mal mit.«

»Ja.«

»50 Leute«, sagte ich.

»So in etwa.«

»Und was machen die so? Hast du vielleicht einen Apfel?«

»Warum einen Apfel?«

»So zum Schreiben. Das ist immer gut mit Apfel.«

Der Kioskchef hatte eine Apfelkiste neben der Kartoffelkiste und gab mir einen.

»Toll. Danke. Zahle ich dir gleich. Und was machen die?«

»Feuerlöschertags, Streichbilder auf den flachen Dächern hier an der U-Bahn-Linie entlang oder vom Dach an der Wand runter und halt U-Bahnen und dann meistens bei fahrenden U-Bahnen, also Backjumps und so.«

»Ach so.«

»Weißt du, wenn da Leute drin sind und die ganz normal fahren und man die Bahn dann aufhält und ganz schnell zumalt.«

»Klar.«

»Wholecars und Wholetrains.«

»Ja?«

»Also einen ganzen Waggon von oben bis unten oder einen ganzen Zug mit allen Waggons komplett voll.«

»Ja.«

»Immer zu mehreren, als Gruppe halt, nur so können die ja in ein, zwei Minuten so viel Fläche am Zug füllen. Und die Backjumps machen. Weil sie halt so viele sind. Und dann reisen die halt auch viel, da sind dann die ganzen Videos her, die sind halt auch bekannt für ihre Reisen. Und manche malen auch so Murals. Also so große Wandbilder.«

»Mich interessieren eher so illegale Sachen.«

»Ja, dann all das, was ich davor gesagt habe.«

»Und das ist richtig viel?«

»Ja.«

»Und werden die gesucht? Von der Polizei?«

»Ja. Man kennt sie ja auch überall. Also in Europa eh. Und auch noch weiter.«

»Und wie malen die?«

»Ja eher freier. Nicht so krass auf Style aus.«

»Ach so.«

Später wird mir einer von 1UP, der der Redner heißen wird, dazu erzählen:

Uns ist die kollektive Dynamik wichtig. Und im Fokus steht gar nicht so sehr das fertige Bild, sondern die Intervention im öffentlichen Raum. Bei einem der letzten Chrome-Wholetrains, also einem Zug, der über alle Waggons komplett besprüht wurde, haben ungefähr 30 Leute 1,5 Minuten gemalt. Das fertige Zuggraffito war nicht überall gut ausgemalt, auch hat beim »P« die Second Line gefehlt, weil die Farbdose vergessen wurde. Trotzdem war es ja eine geglückte Aktion. Diese Fehler sind für uns nicht sehr wichtig. Das Werk ist eben nicht nur das finale, abgeschlossene Bild auf dem Zug, sondern die gesamte Aktion. Daran sind genauso die Leute beteiligt, die draußen aufpassen, sowie die, die filmen.[1]

»Der Apfel ist echt lecker.«

»Türkischer Anbau. Aus Brandenburg.«

»Toll, da wird türkischer Anbau betrieben?«

»Ja, klar.«

»Und wie ist es in Brandenburg?«

»Nicht schön.«

»Glaube ich.«

»Und warum interviewst du 1UP?«

»Ich mache so eine Graffiti-Ausgabe. Moses und Taps kommen auch drin vor.«

»Die sind auch super. Aber ganz anders.«

»Stimmt, die sind anders.«

»Wie anders?«, fragte ich.

»Ja, anders halt.«

»Stimmt.«

»Aber sie alle machen ja Züge.«

»Aber die einen machen halt mehr U-Bahnen und S-Bahnen und in Berlin und so, und Moses und Taps machen ja eher ICEs.«

»Auch der Style, auch der Humor, auch das Ganze halt. Man kann die nicht vergleichen.«

»Nee, kann man nicht.«

»Okay, kann man nicht.« Ich notierte mir, dass man sie nicht vergleichen kann. »Und was haben die gemeinsam?«, fragte ich.

»Mhm. Die machen halt.«

»Ja, die machen. Das sind Macher.«

»Okay.«

»Das kriminelle Talent.«

»Das kriminelle Geschick.«

»Aber auch anders.«

»Aber gebündelt wäre das ja was.«

»Das ist ja auch ungebündelt schon genug.«

»Ja, das ist viel. Echt gut.«

»Dass die halt so lange schon dabei sind, nicht so ein paar Jahre wie viele, die dann aufhören. Halt die Ausdauer.«

»Ja, okay.«

»Und was sonst noch?«

»Schwer.«

»Echt schwer zu sagen.«

»Kennen die sich untereinander?«

»Ich glaube nicht. Nee.«

Der Apfel war rundum gut abgebissen und das Bier fast ausgetrunken.

»Was soll ich denn jetzt in die Einleitung schreiben? Willst du das nicht machen? Oder du?«, fragte ich Martina und den Kioskchef.

»Nee, mach du mal.«

»Ich sag dir was vor«, sagte Martina.

Wir fingen an, den Text zusammen zu schreiben, aber das wurde etwas kompliziert, weil beide da plötzlich sehr motiviert waren, und darum schrieb einer von ihnen über 1UP und der andere über Moses und Taps. Ich habe vergessen, wer was schrieb, und als ich sie später noch mal fragte, welche Autorennamen ich unter die Einführungen setzen sollte, meinten sie, »gar keine«.

Ihre Texte lauteten dann so:

Die Berliner Gruppe 1UP (One United Power) zählt zu den aufsehenerregendsten Sprayercrews aus Deutschland. Die vielen Mitglieder malen nicht, wie sonst üblich, ihre eigenen Namen, sondern den der Gruppe. Ihre illegalen Aktionen machten sie darüber hinaus international bekannt. Zuletzt publizierten sie ihr Künstlerbuch One Week with 1UP *mit der US-amerikanischen Graffiti- und Street-Art-Fotografin Martha Cooper. Ihr Film* One United Power *kam 2011 heraus und dokumentierte ihre Aktionen und Werke, unter anderem in Paris, Istanbul und Thailand. Ihr erstes Buch* I Am 1UP *erschien 2014 zu ihrer gleichnamigen Ausstellung in der Galerie Urban Spree in Berlin.*

Im Interview erzählen sie, was das Besondere an Berliner Dächern ist, wozu sie Wildkameras brauchen und wie die Architektur einer Stadt wie Berlin die Ästhetik von Graffiti mitprägt.[2]

Und:
Moses und Taps sind ein deutsches Sprayerduo, auch bekannt unter dem Namen »Topsprayer«. Ihr Buch International Topsprayer™ *basiert auf dem Graffiti-Regelbruch des Namenstausches. Ziel war es, den Beweiswert der Namenszuordnung von Graffiti in Strafverfahren zu demontieren und in Zusammenarbeit mit verschiedenen Rechtsanwälten erfolgreich die Rechtsprechung zu verändern. Das Buchprojekt zeigt 1000 Züge, die über 1000 Tage hinweg von unterschiedlichen Sprayern mit den Namen »Moses« und »Taps« bemalt wurden. Das Duo repräsentiert sich außerdem über ihre Corporate-Identity-Farben: Gelb und Cyan. Diese machen es ihnen möglich, wiedererkennbare Graffitis ohne Namen zu malen. Ihre Arbeiten lassen sich dem Konzept-Graffiti zuordnen. Hierzu zählen konzeptuelle, dezente Veränderungen der vorhandenen Zugdesigns, der Bau einer Mauer in einer Zugtür* (The Wall) *oder die malerische Serie* Splash. *Museen wie das Münchener Stadtmuseum und die Bundeskunsthalle Bonn zeigten ihre Arbeiten.*

Da beide polizeilich gesucht werden, gestaltete sich die erste Kontaktaufnahme schwierig. Nach einigen E-Mails über andere Kontaktpersonen kam schließlich ein Treffen für dieses Interview zustande. Hier berichten sie über ihr Doppelleben, über die Hintergründe ihrer Arbeiten und über die Unterschiede zwischen der Kunst- und der Graffiti-Welt.[3]

»Danke euch!«
Wir tranken zufrieden aus.
»Gehst du jetzt noch weg?«, fragte mich Martina.
»Nee, ich geh nach Hause und schlafen.«
Dann bezahlte ich noch den Apfel und ging nach Hause und schlafen.

Ruhrgebiet

Als ich Moses und Taps das erste Mal traf, musste ich dafür mit dem Zug ins Ruhrgebiet fahren. Wir hatten einen Treffpunkt an einer U-Bahn-Station ausgemacht. Der Hauptbahnhof ist ausgesprochen hässlich und passt sich somit der ganzen Stadt an. Die Hässlichkeit ist unheimlich beruhigend. Hier kann man sich konzentrieren. Man kann lesen oder etwas erfinden, da es nichts gibt, was einen ablenkt. Ich frage mich, warum das Ruhrgebiet nicht zum deutschen Silicon Valley wird – wäre ich Erfinder, würde ich sofort ins Ruhrgebiet ziehen. Und wenn ich mal eine Schreibblockade haben sollte, dann komme ich wieder. Dann wird das hier gelöst werden. Ich war sehr zuversichtlich und fühlte mich wohl damit, endlich einen Notfallplan zu haben. Toll ist das Ruhrgebiet!

Als ich am Bahnhof ankomme, habe ich noch über eine Stunde Zeit. Ich bin immer zu früh da. Das liegt auch an meiner ehemaligen Chefin aus der Schweiz. Wenn man sich auf der Art Basel um die VIP-Gäste der UBS Bank kümmert und ihnen private Führungen zur Kunst gibt, heißt die erste Regel: »Bist du pünktlich, bist du schon zu spät.« Die zweite Regel heißt übrigens: »Bedecke immer deine Oberarme.« Überraschenderweise half es beim Dresscode.

Also stehe ich jetzt im Bahnhofsgebäude und habe Zeit. Ich hole mir ein Eibrötchen beim Bäcker. Als ich so essend dasitze, fällt mir plötzlich ein, dass ich bestimmt beobachtet werde. Moses und Taps müssen doch jemanden hier sitzen haben, um herauszufinden, ob ich nicht doch ein Polizeispitzel bin. Ich schaue mich um und überlege, wer es sein könnte. Keine Ahnung. Ich sollte mich am besten so verhalten, als käme ich nicht von der Polizei. Das ist schwierig. Ich laufe etwas hin und her, gucke mir Zeitschriften und Obst an und suche die Toilette. Vielleicht würden verdeckte Ermittler aber genau das Gleiche tun. Ich gehe zur U-Bahn. Während ich zum vereinbarten Treffpunkt fahre, fühle ich mich beobachtet und gucke zum Schein aufs Handy, um beschäftigt und normal zu wirken. Vielleicht sind die richtigen Moses und Taps ja ganz woanders, auf Palau vielleicht.

Zur Vorbereitung hatte ich mir die Doku *Sprayern auf der Spur* vom NDR angeschaut. Darin stellt Heike von der Soko »Graffiti« der Polizei Hannover den Künstler in durchaus ehrenwerter Weise vor. Sie berichtet, dass »Moses« in der ganzen Stadt bekannt sei und auch nicht nur in Hannover. Sie sei neulich mal von der Küste in den Süden gefahren, und die gesamte Bahnstrecke sei voll gewesen. Heike wirkte stolz. Dann sagte sie noch, dass es viele Schlachten gebe, aber nur einer den Krieg gewinnen würde.[4] Den Gewinner lerne ich also vielleicht gleich kennen.

An der verabredeten Station steige ich aus und fahre die Rolltreppe nach oben, wo bereits drei Typen warten, die ich optisch niemals für Moses und Taps gehalten hätte.

»Na, gute Fahrt gehabt?«, fragt mich der eine. Ich wundere mich, woran sie mich erkannt haben.

Wir reden ein bisschen am Abgang zur Station über die Zugfahrt und gehen in Richtung eines sehr altmodischen Cafés mit Terrasse. Es war eines der Cafés, in das vorwiegend ältere Leute gehen und das bestimmt bald durch irgendeinen veganen Fingerfoodladen ersetzt wird, der angeblich besser für den Säure-Basen-Haushalt ist.

»Willst du einen Kaffee trinken?«, fragt mich der andere.

»Es gibt auch Kuchen«, sagt der eine. Der Dritte bleibt stumm. Wer ist wer?

Später stellte sich heraus, dass der mit der Schwarzwälder Kirschtorte Moses war und der mit dem Apfelkuchen Taps. Jedenfalls im Moment, denn beide malen regelmäßig auch den Namen des anderen. Was der stumme Dritte malt, blieb mir ein Rätsel, später sagte er »auch beide Namen«. Eine junge Kellnerin kommt an unseren Tisch und spricht den momentanen Taps mit seinem bürgerlichen Namen an. Sie schienen sich zu kennen.

»Du kannst doch so gut zeichnen, da dachte ich, du kannst vielleicht hier für das Schuhgeschäft meiner Mutter die Flyer designen.« Moses grinst schadenfroh. Taps ist das jetzt unangenehm. Er druckst etwas herum und gibt ihr Antworten, die sie zwischen Ja, Nein oder Vielleicht interpretieren kann. Als sie wieder weg ist, flüstert Taps mir zu, dass sie eigentlich gar nicht wisse, was er mache – »irgendwas mit Kunst und Design«. Moses grinst immer noch. Danach gehen wir woandershin, in eine Wohnung, in der keiner der beiden wirklich wohnt, aber in der wir ungestört sprechen können.

In der Künstlerdokumentation vom NDR wurde eine Hausdurchsuchung gezeigt, gefilmt wurde nur im Treppenhaus. Heike erzählte aber, dass sie mit Moses einen Kaffee getrunken habe. Er sei nett gewesen.[5] Bei irgendeiner anderen Hausdurchsuchung sei ein Bildband gefunden worden, das Moses-&-Taps-Buch *International Topsprayer™*, und eine Zeichnung darin. Außerdem ein Servierwagen der Deutschen Bahn. Wer genau hinhört, erkennt, dass diese Durchsuchung mit der beim angeblichen Moses gar nichts zu tun hat und nur geschickt dort reingeschnitten wurde. Ein Kommissar vermutete, dass man im Servierwagen die Dosen verstecke und damit unauffällig zum Zug laufe. Heike beteuert, dass sie das Ding, also den Servierwagen, auch echt geil findet. Und der Kommissar am Schreibtisch fügt wissend hinzu, dass das ja oberste Bundesliga sei. Er schlägt das *Topsprayer*-Buch auf und zeigt ein paar bemalte Züge. Es sei ja schon so etwas wie Kunst, was die da machten, urteilt er. Auch Heike findet, dass das ja nicht schlecht aussehe und dass man das auch mal klar so sagen müsse. Dazu gehöre Können, und sie gibt zu, dass sie das nicht könne.[6]

Die Beamten scheinen begeistert zu sein, so als würde Moses ihren Job aufwerten; ja, durch ihn spielen sie nun selbst in der oberen Bundesliga.

»Die finden das natürlich auch geil, im Fernsehen zu sein, die wollen doch auch öffentlich wahrgenommen werden, eigentlich genauso wie die Sprayer«, entfährt es dem Stummen.

Ich wollte mit dem Thema »Moses & Taps« ganz vorne beginnen, wissen, warum sie so ehrgeizig oder, anders formuliert, so obsessiv Züge bemalen. Ein Teil ihrer Antworten erschien in unserem Interview in *Kunstforum International*:

Wie hat das alles angefangen?

Moses: *Bei mir war das weniger der soziale Moment als vielmehr die Faszination. Ich habe mich damals für Züge interessiert. Es ging nur um Züge. Mit der Thematik »Bahn« kannte ich mich daher schon sehr gut aus. Gezeichnet habe ich aber auch viel. Ungefähr im Jahre 1994 fragte ich mich, was das für Bemalungen auf den Zügen sind. Abgesehen davon, dass es verboten gewesen sein soll, konnte mir keiner erklären, was das ist. Es konnte mir auch keiner plausibel machen, warum etwas anzumalen illegal sein soll. Ich war fasziniert. So stand »der Kick des Verbotenen« für mich auch nicht im Vordergrund. Ich habe mit dem Graffiti dann alleine angefangen. Das war meine kleine Welt, ohne soziale und kollektive Zwänge. Etwas später hat man natürlich andere kennen gelernt, aber keiner hat das so ernsthaft betrieben wie*

ich. Ich wusste damals schon, dass ich da richtig Bock drauf habe. Auch wenn ich vielleicht erst elf Jahre alt war. Ich fühlte: »Das mache ich mein Leben lang. Das zieh ich durch.« Für andere in den 90ern war das eher Entertainment. Denen hat das Ziel gefehlt.
Taps: *Genau dieses Gefühl hatte ich damals auch. Mir war ganz schnell klar, dass, wenn ich das mache, dann auch richtig. Da bin ich vollends eingetaucht.*
Moses: *Graffiti gibt einem ja auch die Möglichkeit, sich damit vollständig zu beschäftigen, sich da drin zu verlieren.*[7]

»Und wie war das mit der Hausdurchsuchung? War das die erste?«, frage ich.

»Ich hatte bestimmt schon ein Dutzend«, sagt er.

»Dann kanntest du das ja.«

»Die kommen in der Regel morgens, denken, dass das ein Überraschungseffekt sei. Ich wollte denen ja noch die Tür aufmachen, aber da haben sie schon im Schloss gebohrt, kommt besser fürs Fernsehen.«

»Und dann?«

»Dann stand neben den Bullen auch ein Fernsehteam wie selbstverständlich im Wohnungsflur und wollte die Durchsuchung filmen. Das Fernsehteam habe ich rausgeschickt. Später sah ich, dass die immer noch im Treppenhaus filmen. Ich habe dann gesagt, dass ›raus‹ bedeutet ›raus aus dem Haus‹. Der Aufnahmeleiter meinte dann, dass sie im Treppenhaus filmen dürften. Dann habe ich mich vertrauensvoll an die Polizei gewandt, sie war ja passenderweise schon da, und gesagt, dass ich jetzt Anzeige wegen Hausfriedensbruch gegen die Anwesenden erstatte. Die haben das Fernsehteam dann rausgebeten. Der Aufnahmeleiter meinte dann noch so: ›Och, da haben Sie uns jetzt auf dem falschen Fuß erwischt, können wir vielleicht nach der Durchsuchung noch ein Interview machen?‹ Nee, natürlich nicht?!

Den Servierwagen und das Buch samt ›Skizze‹, was sie dann in ihrer Reportage so schön arrangiert hatten, haben sie übrigens bei 'nem Kumpel gefunden. Und mit so einem Wagen geht natürlich keiner malen. Das ginge ja über steinige Wege, mit Schotter und so, wenn man zu den Zügen will. Da ruckelt ja keiner mit so einem Wägelchen drüber.«

»Der Wagen war also eher ein Liebhaberobjekt. Und die Skizze?«

»Im Video hieß es ja, dass die Skizze aus dem Buch gefallen wäre. Die Bullen stellen ihre Gegenüber ja gern als Vollidioten dar. Die war natürlich nicht im Buch versteckt, und es war auch einfach nur ein Blatt mit einem S drauf. Mehr nicht. Brachte denen natürlich auch nichts. Das beschlagnahmte Buch haben sie übrigens später über eine Zollauktion im Internet zum Verkauf angeboten.«

»Die brauchen auch Geld.«

»Anscheinend reichen unsere Steuergelder nicht, ja.«

»Also haben die da nichts gegen euch in der Hand gehabt? Die Soko Graffiti Hannover?«

»Offensichtlich hatten sie nichts von Belang, nee. Als besagter Kumpel dann ein paar der sinnlosen Beweismittel von der Soko abholen musste, haben wir uns in deren Dienststelle eingeschlichen. Einfach nett grüßend am Pförtner vorbei. In einem Büro habe ich gesehen, was die da an Ermittlungsergebnissen an die Wand gepinnt haben. Neben ›Tatort‹-Fotos von Pieces hing da ein Foto einer gefundenen Unterhose. Weißer Feinripp! Ja, eine Unterhose … Die dachten wirklich, dass die Sprayer ihre Unterhosen ausziehen und dann da liegen lassen.«

»Jeder hat so seine Fantasien«, sage ich.

»Und die Heike?«

»Die kam kurz darauf aus einem anderen Büro und war überrascht, wie wir da reingekommen sind. Wir haben dann draußen beim Rauchen noch gequatscht. Sie raucht ja bekanntermaßen viel und gern. Und ist eigentlich ›the good cop‹.«

»Ich habe gesehen, dass sie jetzt auch einen Instagram-Account hat. Sie postet fleißig Graffitis.«

»Keine Ahnung, wer den ›für sie‹ gemacht hat, sie ist das sicher nicht.«

»Und wie habt ihr euch kennengelernt?«, frage ich.

»Ich habe ihn zuerst kontaktiert«, erzählt Taps. »Ich wollte ihn interviewen, für so ein Graffiti-Magazin, das ich damals gemacht habe. Ich bin also in seine Stadt gefahren, wir haben uns am Bahnhof getroffen und den ganzen Tag geredet, gar nicht gesprüht. Wir hatten uns einfach direkt so viel zu erzählen. Es kommt wirklich nicht oft vor, dass man jemanden trifft, der das Gleiche mit so ernsten Absichten verfolgt wie man selbst.«

»Ja, ihr macht das ja schließlich nicht zum Spaß. Es ist echte Arbeit.«

»Und warum machst du das, was du machst?«, fragt mich Moses.

»Ich hätte vielleicht auch Jura studiert, aber mein Vater ist schon Anwalt. Ich wollte nicht dasselbe machen wie er.«

»Anwalt wäre ich auch gerne geworden. Gesetzestexte sind so schön sachlich, damit kann man gut umgehen.«

»Sie haben etwas Beruhigendes, das fand ich auch, wenn ich manchmal am Schreibtisch meines Vaters Büro gespielt habe. Bei mir wurde es dann halt Kunst, zuerst an der Kunsthochschule im Theaterbereich, also Bühnenbild und Dramaturgie, und so kam ich auch zum Schreiben. Die Doktorarbeit danach war für mich gar nicht so großartig anders als die Dramaturgie. Das passte irgendwie. Ja, und jetzt arbeite ich halt frei, als Kunstkritikerin. Die Doktorarbeit war für mich vielleicht so etwas wie für euch das *Topsprayer*-Buch. ›1000 Züge in 1000 Tagen‹. Ich habe zwar mehr als 1000 Tage gebraucht, aber dann wird man in gewissen Kreisen etwas ernster genommen.«

»Bei Wolfgang Ullrich warst du?!«

»Ja. Hast du recherchiert?«

»Klar, natürlich gucken wir vorher, mit wem wir uns treffen.«

»Warum macht ihr immer weiter?«

»Das habe ich damals auf einer Polizeistation beschlossen«, sagt Moses. »Ich war 14, hatte mich nachts rausgeschlichen, um einen Zug zu bemalen. Ein Bahnpolizist in Zivil lief auf der Zufahrtstraße herum, total offensichtlich, denn dort lief nachts kein normaler Mensch herum. Erst recht nicht mit Schnurrbart. Als ich mich nach ihm umgedreht habe, sah ich, dass er dasselbe tat. Dann rannte ich ins Gebüsch und steckte irgendwann in einem Graben fest. Vor dem Gebüsch riefen die Bullen, dass ich rauskommen solle, sonst würden sie den Hund loslassen. Ich war mir sicher, dass sie blufften, und hoffte, dass sie denken würden, ich sei schon über alle Berge. Aber irgendwann kämpfte sich einer durchs Gestrüpp und zog mich aus dem Wasser. Auf der Wache haben die mir dann erst mal eine Polizeiuniform zum Anziehen gegeben, meine Klamotten waren ja klitschnass. Die musste meine Mutter dann am nächsten Tag wieder zurückbringen.

Noch in der Nacht haben sie dann erfolgreich versucht, mir Angst zu machen. Damals klebte ich große, selbst gemalte Aufkleber in die Busse, oben an der Schräge über den hinteren Sitzreihen. Die Bullen sagten mir, dass sie alle Aufkleber abgefummelt hätten, dass sie meine Fingerabdrücke verglichen hätten und so. Das stimmte natürlich gar nicht, die haben mich verarscht. Aber ich habe daraufhin direkt alles zugegeben.«

»Du warst ja erst 14.«

Er habe daraus gelernt, sagt Moses, aber nicht so, wie die Bullen es sich vorgestellt hätten. Seitdem lasse er sich von der Polizei nicht mehr übers Ohr hauen.

Taps erzählt, dass er zwar jetzt auf die 40 zugehe, aber immer noch das Gefühl habe, nicht genug gemacht zu haben. Es müsse halt immer noch mehr sein.

»Der Antrieb geht nicht weg. Man hat zwar mal kleine Probleme, Alltagsprobleme, aber halt so wie in jedem anderen Job auch«, meint er.

Ich frage sie, wie so ein ganz durchschnittlicher Arbeitsalltag eines Sprühers aussehe.

»Also spontan ist schon mal gar nichts. Das funktioniert nicht. Es ist sicherlich immer ein ganzer Arbeitstag, also mit Vor- und Nachbereitung. Das unterschätzen auch wir zeitlich immer wieder«, sagt Taps.

Ein Standardfall eines Standardbildes sei etwa so:

16–17 Uhr: skizzieren, Farben planen
17–18 Uhr: Farben einkaufen, Vorbereitung der Farben
23–24 Uhr: Treffen, besprechen, Anfahrt zum Bahndepot
0–2 Uhr: Örtlichkeiten beobachten, warten
2–3 Uhr: malen
3–4 Uhr: Rückfahrt
6–7 Uhr: erste Fotos/Videos des Zuges machen
ggf. 7–9 Uhr: falls der Zug nicht direkt gereinigt wird und stattdessen zurückfährt, zweite Runde Fotos und Videos bei besserem Licht machen
9–10 Uhr: Heimfahrt
10–11 Uhr: Bildbearbeitung, Archivierung der Fotos
Zeitaufwand circa zwölf Stunden

»Manchmal sind bei den Zügen auch Leute, dann muss man warten, bis die weggehen. Dann kommt vielleicht drei Minuten später wieder jemand, dann muss man wieder aufhören. Und so weiter. Manche Aktionen sind in der Vorbereitung und Durchführung auch aufwendiger, manche weniger umfangreich«, sagt Moses.

Ich schreibe alles mit. Da ich ihre Stimmen nicht aufnehmen darf, muss ich sehr viel schreiben. Insgesamt sprechen wir drei Stunden, und ich schreibe ungefähr zehn DIN-A4-Blätter voll. Beidseitig. Das macht alle sehr hungrig, also beschließen wir rauszugehen. Als wir aufstehen, stehen noch drei weitere Jungs im Hintergrund auf. Moses und Taps sind nicht allein gekommen. Ich weiß gar nicht, wer die anderen sind, vielleicht Checker für die Nacht? Oder Kollegen? Vielleicht sind die anderen drei auch Moses und Taps. Keine Ahnung, denn sie halten sich während unseres Gesprächs sehr diskret im Hintergrund.

Wir gehen alle zusammen zum Griechen, laufen durch die wunderschön hässliche Stadt und essen wirklich sehr gut. Der Koch ist sicherlich hochinspiriert hier im Ruhrgebiet. Über die spätere Rückfahrt muss ich mir keine Gedanken machen, Moses zählt mir alle möglichen Zugverbindungen und Zeiten auf, auch die Verspätungen, und alles stimmt.

Zu Hause

Eigentlich will ich *Dexter* gucken. Aber ich bin noch nicht in einem Müdigkeitsstadium angelangt, in dem nicht mehr genügend Energie da wäre, um kein schlechtes Gewissen aufkommen zu lassen, wenn ich zwei oder drei Stunden Seriengucken der Möglichkeit auf ein Dazulernen vorziehen würde. Auch die Sätze sind noch zu lang … Um acht Uhr abends hat man noch die Chance, seine Zeit so zu verbringen, dass man nicht verschweigen muss, womit. Also erst mal kein *Dexter*, sondern die Festplatte vom Fernseher aufmachen. In der Speicherliste blinkt 3sat ganz oben, eine Doku über Katharina Grosse: *Think Big!* Zur Hilfe ein Glas Weißwein, nicht wegen Katharina, sondern wegen 3sat, und das Sofa steht auch nah genug dran. Es wird gesprochen über Dinge, über die ich schon selbst mit Katharina gesprochen habe, dann wird über das erzählt, worüber ich schon gelesen habe, und ich schweife ab und zappe durch Instagram. Keine Konzentration, *Dexter* wartet, und dann erzählt Katharina doch etwas, was mich aufhorchen lässt. Ich spule zurück und sitze gerade da, habe Stift und Notizblock in der Hand und schreibe mit.

Die Szenen in der Doku spielen in Aarhus in Dänemark. 2017. Eine Off-Stimme erzählt, dass es bei der Triennale »The Garden« des Kunstmuseums Aros um das Verhältnis vom Menschen zur Natur gehe. Katharina Grosses Arbeit wurde zum umstrittensten Werk. Sie malte draußen über eine Wiese.

> Katharina Grosse: *Die Arbeit, die da draußen aufgetaucht ist, direkt am Meer, über die Straße hinweg* […] *die streifte eigentlich ganz viele Ebenen wie Umgebung, Garten, Natur* […] *Und die Arbeit sah natürlich toxisch aus …*

Die Off-Stimme erzählt, dass schon die weiße Grundierung des Grünstreifens erste Proteste ausgelöst habe.

> Katharina Grosse: *Parallel zum Ufer, das Erholungsgebiet sein soll, ist eine vierspurige Straße* […] *und der ganze Außenverkehr der Stadt läuft dadurch. Und wenn ich aufs Meer gucke, sehe ich dann aber in drei Kilometer Entfernung eine Gasfabrik. Es ist aber hier Erholungs-*

gebiet. Aber weder die Gasfabrik noch die vierspurige Straße sind Debatte.
Aber die Malerei, die ich da mache, die ist wiederum das gefährliche Moment, und das ist natürlich auch unheimlich interessant, ja. Also so ein bisschen Rot und Weiß, das hat so eine ganz große Vibration erzeugt, die die Leute irgendwie erschüttert hat.

Aus dem Off hört man jetzt, dass der Unmut der Bevölkerung gewachsen sei. Da fragten sich wohl einige, was passieren würde, wenn die Farbe nicht nur Insekten töte, sondern auch ins Grundwasser gelange. Und ob das alles Umweltverschmutzung im Namen der Kunst sei. Die Stimme aus dem Off erklärte noch, dass Rot als Signalfarbe einen emotionalen Aufruhr auslöse und das Team von Katharina Grosse während ihres Arbeitsprozesses täglich angegriffen werde. Auch einen Shitstorm gab es wohl gegen Katharina: »Ist das Kunst oder Vandalismus?«

Katharina Grosse: *Tatsächlich hat sich eben auch gezeigt, dass die Bevölkerung nicht nur gestört hat, dass es schädlich ist für die Pflanzen oder so aussieht, als ob es das wäre, sondern auch, dass eine fremde Person in ihr Land kommt und etwas tut, was verboten aussieht. Das hat sie unheimlich gestört, es hat sie auch gestört, dass es vielleicht nicht Kunst ist und deshalb sie nicht ernst nimmt. Und eine Frage war natürlich: Das ist nicht Kunst, und deshalb darf es hier nicht sein.* [Sie lächelt verschmitzt.]
[…]
Ulrich Loock (Kurator): *Diese Kunst hat, meine ich, etwas Zerstörerisches. Sie ist insofern auch …, sie kann auch eine ziemliche Herausforderung sein. Sie kann auch ziemlich ärgerlich sein. Die in Dänemark waren auch ärgerlich. Sie selber waren da. Da kommt eine daher, so 'ne Germanin, und sprüht unseren Wikingerrasen rot an.* [Er lacht]. *»Naturschutz, und der muss doch grün sein, der Rasen, und das ist doch unser Naherholungsgebiet« und sonst was. Das kann auch sehr schmerzhaft sein.*

Die Off-Stimme erzählt von Tonnen von Farben, die sich über das Areal ergossen und das Naherholungsgebiet als klaffende Wunde erscheinen ließen. Die Natur sei ein Bildträger und ein Sinnbild dafür, was weltweit mit unserem Planeten passiere. Der Zuschauer erfährt dann auch, dass das fertige Bild vom Regen wieder weggewaschen werde nach einigen Wochen.

> Ulrich Loock: *Sie geht mit ihrer Malerei über all diese Grenzen hinüber und löst diese mit Namen wohlgeordnete Realität auf. Es ist eben schmerzhaft, weil man sich dann darin nicht mehr zurechtfindet, mit einem Mal ist der Rasen nicht mehr grün, sondern rot.* [Er schlägt die Hände im Schoß übereinander, senkt betroffen den Blick, aber lächelt leicht]. *Was ist damit gewonnen? Damit ist gewonnen, dass die Welt auch anders sein könnte. Die Welt erscheint damit als etwas Gemachtes, nicht als etwas natürlich Vorhandenes, sondern als etwas Gemachtes, welches aber eben auch anders gemacht werden könnte.*[8]

Die dänische Internetzeitung *Der Nordschleswiger* berichtete unter der Überschrift »Kunst oder Vandalismus« über das Ganze und zitierte die Reaktion des dänischen Naturschutzbundes zu dieser Frage. Der damalige Vorsitzende Sebastian Jonshøj sagte, dass es nach seiner Überzeugung keinerlei Risiken für das Grundwasser oder die Natur gebe und der ausgewählte Ort ein relativ unproblematischer Ort sei. Für den Naturschutzbund war es also kein Vandalismus, für einige Politiker jedoch schon, einer ordnete es in das Genre der »großen Sauerei« ein.[9]

Es ist aber nicht der Naturschutz, der mich an diesem Abend auf dem Sofa an Katharina am meisten interessiert, sondern ihr Interesse an ebendieser Vorahnung von Gefahr, die ihre Malerei auslöst. Natürlich ging es den Beängstigten nicht nur um Naturfragen. Für Katharina ist ihre Arbeit da »aufgetaucht«. Sie wurde nicht gemalt, sie tauchte auf. Schon allein das ist schön. Malerei taucht auf, Tags tauchen auf. Throw-ups tauchen auf. Katharina sprach über die Gefahr, die besonders von Phänomenen ausgehe, die eben einfach auftauchen. Aus dem Nichts. Sie klang, als wäre sie eine Teilnehmerin an einem wichtigen Experiment.

Dass ich Katharina Grosse öfter mit dem Graffiti-Kontext in Verbindung bringe, gefällt nicht allen. In ihren Augen würdige ich Katharina damit herab, sie wollen sie unangetastet und ausschließlich in der Hochkultur verortet wissen. Ich finde das falsch. Viele Sprayer interessieren sich für ihre Arbeit. Warum sollten diese Interessenten und ihre Kultur weniger wert sein? Warum sollte Katharina Grosse nicht auch in diesem Kontext diskutiert werden? Ikonologie besagt, dass Kunstwerke auch durch Referenzen aus anderen kulturellen Feldern in Bezug gesetzt werden, dass sich Werke der Hochkultur eben nicht ausschließlich durch andere Werke der Hochkultur greifen und erklären lassen. Jetzt bin ich doch plötzlich sehr müde und möchte nicht mehr weiterdenken. Jetzt darf ich *Dexter* anmachen und mir den spritzenden Saft der Blutorange ansehen.

Berlin, Süden

Am Görlitzer Bahnhof soll ich warten. Es ist 23 Uhr. Da ich nicht warten kann, also generell nicht warten kann, es sei denn, ich rauche, laufe ich herum und gehe dann zum türkischen Imbiss mit den süßen Backwaren. Ich kann mich nicht entscheiden und lasse mir etwas Klebriges zusammenstellen, das auch in der Tüte sofort zusammenklebt. Es schmeckt großartig. Dazu noch einen Kaffee. Draußen gucke ich auf die Straße und suche einen weißen Van, gefahren von 1UP, der mich abholen soll. Weiße Vans kommen, aber halten nicht an. Ich hole mein Handy heraus und stöbere etwas in *B.Z.*-Artikeln zum Thema Graffiti, um mich einzustimmen.

Am 4. Oktober 2018 veröffentlichte der Autor Gunnar Schupelius in seiner *B.Z.*-Kolumne »Mein Ärger« einen Text. Die Überschrift war schon direkt seine Forderung, nämlich »Die Graffiti-Gangster müssen viel härter bekämpft werden«. Schupelius ärgerte sich auch über die BVG, die ihre beschmierten Züge nicht mehr sofort in die Reinigung gebe, weil sie zu wenige Wagen zur Verfügung habe. Ein falscher Weg für Schupelius. Er klärte die Leser darüber auf, dass in der Nacht die Züge der U- und S-Bahn regelmäßig beschmiert würden. Die Entfernung der Farben kostet seinen Angaben nach zehn Millionen Euro im Jahr. Bei den U-Bahnen seien es fünf Prozent der Wagen, die jeden Morgen in die Reinigung müssten. Die Wirtschaftssenatorin Ramona Pop von den Grünen habe vorgeschlagen, die Züge also einfach weiter fahren zu lassen und erst später zu reinigen. Schupelius war sich sicher, dass genau das die Sprayer freuen würde. Frau Pop bestärke sie, noch mehr Züge zu bemalen. Schupelius benutzte sogar das Wort »Kunst«. Ich schmunzle. Ist ihm das rausgerutscht? Zuerst schrieb er von Schmierereien, jetzt von Kunst. Er kehrte aber dann doch wieder zu seinem ursprünglichen Urteil zurück und wiederholte, dass der Kampf gegen eine aggressive Graffiti-Szene stärker geführt werden müsse. Er sprach auch von »Hardcore-Sprühern«, von straffer Organisation, von einem Doppelleben, von geregelten Arbeitsverhältnissen und Familienleben. Er nannte sie »Profis, die nachts über die Züge herfallen«. Dabei dachte er auch an eine ganz bestimmte Gruppe, er nannte sie »Gang«, die seines Wissens seit 2003 aktiv sei und niemals gefasst wurde. Zu seinem Ärger brachte sie stattdessen einen Bildband heraus. Noch einmal sprach er von Kunst, nämlich dass diese Gang ihre Kunst in gut besuchten Ausstellungen zeige und Graffiti-Touristen nach Berlin locke. Statt von beschmierten Zügen schrieb er jetzt von »illegal erstellten Werke[n]«. Es berührt mich fast, dass Schupelius hier kunsthistorisch einen Werkbegriff anwendet. Damit ist er vielen Kunsthistorikern, Kuratoren und Sammlern ja schon wieder weit voraus. Denn viele sehen bemalte Züge ja eben noch nicht als Werk an. Am Ende rief er aber nochmals zum Kampf gegen die bösen Graffiti-Gangster auf. Klar. Es wäre enttäuschend, wenn Schupelius schon auf einer Textseite seine Thesen verloren hätte.[10]

Mal von den zweifelhaften Zahlen zu den Reinigungskosten abgesehen, ist dies doch ein schöner Artikel, der auf jeden Fall motiviert. Denkt sich bestimmt auch diese große Sprayergang – man weiß, von wem die Rede ist. Nicht vergessen sollte man, dass der Autor sie als »Profis«, ihre Arbeiten als »Kunst« bezeichnet und ihnen sogar eine so große Reichweite und einen so großen Einfluss einräumt, dass sie Sprayer aus ganz Europa in Berlin willkommen heißen und in die Szene einbringen könnten. Ist er insgeheim doch ein Fan? Eine gewisse Bewunderung schwingt zwischen den Zeilen mit. Anscheinend ist er zumindest ein Kunstkritiker, dieser Titel ist ja nicht geschützt. Georg Baselitz, Martin Kippenberger, Jörg Immendorff, aber auch viele andere Künstler wären froh gewesen, einen wie ihn, einen wie Gunnar Schupelius, zu haben. Daher nehme ich Schupelius als meinen Kollegen völlig ernst.

Ein Grund dafür sind die Anfangsjahre von Georg Baselitz und die Rolle, welche die *B.Z.* bei seinem künstlerischen Durchbruch spielte. 1963 stellte Baselitz in der Berliner Galerie Katz & Werner aus. Es sollen 52 Werke gewesen sein, darunter Tuschezeichnungen, Aquarelle und 22 Ölgemälde. Was sich dann ereignete, wird mittlerweile von vielen Journalisten und Kunsthistorikern in verschiedenen Variationen nacherzählt. Die geläufigste Geschichte lautet, dass sich der Galerist Michael Werner nach der Vernissage mit seinem Freund Martin Buttig in einer Kneipe noch ein Gläschen gönnte. Dabei kamen sie zu der Erkenntnis, dass nur ein Skandal einen Künstler berühmt machen könne. Also rief Buttig jemanden von der *B.Z.* an und erzählte ihm, dass in der Galerie ein Gemälde mit einem meterlangen Schwanz darauf hänge. Am nächsten Morgen, dem 3. Oktober, titelte die *B.Z.*, dass es einen Skandal am Kurfürstendamm gebe. Der *B.Z.*-Kunstkritiker soll in dem Artikel geschrieben haben, dass es solch einen Ausstellungsskandal seit Kriegsende in Berlin nicht gegeben habe. Und tatsächlich, die Staatsanwaltschaft reagierte prompt, natürlich nur aufgrund des Artikels, und beschlagnahmte die für pornografisch erachteten Gemälde. Der folgende Prozess dauerte zwei Jahre. Der Skandal war da, Baselitz wurde berühmt. Dank der *B.Z.* Sicherlich hätte Schupelius das damals auch hervorragend hinbekommen. Heute gibt es weniger Skandale in der Kunst, Nacktheit und nackte Penisse wären auch kein Aufhänger mehr, ganz generell gehen die Skandalideen aus.

Vor einigen Jahren oder Jahrzehnten noch hätten sich Tausende Künstler gefreut, wären sie von der *B.Z.* mit Begriffen wie Hardcore, Gang, Gangster oder zerstörerisches Werk geadelt worden. »Zerstörerisches Werk« ist schon für sich genommen großartig, war Ähnliches doch das Ziel vieler Avantgardisten, Bewegungen und Manifeste im gesamten 20. Jahrhundert. Sie alle scheiterten jedoch daran, dass sie sich nicht aus der Kunstblase befreien konnten. Die Utopie vom zerstörerischen Werk haben konsequent vielleicht nur die Sprayer und die Konzeptvandalen realisiert. Gut gelaunt schaue ich wieder auf die Straße, ein weißer Van hält an. Schupelius wird wieder etwas zum Schreiben bekommen.

Berlin, im Van und dahinter

Am Steuer sitzt Jonas, auch er hat einen Kaffee in der Hand. Aus dem CD-Spieler ertönt OutKast. Ich biete ihm einen der klebrigen Klumpen an.

»Von dem Türken hier vorne? Das sind die besten. Der ist legendär!« Jonas greift sofort zu.

»Und was machen wir jetzt?«

»Na, 'ne U-Bahn!«, schmatzt er glücklich, die anderen warteten wohl schon da.

»Und muss man da wieder schnell laufen? Mehrere Kilometer?«

»Das musst du im Notfall doch immer. Aber jetzt klettern wir auch. Du kannst gerne mit uns malen.«

»Eigentlich würde ich das ja sehr gerne, aber wie viel muss man denn klettern?«

»Schon so einige Meter hoch, an einer Brücke.«

»Ach, schade.«

»Ist aber nicht so schwer.«

»Aber man muss im Notfall ja sehr schnell klettern, oder? Also vor allem schnell zurückklettern.«

»Ja, auf jeden Fall. Da kann keiner warten.«

»Echt schade.«

»Du kannst auch mit einem Checker mitgehen.«

»Dann mache ich das.«

»Joggst du? Du könntest mal mit dem Joggen anfangen.«

»Stimmt. Aber erst muss ich weniger rauchen. Versuche ich gerade.«

»Mach das, ja; da siehst du mal, wie gesund Graffiti ist.«

»Das sollten einem eigentlich auch die Ärzte empfehlen. U-Bahn-Sprayen für den Rauchstopp. Damit könnte man viele Menschenleben retten.«

»Bei uns haben schon einige deswegen mit dem Rauchen aufgehört.«

Nach *Ms. Jackson*, *Hey Ya!* und *Roses* sind wir in einem schicken Wohngebiet angekommen. Jonas parkt den Van in einer sehr bürgerlichen Straße, nimmt Taschen heraus, und wir gehen unter ein paar Straßenlaternen entlang in einen Park. Von Weitem sehe ich sechs Leute, die auf einer Parkbank abhängen und ihre Kapuzen übergezogen haben. Jeder hat einen Kaffee in der Hand. Ich erkenne Michael und Lars. Es wird durcheinandergeredet, französisch, englisch und deutsch, und dann war der Plan ausgemacht. Michael hatte keine Zeit gehabt, vorher seine Wohnung zu präparieren, also kann er heute Nacht nicht sprühen. Eine Hausdurchsuchung wäre jetzt äußerst ungünstig, meint er, also geht er mit mir checken. Lars wird unten mit dem Fahrrad umherfahren. Handys werden ausgegeben, der Standort des Vans erklärt, dann teilt sich die Gruppe. Ich gehe mit Michael auf den nächsten U-Bahnhof, Jonas und der Rest der Gruppe werden klettern. Wir setzen uns auf eine Bank, von der aus wir die weiteren Gleise einsehen können. Ich solle da mal unauffällig rübergucken, dann könnte ich die Schatten sehen, die sich da gerade verstecken und auf unsere Infos warten. Michael spricht in sein Headset und gibt die Zugtakte durch. Jetzt geht's los, siehst du da drüben?

Ich sehe nichts, da ich meine Brille nicht aufhabe, aber Michael kann sie sehen. Dann zieht Farbnebel in den Bahnhof, und alles ist gut. Einige Minuten später fährt ein Zug ein, mit einem noch ganz frischen, strahlenden 1UP darauf. Wir sitzen auf der Bank, essen die letzten Süßigkeiten aus der Tüte und genießen die Vorführung.

»Und jetzt? Gehen wir wieder?«

»Nee, die machen noch weiter, kann man hier gut, wie am Fließband.«

»Wie schön«, sage ich und setze mich wieder gemütlich hin.

»Das ist gut mit dir, da falle ich weniger auf. Iss ruhig noch etwas.«

»Ist leider alles aus.«

»Mhm. Steht hier kein Automat?«

Wir gucken uns um.

Michael gibt wieder Takte durch, danach riecht es wieder schön, und eine zweite U-Bahn fährt ein, dieselben Buchstaben, andere Farben. Alles klappt.

»Die wollen noch ein drittes Panel machen«, sagt Michael.

»Toll, was man alles machen kann, wenn man schnell laufen und klettern kann!«

Wir fangen gerade an, uns über Gunnar Schupelius auszutauschen, als wir hinter uns wütende Rufe hören. Ein betrunkener Mann in alten zerschlissenen Kleidungsstücken kommt auf den Bahnsteig und torkelt. Wir schauen zu ihm hinüber, aber er nimmt uns gar nicht wahr. Er läuft das Gleis entlang bis zum Pförtnerhaus und klopft an die Scheibe.

»Ach nö«, sagt Michael.

Niemand kommt heraus, anscheinend ist das Pförtnerhaus leer. Dann läuft er wieder in die Mitte zurück, vor die Notrufsäule und meckert sie an. Die sollten jetzt endlich mal herauskommen, schreit er.

»Und wenn das ein verdeckter Ermittler ist?«, frage ich.

»Glaube ich nicht. Dann würde er anders reden und Wörter aus dem Duden-Jugendsprachelexikon verwenden. Oder aus *Style Wars*.«

Wir schauen ihm weiter zu, er ist immer noch sichtlich aufgeregt und sagt jetzt irgendwas, was wir nicht mehr verstehen.

Michael hört in seinem Ohr Jonas fragen, was los sei, er hält das kleine Mikrofon wieder vor den Mund und erzählt von dem Betrunkenen. Es sei bisher aber entspannt, sagt er. Die anderen bleiben auf der Brücke.

»Was ist, wenn der jetzt einfach umfällt?«

»Dann rufen wir den Krankenwagen und brechen ab.«

»Das ist gut.«

Der Betrunkene fängt wieder an zu schreien und gibt der Notrufsäule ein paar Ohrfeigen.

»Hoffentlich trifft der nicht aus Versehen den Alarmknopf. Das wäre blöd, wenn da jetzt wer kommt.«

»In manchen Parkhäusern und U-Bahn-Stationen wird klassische Musik gespielt, damit die Leute sich beruhigen. Das soll wohl helfen; wenn einer Lust hat, sich zu schlagen, dann hört er die Musik und denkt sofort an was anderes, an das Universum oder an einen traurigen Pinguin auf einer schmelzenden Eisscholle oder so. Dann soll der Wille zur Prügelei weggehen.«

Der Betrunkene hat mit den Ohrfeigen aufgehört und boxt jetzt gegen die Säule, dabei ruft er: »Verstecken gilt nicht. Verstecken gilt nicht.«

»Bitte triff nicht den Knopf«, sagt Michael leise und mehr zu sich selbst.

Wir schauen weiterhin zu.

»Soll einer zu ihm gehen und ihn beruhigen?«

»Ja, vielleicht gehe ich mal rüber.«

Michael steht auf und geht in seine Richtung. Der Betrunkene hört auf zu schlagen und guckt ihn an.

»Eins, zwei, Polizei, drei, vier, hol dein Bier«, singt er jetzt und verlässt daraufhin das Gleis.

Michael kommt entspannt zurück.

»Kanntest du den?«, frage ich ihn.

»Nee.«

In dem Moment fährt eine neue U-Bahn ein, das dritte Panel in dieser Nacht. Danach klettern Jonas und die anderen wieder herunter, Michael und ich verlassen den U-Bahnhof und gehen einen anderen Weg durchs Wohnviertel zurück. Am Van stehen plötzlich alle wieder zusammen und sind gut gelaunt. Wir steigen ein und wechseln das Viertel.

»Können wir Abba hören?«, frage ich Jonas.

»Klar, mach an.«

Ich suche *Knowing Me, Knowing You* raus, und so fahren wir durch die Nacht.

Als das Lied vorbei ist, halten wir an einem Parkplatz, steigen aus, und Jonas kramt Bier für alle aus dem Van. Es ist zwei Uhr und für alle das erste Bier. Aus dem Auto hört man noch leise *Dancing Queen*, alle sind froh. Auch Michael, auch wenn er heute nicht gemalt hat. Seine Stimmung ist nicht weniger ausgelassen als die der anderen, alles wird geteilt, egal, wer welchen Spielzug gesetzt hat. Ich mache mir eine Zigarette an, es ist meine siebte heute. Seit einer Woche habe ich meinen Konsum reduziert, von 16 am Tag auf sieben. Das hier ist meine letzte vor dem nächsten morgendlichen Kaffee. Ich sitze ihnen gegenüber auf dem Bordsteig, genieße die direkte Tabakwirkung durch den ersten Zug, verlässlich, wirksam, schön, wie immer, atme ihn tief ein und blase langsam den Qualm heraus. Dabei schaue ich mir meine nächtlichen Gefährten an. Eine Spielgruppe. Links und mit Extremismus. Aber der liegt nicht in einer politischen Richtung oder anderen Regeln, nach denen man leben sollte. Der Extremismus ist das Spiel. Spielextremismus. Immer wird gespielt. Alles sind große Spiele. Die U-Bahnen, die Dächer, die Hauswände, die Feuerlöscher, die Rollos, die Reisen. Ihre Spiele.

Ich drücke die Zigarette aus und gehe sehr entspannt nach Hause.

Zu Hause

Ich habe einen alten Leserbrief aus den 60er-Jahren gefunden. Er stammt angeblich von einem 19-jährigen Jungen und ist an die Presse gerichtet. Der Brief beginnt mit Fragen, direkt an die Erwachsenen gerichtet. Was wollen sie eigentlich von ihnen, den Jugendlichen? Warum nennen sie sie Halbstarke, warum ereifern sie sich, wenn sie von ihnen hören? Warum rümpfen sie die Nase, wenn sie die Jugend sehen? Warum drohen sie ihnen immer gleich mit der Polizei und dem Gefängnis? Warum denken die Erwachsenen immer nur an sich? Der Schreiber nennt sie stattdessen schwach und feige, bequem und satt. Sie seien kein Vorbild, ihre Welt könne nicht gefallen, so wie sie seien, wollten die anderen nicht werden.[11]

Auch wenn ich Vergleiche mit dem Wort »Poesie« nicht leiden kann, muss ich es hier das erste Mal selbst tun. Der Brief war wirklich wunderschönste Poesie. Jugendliche begeistern mich immer. Schon als Jugendliche war ich von Jugendlichen begeistert. Aber ich komme aus der Viva-Zeit. In den 1960er-Jahren war es noch leichter und dringlicher, sich abzusondern. In den Jahrzehnten nach dem Zweiten Weltkrieg, nach dem Naziland, das nach dem Krieg viel zu langsam zu reflektieren begann, da wussten sie zumindest ganz genau, wogegen sie aufstanden. Woher ihre Wut kam. Ich fand noch einen anderen Brief. Auch darin Vorwürfe an die Erwachsenen. Sie würden den Weg selbst nicht kennen, hätten versäumt, ihn zu suchen, aus Schwachheit heraus. Sie seien schwach in der Liebe, schwach in der Geduld, in der Hoffnung, im Glauben! Die Jugend mache Radau, weil sie nicht weinen wolle. Weinen wegen all jener furchtbaren Dinge, die die Erwachsenen sie gelehrt hätten.[12]

Auch dieser Brief ist toll. Was ist heute? Jugendliche dürfen schon lange keine Jugendlichen mehr sein, und sind sie anderer Meinung, wollen sie sich beschweren, dann sollen sie sich so wie Erwachsene verhalten. Dabei ist es doch gerade das Wichtigste für das Erwachsenwerden, ein Jugendlicher zu sein und als Jugendlicher zu reden, zu fühlen und zu handeln.

Radau ist so gesund, jugendlicher Radau, damit bleibt eine Gesellschaft gesund.

Und was wäre größer als die Wut eines Jugendlichen?

Die Leserbriefe wurden übrigens anonym in einem pädagogischen Buch von Hans von Hentig aus dem Jahr 1967 abgedruckt. Es heißt *Der jugendliche Vandalismus.* Leider verstand ihn Hentig nicht richtig. Zwar versuchte er, die damalige »Krise« der Jugend in der Nachkriegszeit zu verstehen, in der Generation, die mit verlorenen Vaterrollen aufwuchs, und er zitierte auch Schiller und sein Stück *Die Räuber*, das von Jenaer Studenten leidenschaftlich aufgeführt wurde, die mit großer Begeisterung das Räuberlied sangen,[13] aber er differenzierte nicht ausreichend zwischen Gewalt gegenüber Menschen und Tieren und eben Sachen. So vermischte er auch die vermeintlichen Angriffsziele »Kinder und alte Leute« im generellen jugendlichen Vandalismus.[14] Anscheinend traute man jemandem, der ein Fenster einwarf, auch zu, eine Katze zu töten, mit voller Absicht und Hingabe einen Hund zu überfahren, ein Kind zu schlagen, eine alte Frau auf die Straße zu schubsen oder noch Schlimmeres. Kein Wunder, dass die pädagogischen Analysen der Älteren die Jüngeren nicht mehr zu fassen bekamen. Zwischen den Generationen eskalierte es also weiter.

Eigentlich käme jetzt meine Fachliteratur zum Mai '68 dran. Ich schiele auf den Haufen von Büchern und Kopien. Oder ich mache mir doch etwas zu essen. Oder ich hole Salamipizza von nebenan.

Berlin, Mitte

Als Ines mit ihrem Kollegen im Tunnel vor zwei Securitys davonlief, kam ihnen ein Typ der Vito-Bande entgegen. Die Vitos sind BVG-Mitarbeiter, die, zivil gekleidet, in Vito-Autos durch die Stadt fahren. Ihre Wagen samt den Nummernschildern sind unter den Sprühern bekannt, dafür gibt es extra Checker, die auf diesem Gebiet auf dem Laufenden bleiben. Die Vito-Bande will gerne Sprüher fangen. Oft mit mäßigem Erfolg, aber heute sah es für einen von ihnen gut aus.

Ines rannte gleichauf mit ihrem Mitspieler. Umdrehen ging nicht, die zwei hinter ihnen waren zwei zu viel. Also weiter vorwärts, auf den Vito zu. Der konnte sich nur auf einen von ihnen stürzen. Ines hatte eine Fifty-fifty-Chance. Würde er nach rechts oder links springen, wenn sie auf seiner Höhe ankamen? Er sprang auf sie, ihr Kollege entkam.

»Ah, eine Frau«, sagte er zufrieden.

»Arschloch«, dachte Ines. Sie leistete keinen Widerstand. Von ihrem Kollegen sah sie schon nichts mehr. Hier lief jeder für sich, das wusste man vorher. Der Vito führte sie in einen Aufenthaltsraum und rief die Polizei. Es musste eine Frau angefordert werden, um sie abtasten zu lassen. Ines hielt ihre Skizze noch in der geballten Hand. Peinlicher Anfängerfehler. Die durfte nicht gefunden werden. Sie fing an, sich zu kratzen.

»Sind hier Mücken?«, fragte sie.

»Ich sehe keine Mücken«, brummte der Vito.

»Ich glaub, ich wurde gerade gestochen.« Sie kratzte sich ihren Hals, bis er rot wurde. Dann kratzte sie sich weiter unten, am Dekolleté, und als der Typ sich schließlich ebenfalls kratzend einen Kaffee machte, schob sie schnell die Skizze in ihren BH. Danach war das Jucken vorbei. Der Vito stützte sich jetzt mit beiden Armen auf den Tisch, guckte in ihr rotes Dekolleté und starrte dann in ihre Augen:

»Sprich lieber, ist immer besser, wenn man redet.«

Ines sagte nichts.

»Die Bullen machen direkt 'ne Hausdurchsuchung bei dir, wenn du nicht redest. Und an deiner Arbeitsstelle auch. Dann verlierst du deinen Job. Angezeigt wirst du sowieso. Und dann wird dein Leben nie wieder so sein, wie du es mal kanntest.«

Er sprach wie ein Stalker. Ines überlegte, welche Nudeln sie heute Abend kochen würde. Mit Möhren oder Kohlrabi? Mit Rotwein oder Portwein?

»Kocht man Pasta besser mit Rotwein oder mit Portwein?«

»Jetzt hör mir mal zu, du …«

»Das Arschloch duzt mich die ganze Zeit«, dachte Ines.

»Verstehst du eigentlich, was hier auf dem Spiel steht? Dein Leben ist vorbei, wenn du nicht redest.«

Ines entschied sich innerlich für einen spanischen Rotwein.

Als die Bullen eintrafen, nahmen sie ihre Personalien auf und tasteten sie ab. Während die Polizistin mit ihren Händen ihre Beine entlangfuhr, erzählte der Vito, welchen Zugwagen sie angeblich besprüht habe. Es ging um den Waggon, auf dem jetzt ihr Name in bunten Buchstaben stand. Jeden einzelnen malte sie in Form von Süßigkeiten. Beim Reden ließ er sie nicht aus den Augen. Auch der Polizistin fiel das auf, weshalb sie möglichst schnell mit dem Abtasten fertig werden wollte. »Der Typ ist nicht sauber«, dachte die Polizistin und ließ ihn ebenfalls nicht aus den Augen. Sie vergaß darüber Ines' Brüste und fühlte den Zettel in ihrem BH nicht. Dann durfte sie nach Hause gehen. Auch ihre Kamera wurde nicht dabehalten. Die Polizistin würde später im Revier den Vito mal durchs System laufen lassen, nur so, sicher ist sicher. Auf dem Rückweg machte Ines noch kurz ein Foto vom Vito-Wagen, der genau gegenüber der Station parkte. Es war ein neues Nummernschild, jetzt konnte sie etwas zur Datenbank beisteuern, die sie und ihre Crew angelegt hatten. So wie es alle Crews machten.

Als sie ihr Handy wieder einschaltete, zeigte es fünf Anrufe in Abwesenheit an. Alle von Ricky.

Früher checkte sie oft für ihn. Checken gefiel Ines. Sie war Backstage-Managerin für Modenschauen. So was konnte sie, Menschen und zeitliche Abläufe koordinieren, Models sekundengenau auf den Steg schicken. Checken für Sprüher war dagegen viel entspannter. Und sie schickte ihr Team immer sicher über die Laufstege, egal, ob sie nun oberirdisch oder unterirdisch verliefen. Zu ihrem »Zweitjob« war sie durch ihren Ex-Freund gekommen, der währenddessen sprühte. Mitnehmen wollte er sie dabei aber nie, angeblich weil er sich die ganze Zeit nur Sorgen um sie machen würde und sein Sprühen dann nicht mehr genießen könne. Als er ein paar Monate später eine andere liebte, erholte er sich doch sehr schnell von dieser Besorgtheit um Ines, und diese fing an, mit Ricky in die Tunnel zu gehen. Ihr Ex-Freund hatte dann mit dem Sprühen aufgehört, der Erfahrungsraum sei ausgeschöpft, meinte er nach drei Monaten und vier oder fünf Zügen. Er habe das Sprayen als performative Etappe überwunden und widme sich jetzt Dingen mit mehr intellektuellem Spielraum, erklärte er ihr noch kurz nach der Trennung. »Armer Kerl«, dachte Ines.

Köln, Ehrenfeld

Ich dachte, David Ostrowski wäre älter. Man hatte über seine Karriere schon so viel gehört, dass er mindestens um die sechzig sein müsste. Als er mir aus einer versteckten Toreinfahrt entgegenkam, wirkte David ganz anders, als ich erwartet hatte. Understatement hat er drauf. Später las ich im Internet, dass er noch keine vierzig war. Wir gingen in sein Atelier, das vorher mal eine Lagerstätte gewesen sein musste. Darum auch die große Toreinfahrt für Transporter. In der Mitte standen sich zwei Sofas gegenüber, an den Wänden lehnten überall Bilder. Wir redeten über seine Nachbarschaft, nichtssagende Häuser, in denen sicherlich Hals-Nasen-Ohrenärzte ihre Rente verbrachten, Wände aus grauen Garagen, Platten und dazwischengeklemmte Holzbalkone mit grünen Pflanzen. Natürlich ohne Blumen, man muss sich ja von Bayern abheben. Daneben wieder graue Wände mit vielen Tags drauf. David ist Kölner, »und hier gehe ich niemals weg«, sagte er mir.

»Auch für deine Galerie in Berlin nicht? Dann könntest du deine Bilder da direkt zu Fuß abgeben oder per Menschenkette auf dem Bürgersteig. Ein Atelier so ganz nah dran?«

David grinste, als ich mit den Händen vormachte, wie er Bilder aus seinem Atelier heraus direkt in die Galerie liefern könnte.

Wir setzten uns auf die beiden Sofas, David schmiss mir eine Sprudelflasche zu, und wir aßen Süßigkeiten.

»Ich mag auch die unschönen Ecken in Köln. Wenn alles nur schön ist, dann wird es so blass. Dann fehlt die Energie«, sagte er.

»Interessierst du dich für Graffiti?«, fragte ich.

»Eher für Graffiti von Kindern.«

Ich wusste nicht, ob ich ihm das glauben konnte. Vielleicht war er ja ein großer Fan des Sprayers NEU, was man eigentlich sein muss, wenn man im Rheinland lebt.

Wir standen auf und guckten uns eine Leinwand an. Sie war weiß, nur ganz unten war ein blauer Strich aufgesprüht. Ich hockte mich hin, um mir die Linie genauer anzugucken.

»Das hier ist eine sehr dumme Linie«, präsentierte David sein Werk.

Ich schaute ihn an.

»Ja, guck mal, wie die da ist. Da war ich auch inspiriert von der Arbeit eines Freundes, wir tauschen bald unsere Bilder, ich bekomme von ihm eines, wo groß ›Idiot‹ draufsteht. Das fand ich angemessen.«

Seine Linie wirkte etwas unsicher und krumm, so als ob sie sich selbst nicht über den Sinn ihres Auftauchens im Klaren wäre.

»Für mich ist Subjektivität ja nichts«, sagte er.

»Deine Bilder wirken auch nicht subjektiv.«

»Da ist einfach kein Modell, woran ich glaube.«

»Darf ich hier fotografieren und die Fotos veröffentlichen?«

»Aber nicht mich.«

»Klar.«

»Ich muss oft erklären, warum ich selbst nicht mit auf die Fotos will oder warum ich kein Instagram habe. Viele verstehen das nicht.«

»Alles klar, brauchst du nicht, find ich sympathisch so.«

David sah froh aus. Als ihm vor ein paar Jahren der Trubel um seine Person und seine Kunst zu viel wurde, stresste ihn das so sehr, dass er sich zurückziehen musste. Er bremste ab, und das so lange, bis die Zeit wieder nach seinem Rhythmus lief.

»Heute kann ich auch mal wieder in einem Projektraum ausstellen, wenn ich darauf Lust habe«, erzählte er mir vor dem nächsten Bild. Auf der ungefähr zweieinhalb Meter hohen Leinwand waren vier schwarze Striche gesprüht. Horizontal. Der unterste war kürzer und fiel nach unten ab. Die Leinwand stand auf Sprühdosen, so wie alle anderen auch. Die vier Terror-Lines, so bezeichnet man im Graffiti eine lange Linie, die andere Bilder crosst oder einfach nur eine U-Bahn oder eine weiße Wand besetzt, stehen für sich selbst. Aber »Terror-Lines« war nur mein Gedanke dazu, David benutzt keine Worte, die Kategorien aufmachen.

»Es geht ums Konkrete, das, was da ist, nicht um irgendeine Künstlerhandschrift«, sagte David.

Ich mochte ihn, David konnte Witz und Ernsthaftigkeit so gut übereinanderlegen, dass es wirklich schade war, dass er so selten in der Öffentlichkeit auftrat.

»Es gab Leute, die fanden meine Arbeiten damals scheiße. Die haben das auch offen gesagt, dass sie es scheiße finden. Ein paar Jahre später standen sie dann auf meiner Käuferliste.«

»Durften die noch ein Bild von dir kaufen?«

»Klar.«

Wir aßen noch etwas Schokolade und sprachen über eine Kölner Bar, die er und ein Freund mitinitiiert hatten.

»Da gehen wir beim nächsten Mal hin«, schlug ich vor.

»Ja.«

»Was trinkt man da am besten?«

»Alles.«

Auf meinem Nachhauseweg musste ich über den Hansaring fahren, eine S-Bahn-Station am Kölner Mediapark. Die Station ist hoch gelegen und führt über die Ringstraßen. An sie grenzen Häuser, sogar ziemlich dicht. Aus den Fenstern kann man die Zuganzeige auf den Gleisen lesen, es reicht, wenn man 60 Sekunden vor Ankunft aus dem Haus geht. Das wusste ich so genau, weil ich hier mal gewohnt hatte. Direkt nach dem Abi, mit 19 Jahren, reif für Wodka und das KiKA-Nachtprogramm. Von den Eltern zu *Bernd das Brot*. Wenn eine S-Bahn vorbeifuhr, vibrierte es in der Küche so laut, dass man den Fernseher nicht mehr verstand. Unser klobiger WG-Fernseher stand damals in der Küche. Beim Umzug entdeckte ich unter dem Sofa eine tote Maus. Mein Vater stand daneben, er half mir an diesem Tag beim Kartonschleppen. Er entsorgte die Maus auf einem Kehrblech. Da er generell nicht viel redet, war sein einziger Kommentar: »Das erzählen wir aber nicht der Mama.« Die S-Bahn wurde ein Jahr Teil meines Zuhauses. Unter der Wohnung waren ein Kiosk und eine Bar, die »Durst« hieß. Die Straße war eine türkische Straße, überall gab es Essen, Gold und Friseure. Das war ziemlich gemütlich. Um meine Miete zu bezahlen, arbeitete ich bei Polo, einer Ladenkette für Motorradzubehör. Ich verstand zwar nichts von Motorrädern, wurde aber trotzdem eingestellt. Heute ist Polo umgezogen, stattdessen leuchtet dort jetzt ein großes Orion-Logo auf.

In der S-Bahn blätterte ich in den Katalogen, die David mir geschenkt hatte, in einem war ein Interview von Hans Ulrich Obrist und ihm drin. Auf dem Rückweg in der S-Bahn las ich es und war besonders vom Schluss begeistert. Hans Ulrich Obrist fragte ihn, ob er soziale Medien benutze:

David Ostrowski: *Nein.*
Hans Ulrich Obrist: *Great. Thank you for the interview.*[15]

Im Zug

Ich nahm den Zug von Berlin nach Köln. Neben mir saß eine junge Backpackerin, vielleicht erst 18 Jahre alt, sie holte eine große Tüte Kirschen hervor und erzählte mir, dass sie beim Abwiegen im Supermarkt getrickst habe. Die hätten bestimmt über vier Euro gekostet. Sie wog aber nur Kirschen für 1,40 Euro ab und tat den Rest einfach dazu. Fröhlich nahm ich mir eine Handvoll, und wir begannen, die Kirschen zu essen, auch dem älteren Mann uns gegenüber boten wir welche an. Er war um die 70 Jahre und hatte ihre Erzählung über den Kirschendiebstahl für circa drei Euro mitbekommen.

»Haben Sie denn keine Angst, erwischt zu werden?«

»Nee, dann bezahle ich das halt.«

»Das ist aber eine Straftat, ich weiß das«, sagte er.

Dann erzählte er von der Tochter seiner Schwester, die wegen einer geklauten Fleischwurst bei einem Anwalt gewesen sei.

»Die ging zum Anwalt?«

»Ja, natürlich. Es lief deswegen ja ein Strafverfahren gegen sie. Haben Sie denn wirklich keine Angst?«

»Nein, ich glaube auch nicht, dass ein Strafverfahren wegen einer Fleischwurst viel bringt.«

»Doch, doch«, sagte der Mann, »dafür kann man vorbestraft werden.«

»Wegen einer Fleischwurst? Vorbestraft?«

»Ja, natürlich.«

Der alte Mann meinte das vollkommen ernst. Er gab sich die größte Mühe, uns väterlich die Welt zu erklären. Dabei sprach er sehr langsam. Ich wurde jetzt ungeduldig. So große Irrtümer, die er einfach behauptete … Meine Mitreisende und ich guckten uns an. Gerade wollte ich etwas entgegnen. So etwas sagen wie, ob man dann auch den Weihnachtsmann als Verteidiger engagieren könne oder ob der Osterhase dem Richter die Frau ausgespannt habe. Doch der Mann stand auf, er musste wohl hier in Hamm aussteigen. Langsam und schwerfällig nahm er seinen kleinen Rollkoffer. Er wünschte uns noch einen schönen Tag, und wir wünschten es ihm freundlich zurück.

Die Szene ließ mich trotzdem nicht mehr los, verriet sie doch so viel über sein Weltbild. Wenn man nach seinen Vorstellungen wegen einer

Fleischwurst eine Vorstrafe bekommt, dann muss man sich nur mal den Rest im Verhältnis dazu vorstellen. Eine DVD geklaut? Gefängnis. Ein Graffiti gesprüht? Lebenslänglich! Er wirkte gar nicht, als sei er so ein harter Hund, einer, der kein Erbarmen kennt, irgendein Faschist, der das selbst anordnen würde. Und er klang auch nicht so, als denke er sich das aus, um dem Mädchen Angst zu machen. Quasi aus einer altmodischen Pädagogikidee heraus. Ich hatte vielmehr das Gefühl, dass er aus tiefster Überzeugung selbst daran glaubte, was er da sagte. Und zwar aus einer überdimensionalen Ehrfurcht heraus, aus einer absurden Angst vor dem Gesetz und dem Staat. Das erschütterte mich. Dass dieser alte Mann sich auf so irrationale Weise klein fühlte, ausgeliefert, so als könnte man alles mit ihm machen, so als hätte er absolut keine Verteidigungskapazitäten. Kommen im Alter die tiefen Komplexe zurück, die großen Ängste vor der Welt? Vor den Autoritäten? Im Zug hatte er seine Jacke angelassen, aus seiner Tasche nichts ausgepackt. Kein Buch, nichts zu essen. Er hatte es sich überhaupt nicht gemütlich gemacht. Ich stellte mir vor, er selbst käme in die Situation: Er klaut eine Fleischwurst oder eben in seinem Alter eine Tüte der extra feinen Nussmischung für fünf Euro, wird erwischt, und dann sagt ihm jemand in Uniform, dass er jetzt vorbestraft sei. Der alte Mann würde das einfach glauben und akzeptieren. Er kam bestimmt direkt nach dem Krieg auf die Welt. Vielleicht keine Zeit, in der Kinder mühelos Urvertrauen in eine gerechte Verhältnismäßigkeit der Welt aufbauen konnten. Ich bekam Mitleid, ich hätte ihn gern beruhigt, ihm gern etwas Realität geschenkt. Wenn sich ältere Menschen so klein fühlen, ist das alles noch deprimierender. Die können sich gegen gar nichts mehr wehren. Ich wurde richtig traurig. Das Mädchen neben mir merkte wohl, woran ich dachte.

»Der wollte mir bestimmt nur Angst machen, damit ich keine Kirschen mehr klaue«, sagte sie.

»Das glaube ich nicht. Das wäre schön. Aber der hat das wirklich geglaubt.«

Sie schaute jetzt ebenfalls bedrückt.

»Das ist wirklich traurig, wenn er das glaubt.«

Ich verstand selbst nicht, warum mich das so mitnahm. Ich war so viel mit Sprayern, Künstlern und Galeristen zusammen, die sich alle selbstbewusst in dieser Welt bewegen. Die die Gesetzeslage ganz genau kennen oder die zumindest gute Anwälte auf der Kurzwahltaste haben. Ich kannte ein paar Sprayer, die genossen rechtliche Argumentationen sogar als rhetorische Battles. Moses gehörte dazu. Das waren kreative Herausforderungen für ihn. Und dann dieser alte Mann, der steif und unbequem in seinem Sessel saß. Um ihm die richtige Welt zu zeigen, wünschte ich mir sogar Heiko Maas herbei, der könnte es ihm erklären, wir würden ihm auch Kirschen abgeben. Oder ich wäre mit dem alten Mann losgegangen, hätte für ihn Nussmischungen geklaut oder eine Fleischwurst, um mich dann extra erwischen zu lassen. Er hätte zusehen können bei dem, was dann passiert wäre, auch wenn die Polizei gekommen wäre, hätte er erfahren, dass es hier nicht so furchtbar zugeht und dass er sich nicht so schwach fühlen muss. Aber jetzt war er weg.

Der Zug fuhr weiter, und auf dem Weg nach Köln kamen wir direkt hinter dem Bahnhof an Taps' großem Spielplatz vorbei. Das schaue ich mir immer gerne an. 2014 entstanden hier ganz frische Taps-Throw-ups auf dem großen Yard. In drei Reihen, von unten bis nach ganz oben, über- und untereinander. In Gelb und Cyan – Corporate Identity. Ich zählte nachher auf einem Foto nach: 25 müssten es sein. Auf das lange Gebäude führten viele Schienen zu. Ich mochte diese Gegend, diese ganze Anlage hier. Normalerweise setzen sich Graffitis auf ein Gebäude drauf, sie belagern es oder zeichnen es aus wie ein Orden, ein Abzeichen, das sich ein Ort auch verdienen muss. Aber diese Masse an Throw-ups in ihrer seriellen Ausbreitung, die verwandelten das ganze Gebäude in ein Spielobjekt, in eine Skulptur, sie beraubten es ästhetisch jeder Funktionalität, sie machten es zum Artefakt. Das war mehr als ein normaler Orden, das war skulptural gedacht. Mir gefällt das ganze Bahngelände in Hamm, es hat viele Gebäude, einige wirken verlassen. Dazwischen Buschwerk, wie ein verwilderter Park aus dichtem Gestrüpp. Beim Vorbeifahren empfinde ich Hamm immer als etwas ganz Besonderes. Kein Wunder, dass Taps hier wie ein Wolf umherschleicht. Er hat mir einmal erzählt, dass er auch herkomme, wenn er nicht malt. Nachts, wenn er nicht schlafen kann oder will. Anscheinend kennt er hier jeden Winkel, jede weggeworfene Bierflasche. Und wenn die Bierflasche dann verschwinde oder eine neue hinzukäme, dann merke er sich das. Ich glaubte ihm auch, dass er sich jeden Geruch, jedes Licht und jeden Ast dort merken kann. Dass der Ort auch er ist. Oder dass er eben ganz er selbst ist an diesem Ort. Heute ist die unterste Reihe fast vollkommen übersprayt, von anderen, ich erkannte ihre Namen aus dem Zug heraus nicht. Oben aufs Dach ging aber keiner. Hans Belting, ein Kunsthistoriker, der sich intensiv mit der italienischen Kunst des Mittelalters und der Renaissance beschäftigt hat, dachte immer wieder über den Zusammenhang von Bildern und Orten nach. In seiner Bildanthropologie über Orte und Räume schrieb er, dass jeder Ort über ein geschlossenes System an Zeichen, Handlungen und Bildern verfüge, zu dem nur die Ortsansässigen einen Zugang, also den Schlüssel, besäßen.[16] Das trifft für mich ganz besonders auf Hamm zu, aber auch auf andere Graffiti-Orte und auch auf jede U-Bahn-Station in Berlin, um die sich immer jeweils andere Sprayer kümmern. Für Belting waren Orte Synonyme für Kulturen. Demnach wäre nicht nur das Graffiti oder der Style die Kultur, sondern der Ort als Ereignisraum, an dem das Bild auftaucht. Dann wäre Kultur nie raumlos. Im Grunde fängt dies schon in Kinderzimmern an. Auch ein Kind errichtet dort seine erste eigene Kultur. Mit seinen Zeichen, Spielzeugen und Ordnungs- bzw. Chaossystemen, mit seinem Verhalten, mit seinen Taten und mit seinen Trotzanfällen. Über Kinderzimmer schrieb der Kunsthistoriker leider nichts. Taps schien in Hamm sein präferiertes Spielparadies gefunden zu haben. Das ist für die psychische Gesundheit bestimmt sehr hilfreich. Jeder braucht einen Ort zum Spielen.

Ich war nun abgelenkt, das half mir über die Melancholie wegen des alten Mannes etwas hinweg. Vielleicht begegnet er bald einem Sprayer, der ihm das alles erklären wird. Und vielleicht ändert das ja ganz generell etwas in ihm. Vielleicht wehrt sich der alte Mann dann in anderen Situationen, zum Beispiel wenn andere ihn abzocken wollen. Wenn er für irgendetwas zu viel bezahlen soll, weil andere denken, dass man es mit ihm ja machen kann. Ich hoffe, er wehrt sich.

Berlin, Potsdamer Platz

Im Grand Hyatt Hotel am Potsdamer Platz gibt es einen Pool. Ich schwamm einige Bahnen und guckte dabei aus der achten Etage über den leeren Platz, die Baustellen und die kleineren Plätze und Gehwege, die den großen Potsdamer Platz heimeliger machen sollten, die aber keiner nutzte. Die Außenterrasse mit den Liegen war sehr länglich gehalten und führte zu fünf riesigen Satellitenschüsseln des Nachrichtensenders Welt auf dem Nebengebäude. Ich breitete das große weiße Hyatt-Handtuch auf einer aus und legte mich mit dem großen weißen Hyatt-Bademantel darauf. Um mich herum nur Männer, die telefonierten oder Zeitung lasen.

Mein Zimmer kostete 240 Euro für eine Nacht, das hatte ich beim Check-in gesehen. Natürlich konnte ich mir das nicht leisten. Eine Künstlerin hatte mich eingeladen, wir hatten uns erst vor Kurzem das erste Mal getroffen und überlegt, ob ich etwas für ihren nächsten Katalog schreiben könnte. Wir sollten uns erst besser kennenlernen, entschied sie. Die Künstlerin war vorsichtig mit neuen Menschen. Zum Kennenlernen hatte sie mich zwei Tage nach Berlin ins Hyatt eingeladen. Ich räkelte mich in meinem Liegestuhl. Die Taxifahrt vom Bahnhof hierher war heiß gewesen, die Klimaanlage funktionierte nur vorne und blies punktuell in die Richtung des Fahrers, erklärte mir der Fahrer, hinten komme nichts davon an. Das stimmte, dann gab es Stau unter der senkrecht stehenden Sonne. Ich erzählte ihm vom Hyatt und dass ich dorthin eingeladen worden sei. Er sollte nicht glauben, dass ich reich wäre und damit angeben wolle. Ich betonte extra, dass ich mir das gar nicht leisten könnte.

»Soll doch gar nicht so geil sein«, meinte der Taxifahrer mit den langen Haaren.

»Nicht? Ach, ich glaube schon, dass … also … Schon, oder?«

»Nee, da gibt's bessere.« – »Mhm.«

»Das Ritz ist gut oder das Adlon, aber das Hyatt …«

»Ich schaue es mir mal an.« Ich behielt trotzig meine Vorfreude.

Im Hyatt funktionierte die Klimaanlage hervorragend. Auf meinem Zimmer war es angenehm kühl, sodass ich mich direkt unter die Bettdecke legte. Abends ging ich mit der Künstlerin einen trinken. Es war immer noch extrem heiß, wir tranken Weißwein mit Eiswürfeln, dann ein Glas nur mit Eiswürfeln, dann wieder Wein, dann wieder Eiswürfel.

Meine Lieblingsarbeit von ihr kostet fast eine halbe Million Euro.

Am nächsten Morgen musste ich um 13 Uhr auschecken, nach dem Frühstück fuhr ich also direkt wieder hoch an den Pool. Ich schwamm ein paar Runden, legte mich wieder auf den Liegestuhl und tat so, als täte ich das immer. Dieses Mal hatte ich richtigerweise eine Zeitung dabei. Der Blick über die Dächer erinnerte mich daran, dass ich Jonas schreiben musste, um zu erfahren, wen ich wo die nächsten Tage treffen würde. Um 12:30 Uhr war ich dann wieder auf meinem Zimmer und bestellte mir zur Stärkung eine Waffel mit Nutella. Ein paar Minuten später klopfte es an der Tür. Die Mitarbeiterin wirkte so, als würde es sie persönlich sehr glücklich machen, mir meine Waffel zu bringen. Sie lüftete die silberne Glocke und präsentierte das Mahl. Ich gab ihr Trinkgeld und aß eine Hälfte, sprang unter die riesige Dusche, und dann war es auch schon 13 Uhr. Ich zog mich hastig an, schmiss meine restlichen Kleider in den Koffer, setzte mich auf die Toilette und griff nach dem Hörer an der Wand, weil ich mir vorgenommen hatte, mindestens einmal das fest installierte Toilettentelefon auszuprobieren. Ich wählte die Rezeption.

»Entschuldigen Sie, ich sitze im Bad und wollte nur einmal das Telefon ausprobieren.«

»Natürlich«, sagte der freundliche Mann.

»Dann bis gleich, ich checke gleich aus.«

»Bis gleich, Frau Kikol.«

Ich nahm die andere Waffelhälfte in die Hand und fuhr nach unten. Die Nutella klebte mir mittlerweile an den Fingern, und dann am Koffer und dann an den Schlüsselkarten, die aus irgendeinem edlen Holz hauchdünn gesägt waren. An der Rezeption legte ich die Karten mit den braunen Schmierflecken auf den Tresen und entschuldigte mich dafür.

Im Hyatt kann man wirklich total verludert herumlaufen. Das geht hier sehr gut. Das ist die wahre Klasse. Man weiß ja ganz genau, dass die Leute hier sofort erkennen, dass das Kleid zehn Euro gekostet hat. Jeder weiß, dass der andere es weiß. Aber sie behandeln einen so, als wäre der alte Eastpak mit den angeschweißten Bändern am Reißverschluss eben eine Louis Vuitton. Ich werde gerne wiederkommen und empfehle Sie weiter, sagte ich vielversprechend bei der Verabschiedung. Sie taten so, als glaubten sie mir und als würde ich ihnen damit einen großen Dienst erweisen. Dafür mochte ich sie noch lieber. Die fünf Sterne waren verdient. Die

Gäste dürfen hier richtig spielen, sich Rollen geben, Figuren ausdenken, und das gesamte Personal spielt mit. Die verstehen jedes Spiel sofort, kennen die Spielregeln und sind super Mitspieler. Hotelbesuche sind eigentlich immer tolle Spiele. Die Anzahl der Sterne richtet sich nach den Spielmöglichkeiten.

Meine nächste Unterkunft war eine kleine Wohnung im Wedding. Der Taxifahrer sagte mir, dass ich unbedingt Kinder bekommen solle, er habe zwei, und die Deutschen machten ja keine Kinder.

»Haben Sie viele Kinder, und sagen Sie dann Gruß von nigerianisch Taxifahrer!«

»Okay, mal schauen, aber danke.«.

»Und dann machen Sie fünf oder sechs Kinder, und dann kommt Ursula von der Leyen zu Ihnen. Besuch.«

»Ach.«

»Ja, Besuch von Ursula. Die kommt in Wohnung. Die gibt Ihnen Bundesverdienstkreuz.«

»Warum?«

»Weil Deutsche keine Kinder mehr machen. Machen Sie fünf oder sechs, dann Bundesverdienstkreuz.«

»Dann müsste ich das ja mal versuchen.«

»Ja. Machen Sie. Sagen Sie Gruß.«

»Mögen Sie Ursula von der Leyen?«

»Ja, mag ich sehr. Hat sieben Kinder.«

»Wusste ich gar nicht.«

»Merkel keine Kinder, trotzdem mag ich. Merkel gut, hat auch Mann. Aber Ursula von der Leyen auch sehr gut. Viele Kinder. Sie kommt zu Ihnen.«

»Ich merke es mir und grüße dann von Ihnen.«

Er erzählte mir von seiner Tochter, die jetzt Abi machen würde, »mehr Kopf als Sohn«, und dann wolle sie Medizin studieren. Er war sehr stolz und habe ihr schon erklärt, dass sie dann die Familie ernähren könne.

»Das Studium und die Ausbildung am Krankenhaus dauern aber ein paar Jahre, da müssen Sie erst mal noch weiter Taxi fahren. Ganz viel Taxi fahren.«

Er lachte jetzt sehr herzlich. Werde er machen, sagte er mir: »Und Sie: Kinder!«

Ich gab ihm Extratrinkgeld.

Berlin, Spree

Ich bekomme von Jonas eine Nachricht aufs Handy. Ob ich mich heute mit Carlos treffen wolle, der könne mir viel erzählen. Jonas habe ich noch nie in echt gesehen, er koordiniert meine Treffen in Berlin von keine Ahnung wo aus und schickt mich zu verschiedenen Leuten von 1UP. So kam ich auch zu Ricky. Gerade hat es 36 Grad, und die U-Bahn vor meiner Haustür fährt nicht mehr, Baustelle. Ein Fahrrad habe ich auch nicht und bei der Hitze nicht die geringste Motivation, mir irgendwo eines zu leihen. Ich gehe also zu Fuß zum Biergarten an der Urban Spree Galerie, wo ich mich mit Carlos treffen soll. Ich bin als Erste da und will ein Wasser bestellen. Normales Wasser hat der Berliner Biergarten nicht mehr, ich kann zwischen Gurken- und Minzwasser auswählen.

»Gibt es kein normales Sprudelwasser mehr?«, frage ich den Typen am Tresen.

»Nee«, sagt er genervt. Ich nehme eine Fanta und warte auf Carlos. Er kommt an und erkennt mich direkt. Überschwänglich und hektisch begrüßt er mich, bestellt ein Wasser und bekommt ein Glas Sprudel mit Eiswürfeln hingestellt. Ich erzähle ihm, dass Jonas mich geschickt habe, dass ich Journalistin sei und für ein Buchprojekt recherchierte. Weiß er natürlich schon.

»Ich war mit Ricky unterwegs, letzte Woche.«

»Alles klar, Ricky ist cool«, sagt er nur. Carlos sieht aus wie ein Surfer, trägt weiße Nike-Klamotten, ist sauber rasiert und hat seine langen Haare zum Zopf zusammengebunden.

»Jonas meinte, du warst schon bei vielen Aktionen und bei vielen Reisen dabei«, fange ich an.

»Ja, klar«, sagt er.

»Gibt es eine Aktion, von der du mir erzählen willst?«

»Was willst du denn hören?«

»Na ja, nichts, was ich mir auch auf euren Videos angucken könnte, ich suche mehr so Hintergrundgeschichten, quasi das Making-of. Du kannst mir auch von Dingen erzählen, die nicht geklappt haben.« Carlos überlegt.

»Warst du in Napoli dabei? Da gab es doch Ärger.«

»Ja, klar, da war ich, aber nicht bei dem Zug, wo die Leute ausgerastet sind, ich war nur auf der Straße dabei.«

»Und wie war's auf der Straße?«

»Cool halt, haben viel gemalt, die Italiener haben das gefeiert.«

»Schön«, sage ich.

»Was hat dir an dem Urlaub am meisten gefallen?«

»Halt, dass wir so viel draußen auf der Straße gemalt haben.«

Ich weiß nicht recht weiter und lege meinen Notizblock und meinen Kugelschreiber auf den Tisch. Vielleicht verunsichert ihn das, wenn ich das so in der Hand halte. Vielleicht ist das zu griffbereit. Ich drehe mir stattdessen eine Zigarette, Carlos tut das auch. Er guckt mich misstrauisch an.

»Ist das okay für dich, dass ich Geschichten von dir aufschreiben will?«

»Weiß nicht.«

»Ich gebe jedem einen neuen Namen, also einen neuen bürgerlichen Namen. Man erkennt dich nicht.«

»Ist trotzdem komisch, ne?«

Wir rauchen, und ich erzähle ein paar Banalitäten aus Berlin, nur um irgendwas zu sagen.

Er erzählt mir jetzt doch eine Geschichte, wo er etwas gemalt hat und sich danach verstecken musste. Sie klingt recht spannend. Ich greife währenddessen doch wieder nach meinem Notizblock und schreibe mit.

»Nee, schreib das besser doch nicht«, sagt er.

»Gar nichts davon?«

»Nee, besser nicht.« Er schaut auf meinen Block.

»Klar, okay, wenn du nicht willst.«

Er schaut weiter auf meinen Block. Um ihn zu beruhigen, mache ich ein großes Kreuz über die Aufzeichnungen. Er trinkt von seinem Sprudel, meine Fanta ist inzwischen warm geworden. Dann erzählt er mir eine zweite Geschichte. Es geht um ein Dach in Berlin, um die Spree und wie er sich wieder verstecken musste, diesmal auf einem Dachboden. Ich schreibe mit. In einem Moment wurde es wohl ziemlich knapp, er durfte sich nicht bewegen, einmal musste er die Luft anhalten. Um sich abzulenken, betete er.

»Nee, das geht eigentlich auch nicht.«

»Was?«

»Das kannst du nicht aufschreiben.«

»Aber die ist doch gar nicht so schlimm, die Geschichte.«

»Trotzdem nicht.«

»Echt jetzt?«

»Nee. Vielleicht kann da doch jemand erkennen, wo ich war.«

»Wir könnten den Stadtteil wechseln.«

»Aber dann ist die Geschichte nicht mehr echt.«

»Na ja …«

Er guckt mich herausfordernd an. Ich mache wieder ein großes Kreuz über die Seite.

»Ich muss im Moment echt aufpassen«, sagt er, »mit den Bullen und so.«

»Klar«, sage ich enttäuscht.

»Aber du kannst mit hochkommen ins Atelier.«

Über der Galerie von Urban Spree dröhnt laute Musik hinter einer Stahltür. Drinnen sitzen einige Freunde von ihm und zwei ältere Herren, einer ist wohl von Urban Spree, sie unterhalten sich laut und trinken und rauchen. Ein anderer probiert die Skateboards aus, die Carlos bemalt hat. Die Wände sind vollgetaggt, viele 1UPs, dazwischen ein weißer Platz mit einer To-do-Liste, mit Edding auf die Wand geschrieben. Da stehen Ausstellungen und Projekte drauf. Ich setze mich zu den anderen. Sie sprechen darüber, dass die Galerie geschlossen werden soll, dass das ganze Gelände abgerissen wird, um Büros zu bauen. Es ist ein trauriges Gespräch, und dass es so heiß ist, macht das Ganze noch trauriger. Schlechte Neuigkeiten erträgt man besser bei Kälte. Bei Hitze schmilzt auch die emotionale Stabilität. Das Traurige klebt mit dem Schweiß an der Haut, man kann es nicht abschütteln, darum erdrückt es einen umso mehr. Projekträume und Off-Spaces wie die Urban Spree Galerie und viele andere in Berlin sind so etwas wie der Nachwuchskader im Fußball. Hier wird trainiert, ausprobiert, gespielt. Gerade die großen Galerien brauchen sie, denn dort formt sich der Nachwuchs, da können sie auswählen, trennen, herauspicken, abwerben. So wie eben auch im Fußball. Als wir alle zu traurig werden, wechselt Carlos die Musik, zieht eine große, halb fertige Leinwand hervor und fängt an zu malen. Das hilft. Es wird weiter getrunken und sich abgelenkt. Bevor ich gehe, frage ich Carlos, ob das mit der Polizei so schlimm sei, dass er draußen nicht mehr male.

»Klar male ich draußen noch!« Er guckt mich überrascht an. »Später, vielleicht in ein paar Monaten, da erzähle ich dir was.«

»Alles klar. Was hast du eigentlich genau gebetet?«

»Später.« Er grinst mich an.

Berlin, Norden

Ricky trifft Ines, Steffen, Simon und mich an der Bäckerei an der Ecke. Es ist 16:30 Uhr. Simon ist ein alter Checker, den er bequatscht hat, mal wieder mitzumachen. Ricky trägt eine blaue Ikea-Tasche über der Schulter, aus der ein Bolzenschneider herausguckt. Damit ist er heute schon durch die ganze Stadt gefahren, aber darauf achtet sowieso keiner. Seitdem der Piraten-Politiker Gerwald Claus-Brunner seinen Kollegen Jan Mirko L. getötet und mit der Sackkarre durch die Stadt geschoben hat, wollen die Leute hier gar nicht mehr so genau wissen, wer was mit sich herumträgt.

»Was haste denn damit vor?«, fragt Ines.

»Ach, das ist noch für später heute Abend.« Mehr sagt Ricky nicht dazu, weil nicht immer alle alles wissen müssen.

Sie bestellen Kaffee, und Ricky kauft Simon und mir ein Eis. Er selbst geht los, um seine Ikea-Tasche zu verstecken. Mitnehmen in den Tunnel will er sie nicht. Nicht weit entfernt liegt eine Baustelle, dahinter überlebt ein Gebüsch den staubigen Neubau. Dort wird er sie verscharren. Er wühlt in der Erde und legt etwas Müll darüber, der sich mit dem blauen Plastik der Tasche gut solidarisiert. Als er zurück zur Bäckerei kommt, warten die anderen ungeduldig, sie wollen los. Er legt die Cappy auf den Tisch, zieht sein T-Shirt aus und hängt sich Brusttasche und Kabel des Headsets um.

»Da soll jetzt 'ne neue Kamera hängen. Habt ihr das auch gehört?«, fragt Steffen.

»Nee«, sagt Ricky.

»Die soll wohl genau auf die Tür gerichtet sein. Da sind letztens welche rein und sofort wieder raus, weil die so 'n Schock hatten, dass da direkt die Kamera auf sie gerichtet war.«

»Wir gucken uns das mal an.«

Er zieht sich sein T-Shirt wieder an und setzt die Cappy auf. Dann lässt er seine Shorts runter und steht in Unterhose vor der Bäckerei. Steffen reicht ihm eine lange Jogginghose.

»Ich hab noch nichts von 'ner Kamera da gehört.«

Er zieht sich die Hose hoch und ist jetzt fertig. Als sie losgehen, wünschen die Bäckereiverkäuferinnen und er sich gegenseitig noch einen schönen Tag. Ricky gibt mir das schwarze Nokia, und wir beiden gehen runter in die Station zur Vorbereitung.

»Du stehst zuerst hier, weil wir gleich hier hinkommen und durch diese Tür da reingehen. Guck, dass niemand nach uns da reingeht. Und dann setz dich am besten hier ans Ende, und guck auf die beiden Tunneleingänge und die Takte. Bis gleich.« Ricky geht wieder hoch zu den anderen und ihren Taschen.

Dieses Mal habe ich mir ein Lunchpaket mitgenommen: Cola, Doppeldeckerkekse, eine Bifi und eine Zeitung. Ein paar Minuten später kommen sie in die Station herunter. Sie stehen zuerst etwas getrennt voneinander am Gleis und warten mit den anderen auf den nächsten Zug Richtung Ruhleben. Als die Passanten einsteigen, bleiben sie zurück. Jetzt ist es leerer, und sie gehen rüber, bis vor eine Tür, die in einen Aufenthaltsraum der BVG führt. Sie ziehen sich ihre Masken auf, und Ricky holt einen Schlüssel aus seiner Jogginghose, mit dem er aufschließt. Die drei gehen rein. Ich höre, wie die Tür von innen wieder abgeschlossen wird. Ricky ruft nicht an, ich werde nervös. Was mache ich, wenn genau jetzt ein Mitarbeiter auch durch die Tür gehen will? Nach einer Minute klingelt es.

»Ist uns einer gefolgt?«

»Nee. Alles ruhig.«

Hinter der Tür hängt tatsächlich eine neue Kamera von der Decke. Die drei treten näher heran und sehen, wie der Kleber zwischen der Kamera und der Decke hervorguckt.

»Fake. Die bestellst du dir für zehn Euro bei Amazon. Direkt aus China.«

»Da gibt's auch kein Kabel, was weggeht.«

»Ja, dann machen wir die ab.«

Steffen reißt sie von der Decke. Das Plastik zerbricht, und eine Batterie fällt heraus. Das Einzige, was diese Batterie zum Laufen bringen konnte, war ein Licht am Gehäuse, das den Aufnahmemodus simulieren sollte.

»Kamera war Fake. Wir gehen jetzt in den Schacht, ich steck dich mal kurz ein, bis gleich«, sagt er zu mir.

Die drei kriechen in einen Elektroschacht, der in den Tunnel führt. Er ist ungefähr 80 cm hoch und 60 cm breit. Sie krabbeln auf allen vieren mit ihren Sporttaschen und den Dosen. Einer hinter dem anderen. Ich höre sie wieder rauschen und schnaufen.

»Alles gut?«

»Ja, alles gut.«

»Sag mal die Takte.«

»Ruhleben vier Minuten, Pankow drei Minuten.«

»Ruhleben kommt in vier Minuten, Pankow in drei Minuten. Mach mir einen Countdown in jeder Minute, ja?«

»Okay.«

Ich höre wieder Schnaufen, sie sind noch im Schacht.

»Ruhleben drei Minuten, Pankow zwei Minuten.«

»Ruhleben drei, Pankow zwei.«

»Ruhleben zwei, Pankow eine.«

»Ruhleben zwei Minuten, Pankow eine Minute.«

»Ruhleben eine Minute, Pankow blinkt.«

»Pankow blinkt.«

[An dieser Stelle sagte mein erster Lektor zu mir, dass ich solche Dialoge doch nicht schreiben könne, weil das keiner lesen wolle. Ich versuchte ihm zu erklären, dass solche Gespräche dazugehören. Ich fand sie eigentlich ganz poetisch. Der Lektor trat einen Schritt zurück, verschränkte die Arme und schüttelte den Kopf.]

»Ruhleben blinkt, Pankow fährt ein.«

»Pankow fährt ein, Ruhleben blinkt.«

»Pankow fährt ab, Ruhleben fährt ein.«

»Pankow fährt ab, Ruhleben fährt ein.«

»Ruhleben fährt ab, Pankow vier Minuten.«

»Ruhleben fährt ab.«

»Nee.«

»Ja?«

»Kann sein, dass der Fahrer nach Ruhleben uns gesehen hat. Scheiße.«

»Okay. Und jetzt?«

»Wir sind jetzt zwischen den Zügen, Takte sind egal. Aber guck dir mal den nächsten Fahrer nach Ruhleben an. Guck mal, wie der drauf ist.«

Ich weiß nicht so recht, wie ich erkennen soll, wie der Fahrer drauf ist.

»Worauf soll ich denn da achten?«

»Ja, ob der gechillt ist oder nicht.«

»Okay.« Ich schaue mir den nächsten Fahrer an. Als er einfährt, habe ich ungefähr zwei Sekunden Zeit, ihn irgendwie zu interpretieren.

»Der Fahrer sitzt da ganz normal.«

»Telefoniert der?«

»Nee.«

»Wie ist er drauf?«

»Normal, glaube ich. Der hat seine Tür auf.«

»Ist ja auch warm. Sind auch nur Menschen.«

»Ja.«

»Guck dir mal den nächsten Fahrer an.«

Ich warte auf den nächsten Zug. Zu meiner Zeitung werde ich nicht kommen, dafür beiße ich in einen Keks. Ricky hört es in seinen Ohren schmatzen.

»Ist das zu laut?«, frage ich mit vollem Mund.

»Nee, mach du nur. Alles gut.«

»Nach Ruhleben fährt jetzt ein. Hab den Fahrer gesehen.«

»Wie ist der drauf?«

»Ist ein Älterer, graue Haare, sah müde aus.«

»Easy.«

Ricky ist beruhigt. Ich höre das Zischen der Dosen.

»Klar sind die müde«, sagt Ricky plötzlich. Die wollten ja letztes Jahr auch weniger Arbeitsstunden haben.«

»Aha.«

»Da gab es einen Artikel in der *B.Z.* Hast du den gelesen?«

»Nee, ich glaub nicht. Was stand denn drin?«

»Google mal. Gib mal Graffiti, Streik, BVG ein.«

Ich kann mit meinem normalen Handy das kostenlose WLAN der BVG nutzen und finde den Artikel bei der *B.Z.* Sogar mit drei großen Fotos von Graffiti-Waggons.

»Erfolg bei den Tarifverhandlungen. Graffiti-Gruß auf U-Bahn! Sprayer zeigt Solidarität mit BVG-Mitarbeitern«, lese ich vor.

»Wer hat das gemalt?«, frage ich.

»Ein Kollege von uns.«

»Da steht, dass bei den Berliner Verkehrsbetrieben Tarifverhandlungen liefen für rund 14.500 Beschäftigte. Eine schnelle Lösung gebe es bisher nicht. Ah, ein Sprayer hat seine Solidarität mit den BVG-Mitarbeitern öffentlich bekundet, schreiben die. Auf der Linie 9, ein U-Bahn-Waggon, ›zweifelhafte Liebeserklärung von Graffiti-Vandalen‹, steht da. Er hat wohl auf den Waggon geschrieben, dass er ihnen viel Glück bei den Tarifverhandlungen wünsche und mehr Lohn und kürzere Arbeitszeiten. Daneben sind schwarze Herzen gemalt.«

»Ja«, sagte Ricky.

»Das war aber nett von eurem Kollegen. Ich lese mal weiter.«

Im Artikel wird die BVG-Sprecherin Petra Nelken zitiert. Die fand das gar nicht nett. Sie erzählt, dass jetzt wieder gefährliche Chemikalien für die Reinigung eingesetzt werden müssten und dass Graffiti die BVG im Jahr vier Millionen Euro kosteten. Diese Zahlen müssten auch mal überprüft werden, denke ich mir.[17]

»Ey, alles gut?«, fragt Ricky.

»Ja, alles gut hier. Hab grad den Artikel gelesen. Cool.«

»Jo.«

»Und du, bist du auch immer für Streik?«

»Ja, meistens schon. Man muss halt vorlaufen, ne?«

»Klar«, sage ich so dahin.

»Streik ist Wärme, da kühlt der Gesellschaftskörper nicht aus …« Ines sagt, ich solle nicht so viel quatschen.

»Hier steht noch, dass während dieses einen Tages rund 140 U-Bahn-Wagen besprüht worden sind.«

»Kann gut sein.«

»Und wie sind die Verhandlungen ausgegangen?«

»Acht Prozent mehr Lohn. Und 200 Euro mehr Weihnachtsgeld. Aber keine Stundenreduzierung. Wie sind die Fahrer so drauf?«

»Normal, gerade kam ein Zug mit zwei Leuten vorne drin, die sich unterhielten.«

»Ja, das ist oft so. Die wollen da auch nicht immer allein sitzen. Ist doch auch verständlich, oder? Würdest du da immer allein sein wollen?«

»Ja, nee, klar. Jetzt kommt gerade ein Fahrer aus dem anderen Aufenthaltsraum und steht am Gleis. Ziemlich weit vorne am Tunnel.«

»Was macht der?«

»Der steht einfach da und guckt auf sein Handy.«

»Beobachte den mal. Kannst du so nah ran, dass du siehst, was er auf seinem Handy macht?«

Ich stehe auf und gehe etwas herum, hinter dem Fahrer vorbei.

»Ich glaube, der spielt irgendwas.«

»Alles klar.«

»Jetzt fährt ein Zug ein, Richtung Pankow.«

»Steigt er ein?«

»Kann man noch nicht sagen.«

»Wie, kann man noch nicht sagen?«

»Jetzt steigt er ein.«

»Ja, cool, wir sind auch gleich fertig. Und was liest du so?«

Ricky mag schnelle Themenwechsel.

»Im Moment Bukowski.«

»An den denke ich auch oft.«

»In dem Buch hat er gerade ein Drehbuch fertig geschrieben, und es soll verfilmt werden. Aber der Produzent geht pleite, er muss also die Produktionsfirma wechseln, aber die alte gibt ihm die Rechte an seinem Drehbuch nicht zurück. Jon, sein Regisseur, wird wütend und droht dem alten Produzenten damit, sich seine eigenen Finger abzusägen, wenn er die Rechte nicht zurückbekommt.«

»Warum seine eigenen Finger und nicht die des anderen?«

»Das habe ich auch nicht verstanden. Auf jeden Fall geht dieser Jon in das Büro des alten Produzenten mit einer elektrischen Säge von Black & Decker.«

»Hat's funktioniert?«

»Ja, er konnte wohl richtig gut drohen. Er musste sich noch nicht mal den kleinen Finger absägen. Ich würde auch gerne so gut drohen können.«

»Hollywood, ne?«

»Ja.«

Mittlerweile malen sie schon eine Stunde lang. Ich hatte mein Lunchpaket fast aufgegessen. Jetzt sage ich wieder alle Takte im Minutencountdown durch, danach wieder das Schnaufen und Rauschen, bis es hinter der ersten Tür klickt.

»Ist alles gut vor der Tür?«

»Ja, ihr könnt raus.«

Ich sehe die drei aus der Tür kommen. Sie sind sehr viel schmutziger als noch vor zwei Stunden. Darum die langen Hosen. Als Steffen und Ines durch die Tür sind, schließt Ricky als Letzter wieder ab. Sie treffen sich diesmal hinter der Bäckerei, bei Steffens Auto. Simon steht schon oben und hält das Handy bereit zur Rückgabe. Die drei Sprüher sind vor Schweiß ganz nass. Außerdem an Armen und Gesicht mit schwarzem Dreck beschmiert. Sie sehen aus wie Statisten aus einem Schülerfilm.

»Ihr seht aus wie ein Klischee.«

»Ist doch beruhigend, wenn manche Klischees sich auch erfüllen.«

»Wir fahren jetzt was Auto, ich will hier weg«, meint Steffen. Ricky muss noch kurz rüber zur Baustelle und seinen Bolzenschneider holen. Die anderen warten ungeduldig.

Simon will dringend nach Hause gehen. Ricky ist sich nicht sicher, ob er noch mal mit ihnen mitkommen wird. Die Standleitung zu Steffen hatte Simon gehabt. Aber Steffen redet beim Malen nicht viel. Überhaupt kennt Ricky keinen, der dabei so viel redet wie er selbst. Im Auto kleben die Sitze an ihrer Haut. Niemand hat ein Handtuch mitgenommen. Ich höre mir die Geschichte über die Fakekamera an. Ricky ist der Meinung, dass die nicht von der BVG stamme, sondern von Sprühern, die damit andere Sprüher davon abhalten wollen, in den Spot zu gehen.

»Hat ja auch schon geklappt«, meint Steffen.

»Nicht bei mir.«

Ines hatte während den letzten Stunden vergessen zu rauchen und braucht jetzt eine Zigarette. Sie will mit den anderen zum Spätkauf an den Gleisen der Schönhauser Allee fahren.

Im Auto denke ich daran, wo die anderen gerade waren. In einer Welt aus blauem Neonlicht, Steinen und Metall. Die Sucht erkläre ich mir nicht nur mit dem Adrenalinkick beim Malen und der Anspannung, es muss auch die Sucht nach den glatten Oberflächen der Wagen sein, zu sehen, wie die Farbe durch die Luft darauf niederfällt und zu einer zweiten, glänzenden Schicht wird. Alles blitzt, der staubige Steinboden ist wie eine Marslandschaft, auf der metallene Riesen stehen und angestrahlt werden. Der Künstler Martin Eder sagte einmal in einem Interview mit mir, das wir »Malerei ist wie Kampfsport« überschrieben, dass gute Ölbilder so glatt seien, dass er sie gerne ablecken würde. Das sei Erotik, und zwar mehr als nackte Hintern.[18] An den Waggons will ich zwar nicht lecken, aber ich glaube an die Macht, die diese Haptik auf einen ausüben, ja die einen verrückt machen kann.

Wir kommen beim Späti an und parken davor. Ricky und Steffen kaufen Bier und Chips für alle. Die Abendsonne ist friedlich und scheint nur für uns. Ines setzt sich auf den Bürgersteig und genießt ihre Zigarette. Ich mache mir auch eine an, während Ricky sich wieder umzieht.

Unten auf den Gleisen fährt die Ringbahn ihre Runden.

Ricky setzt sich neben Ines und ist so tiefenentspannt, dass er einfach nur grinsend in die rote Sonne guckt. Auch Steffen macht es sich auf dem Bürgersteig bequem. Sie wirken so ausgeruht, wie es nur Teenager nach einem Zwölf-Stunden-Schlaf sein können.

»Willst du wissen, was wirklich süchtig macht?«, fragt mich Ricky.

»Was denn?«

»Das hier. Die Erleichterung und die Stimmung danach.«

Ich glaube ihm. Vielleicht geht es genau darum. Vielleicht ist Erleichterung wirklich das intensivste Gefühl von Glück.

MOSES & TAPS™: »THE WALL™« © Edward Nightingale, 2015

2

MOSES & TAPS™: »Schwarzer Waggon in Rapsfeld«, Hannover, 2018 © MOSES & TAPS™

1UP © Ninja K/Martha Cooper/1UP

1UP © Ninja K/Martha Cooper/1UP

1UP: Entstehung eines Wholetrains, Berlin © musa.frames

1UP © Ninja K/Martha Cooper/1UP

1UP © Ninja K/Martha Cooper/1UP

1UP © Ninja K/Martha Cooper/1UP

1UP © 1UP

MOSES & TAPS™: »SCRATCHITI« © Edward Nightingale

MOSES & TAPS™: »Missing« © MOSES & TAPS™

MOSES & TAPS™: »Metro Splash Moskau« © Edward Nightingale, 2013

BLAU
MOSES
DSF

MOSES & TAPS™: »Wholecarskizze/Skizzenwholecar« © MOSES & TAPS™

1UP © Ninja K/Martha Cooper/1UP

1UP: Oberbaumbrücke, Berlin © Ninja K/Martha Cooper/1UP

MOSES & TAPS™: »THE WALL™« © Edward Nightingale, 2015

Berlin, Kottbusser Tor

Jonas schickte mich nach Kreuzberg, um dort Michael zu treffen. Ich schrieb ihm zurück, ob er eine gute Notdienstapotheke für diesen Sonntag kenne. Ich war einige Tage zuvor hingefallen, und die Wunde am Arm wollte sich bei der Hitze einfach nicht schließen. Mittlerweile sah sie ziemlich unappetitlich aus, eher wie eine weiße Kartoffelsuppe. Die Apotheker, bei denen ich die letzten Tage war, hatten mir mit besorgten Gesichtern viele Cremes und Sprays verkauft, die ich manchmal alle zwei Stunden, manchmal alle vier Stunden draufmachen sollte. Insgesamt hatte ich dafür schon über 40 Euro ausgegeben. Mein Arm pochte im Schweiß. Die Cremes und Sprays machten es noch schlimmer, glaubte ich inzwischen. Jonas schickte mir eine Adresse. Die Straße war eine der lautesten und chaotischsten in Kreuzberg. Der Apotheker, dem ich meinen Arm vorführte, war Araber. Im Gegensatz zu allen anderen verzog er nicht das Gesicht. Er brachte mich in einen kleinen Nebenraum, in dem er alles für die Wundversorgung bereitstehen hatte. Routiniert säuberte er die Wunde, trug enorm viel Jodsalbe auf und verband alles. Als ich ihn fragte, wie viel das koste, meinte er, dass es nichts koste. Ich kaufte noch eine Tube Jodsalbe für 3,75 Euro, er sagte, die kleinste reiche, mein Arm sei ja nicht so groß. Ich solle das alles bis zum nächsten Morgen so drauflassen und dann erneuern, aber zum Arzt gehen, falls ich Fieber bekäme. Er war auch der Einzige, der nicht fragte, was passiert sei. Ich ließ Trinkgeld da oder wie das bei Apothekern auch heißen mag. Um kurz vorzugreifen: Am nächsten Morgen, als ich den Verband abmachte, sah mein Arm so aus, als wäre er über Nacht sieben Tage lang geheilt, die Wunde war fast zu und die weiße Kartoffelsuppe weg. Ich wusste nicht, dass der Körper so schnell arbeiten kann, und beschloss, in Berlin nie mehr zu einer anderen Apotheke zu gehen.

Aber wieder zurück zum Sonntag. Ich traf Michael mit verbundenem Arm an einer Kreuzung. Er fragte mich, ob ich was vom Späti wolle, und wir kauften Getränke und Chips. Draußen zeigte er auf ein Dach.

»Schau mal, willst du da hoch?«

»Ja, klar.«

Wir gingen in das Wohnhaus hinein – die Tür stand offen –, dann im Treppenhaus hoch und kletterten mit einer Leiter durch eine Luke. Da oben auf dem Flachdach stand ein Zelt.

»Da wohnt Jasin.« Michael zeigte mit dem Finger darauf. Jasin ist ein Sprayerkollege von ihm und ebenfalls bei 1UP, er kommt aus dem Libanon.

»Warum wohnt er hier?«, fragte ich.

»Ist doch schön im Sommer«, sagte Jasin, der gerade ebenfalls durch die Luke kam.

»Im Herbst suche ich mir dann wieder ein WG-Zimmer«, sagte er.

»Man darf hier offiziell nicht wohnen, aber keiner der Bewohner beschwert sich«, meinte Michael.

»Ich habe mich überall vorgestellt«, sagte Jasin. Das Dach hatte Michael ihm empfohlen. Er wohnte hier in der Gegend. Wir setzten uns und guckten auf Kreuzberg. Michael war einer der Ältesten bei 1UP.

»Frag mich einfach alles, egal«, sagte er zu mir. Ich machte ein Bier auf, vergaß, den Notizblock herauszuholen, und fragte Michael nach dem Kottbusser Tor.

»Das war mein Traum, seit vielen, vielen Jahren«, strahlte er mich an. Früher ging es nicht, da wurden die U-Bahnen dort nur mal ganz unregelmäßig abgestellt, unmöglich, das zu planen. Als die Baustelle und damit das Lay-up kamen, sah er seine Chance.

»Was ist ein Lay-up?«, fragte ich.

»Gleise, auf denen Züge temporär geparkt werden. Die können da ein paar Stunden stehen, zum Beispiel nach der Rushhour am Morgen, oder nachts, eben dann, wenn weniger Züge gebraucht werden. Das, was du mit Ricky gemacht hast. Oder die können da auch mal ein paar Tage stehen. Je nachdem. Es ist halt kein Yard, keine Abstellhalle. Sondern eine Parkmöglichkeit an den Verkehrswegen.«

Ganze zwei Monate verbrachte er damit, nachts auf einem Dach zu sitzen und alles vorzubereiten. Abends ging er hoch, klappte seinen Campingstuhl auf, nahm sein Notizheft heraus und fing an mitzuschreiben. Die Takte der Bahnen, wann welche dort abgestellt wurden, wie lange sie dort blieben und wann sie wieder zurückfuhren. Er notierte auch alles über die Fahrer, was er sehen konnte. Welche wo ihre Pause machten, welche Fahrer rauchten und wie viele Sekunden es brauchte, bis sie ausstiegen, um ihre Pausenzigarette anzuzünden. Es waren zehn Sekunden. Wochenlang ging er übermüdet zur Arbeit, wochenlang standen die gepackten Sporttaschen bereit. Er plante auch die Fluchtwege, überlegte, welche Leute und WGs dort in der Nähe waren, wen er bitten könnte, sie reinzulassen, wer ihm die Schlüssel der Eingangstüren geben könnte. Michael wollte die U-Bahn dort unbedingt vom Steg aus malen. Einmal am Kottbusser Tor darauf stehen und malen! Der erste Versuch ging schief. Sie waren zu acht plus drei Checker auf den Dächern plus einer, der mit der Drohne flog. Um auf alle Dächer zu gelangen, hatte er vorher die Schlösser an den Dachluken ausgebaut, mit zu sich nach Hause genommen und an seinem Schreibtisch eigene Kopien gemacht. Die falschen Originale montierte er dann wieder an die Luken. So hatte er alle Schlüssel. An besagtem Abend sollte nach Michaels Plan eine Bahn dort abgestellt werden, aber sie kam nicht. Sie warteten ein paar Stunden, aber vergeblich. Alle gingen unverrichteter Dinge nach Hause. Michael glaubte, dass es das nicht sein könne. Er setzte sich wieder einige Nächte aufs Dach und notierte weiter, machte andere Pläne, wie man die Fahrertür zukleben oder an die Hochbahn irgendwie mit Seilen herankommen konnte. Dann strich er diese Pläne wieder durch. Beim zweiten Versuch kam dann tatsächlich die Bahn. Die Mannschaftsaufstellung war erweitert, neben den Checkern auf den Dächern gab es jetzt noch einen Fahrradfahrer auf der Straße und einige, die als Fahrgäste in jeder U-Bahn saßen, die zum Kottbusser Tor fuhr, die guckten, wie viele Fahrer und Sicherheitsleute darin waren, und die ihre Zeiten durchgaben. Die Sprüher trugen mal wieder Bauarbeiterwesten und liefen über den Bahnhof, hielten kurz inne, gingen noch einmal den Ablauf durch, zeigten vor allen Fahrgästen mit dem Finger in die wichtigen Richtungen und gingen dann weiter. Auf ihrem Weg nahmen sie ganz selbstverständlich von der Baustelle einige Holzplatten mit und bauten sie wenige Meter entfernt übereinander, als Versteck. Die Bahn hielt im Lay-up, jetzt war die Frage, ob der Fahrer ein Raucher war oder nicht. Sie zählten die Sekunden. Als er nach 15 immer noch nicht rauskam, fingen sie an. Wohl kein Raucher. Dann doch, er kam heraus, mit der Zigarette zwischen den Fingern, sie sprühten, er hörte und sah sie. Und jetzt? Weitermachen. Sie sprühten, der Fahrer rauchte und guckte zu ihnen herüber. Er schien nicht verärgert, eher aus der Pflicht heraus, griff er am Ende der Zigarettenpause doch noch zu seinem Handy und telefonierte. Die Checker auf den Dächern sahen es, die Sprüher sahen es. Weitermachen. Dann fuhren Polizeiwagen unten auf der Straße. Weglaufen? Michael wollte nicht, er brauchte noch eine Minute.

»Hast du 1UP gemalt?«, fragte ich ihn.

»Na klar, was denn sonst? Ich mache nie was anderes«, sagte er verblüfft.

»Ist doch SEINE Gummibärenbande«, sagte Jasin, während er seine Tomaten goss. Michael wurde etwas rot.

»So nennt er die immer.«

»Manchmal sage ich auch Fußballverein«, sagte Michael. Jasin nickte.

»Dann stand da unten also ein Polizeiauto«, erzählte Michael weiter. »Das ist aber normal, in Kreuzberg fahren nachts immer Polizisten rum, ist ja klar, dass die dann direkt am Tor sind, damit hatte ich immer gerechnet, Blaulichtparty, da wird man doch schön angestrahlt beim Malen, man darf sich da einfach nicht von stressen lassen.«

»Die kommen ja nicht direkt hoch«, sagte Jasin.

»Eben, das dürfen die eh nicht, wenn da oben acht Leute von uns stehen, dürfen die gar nicht mit zwei Leuten hoch. Da müssen die erst Verstärkung anfordern und warten. Auf die Regeln in diesem Land kann man sich verlassen. Bis da weitere zehn Polizisten gekommen wären, wären wir längst fertig gewesen. Aber die anderen wollten trotzdem los, ich war zwar fertig, aber hätte trotzdem gerne noch weitergemacht. Aber der Checker auf dem Dach gab durch, dass wir wegsollten. Da muss man dann hören, es gibt immer einen Einsatzleiter, und das ist einer, der bei der Aktion nicht sprüht. Da kann man nicht diskutieren, wenn da einer anfängt zu diskutieren, nehme ich den nicht mehr mit. Also sind wir weggelaufen, über die Hochbahntrasse weg, irgendwo dann wieder runter und dann weiter weg.« Wir öffneten das zweite Bier.

»Danach muss ich aber nach Hause, morgen früh geht's um 6 Uhr los für mich.« Michael war ein erfolgreicher Dachdecker, Werbung brauchte er keine zu machen, die Mundpropaganda erledigte das für ihn. Er hatte faire Preise und Dachwissen, das weit über das eines normalen Dachdeckers hinausging.

»Hast du noch Fragen? Wenn du irgendwas nicht verstanden hast, dann frag ruhig alles.« Wenn Michael etwas fehlte, dann war es Arroganz.

»Woher bekommt man die Schlüssel für die Züge?«

»Da gibt es mehrere Möglichkeiten, entweder du ziehst die direkt von den Fahrern ab, oder du machst einen Deal mit denen, oder du brichst irgendwo ein. Oder du kriegst sie von anderen Sprühern.«

»Und wo lässt man die nachmachen?«

»Beim Schlüsseldienst deines Vertrauens.«

»Warum machst du das alles?«

»Weil es die besten Freundschaften sind.« Michael sagte das ganz ernst, so als sei dieser einfache Satz der wahrste von allen. Wir tranken unser Bier aus, dann musste Michael nach Hause. Auf meinem Sofa dachte ich an meinen Arm. Bei Fieber sollte ich zum Arzt, aber mir war nicht ganz klar, wie ich zwischen der Hitze und einem möglichen Fieber unterscheiden sollte. Ich googelte Fieber. Dabei wurde mir noch wärmer, trotzdem legte ich eine Decke über mich. Ohne Decken kann ich nicht schlafen, ich führe das auf einen Urinstinkt zurück, schließlich könnte ein Tiger kommen, und dann läge ich schutzlos da. Mit einer Decke würde der Tiger nur die Decke mitnehmen. Dann schlief ich ein.

Berlin, Neukölln

Hinter der Spree wusste ich schon nicht mehr weiter. Ich schaute auf meinen Notizzettel und musste noch durch zwei weitere Stadtteile fahren. Ich würde zu spät kommen, wozu zu spät, wusste ich aber auch nicht. Jonas hatte mir gesagt, dass die anderen heute etwas besonders Lustiges planten oder etwas, das wie Weihnachten sei oder ein lustiges Weihnachten, und da solle ich unbedingt hin. Unter der Telefonnummer, die ich anrief, meldete sich eine Frau, die lieber mich sprechen lassen wollte. Meine Fragen zu der Wegbeschreibung fand sie unangenehm und, ich glaube, auch ziemlich dämlich. Ich musste ihr bestätigen, dass ich von Jonas kam, der mich vorher schon bei ihr angemeldet hatte. Wer in Berlin eine einfache Straße nicht finden kann, darf vielleicht auch nicht zum lustigen Weihnachtsfest. Ich ärgerte mich jetzt über mich selbst. Draußen war es heiß, ich schwitzte, die Busse schwitzten, die Döner schwitzten. Wenn man den Weg nicht findet, soll man sich nicht aufregen, sondern versuchen, sich in die Logik der Stadt hineinzuversetzen. Jede Stadt ist logisch. Das muss man nur verstehen, und dann kommt die Intuition. In Berlin sind die Straßen lang, und die, die parallel verlaufen, sind in Wirklichkeit krumm. Das ist gut zu wissen. Bei mir kam die Intuition nicht, und ich verspätete mich um 45 Minuten. In dem alten Haus lief ich ins fünfte Stockwerk und klopfte an eine Eisentür. Jemand machte mir auf, ohne dass ich sah, wer es war. Auf dem Flur saßen Leute dicht gedrängt nebeneinander, im Wohnzimmer und im Schlafzimmer knubbelte sich eine große Menschenmenge; alle hatten ihre Schuhe ausgezogen. Der Schuhberg lag in der Küche neben den Bierkisten. Ich ging weiter vor, auf das Wohnzimmer zu, da wurde wohl gerade eine Rede gehalten. Die Frau vom Telefon fing mich ab und zog mich stattdessen ins Schlafzimmer. Ich entschuldigte mich für meine Verspätung. Sie schaute mich prüfend an und eröffnete mir, dass sie alle einen Wholetrain malen würden und drüben im Wohnzimmer jetzt die Planung dafür laufe. Ich dürfte da aber nur hinein, wenn ich auch mitmachen wolle, und dafür müsse ich ihr sagen, welche Rolle ich dann übernähme.

»Ist deine freie Entscheidung, wenn du nicht mitmachen willst, kannst du hier in meinem Zimmer noch ein bisschen chillen, aber dann musst du wieder gehen.«

»Doch, ich mache gerne mit.«

Als was, wusste ich aber auch nicht.

»Ja, willst du malen, checken oder filmen?«

»Filmen.«

»Wir haben aber schon zwei, die filmen.«

Falsche Antwort.

»Was kann ich denn machen?«

»Kannst du einen Kilometer schnell laufen?«

»Ganz schnell?«

»Ja.«

»Geht so.«

»Dann setz dich einfach in den Zug, und beruhige die Leute, falls sich einer aufregt.«

Das konnte ich.

»Okay, dann mache ich das.«

»Wenn einer wütend wird, dann sag einfach, dass das ja alles nicht so schlimm ist.«

»Klar.«

Sie guckte mich immer noch skeptisch an. Bestimmt war ich falsch angezogen. Ich trug eine schwarze Trainingshose und eine blaue Trainingsjacke. Vielleicht war das zu offensichtlich. Sie trug einen weiten grünen Rock, und ihre Mähne aus braunroten Haaren fiel wie in einer Shampoo-Werbung um ihr Gesicht. Ich beneidete immer andere Frauen mit vollen Haaren, die dann auch noch schnell rennen konnten.

Jetzt durfte ich ins Wohnzimmer gehen, das einer Sauna glich. Bei verschlossenen Fenstern saßen und hockten da ungefähr 30 Leute. Ich erkannte Ricky, Michael, Jasin und Carlos, kam aber nicht zu ihnen durch, weil der Redner noch nicht fertig war.

»Das brauchst du dir nicht zu merken, du kommst einfach bei mir mit«, sagte die Frau, die mir jetzt ihren Namen verriet: Tif. Wir gingen in die Küche, und sie reichte mir ein Bier. Kurz zuvor hatte ich bei *Kunstforum International* mein Buch über Graffiti herausgebracht. Das stehe bei ihr im Regal, sagte sie mir und lächelte jetzt. Wir stiegen über die Schuhe und setzten uns an den Küchentisch, und ich versuchte herauszufinden, was Tif so tat. Sie erzählte, dass sie ihre Doktorarbeit über das Image der Arbeiterklasse in der englischen Populärkultur schreibe, und ich sagte ein paar Beispiele dazu, die wohl nicht ganz daneben waren, und dann war die Rede im

Wohnzimmer auch vorbei. Ich trank mit ihr, Ricky und Michael noch ein weiteres Bier, und um 23 Uhr verließen einige die Wohnung.

»Um drei Uhr geht es los, du kannst hier schlafen«, bot Tif mir an.

Ich freute mich, vielleicht war mein erster Eindruck bei ihr doch nicht ganz so schlecht ausgefallen. Aus der guten Laune heraus bekam ich sofort Hunger und meinte zu ihr, dass ich eben noch zum Kiosk ginge. Tifs Miene wurde wieder ernst.

»Da könntest du jetzt gut die Polizei rufen«, sagte sie.

»Ich will beim Kiosk nur ein paar Plätzchen kaufen«, sagte ich und dachte noch während des Redens, dass das die dümmste Antwort sei, die ich hätte geben können.

»Ich meine ja nur, wäre eine gute Gelegenheit. Du kennst meine Anschrift ja jetzt auch.«

»Ja, stimmt, wäre eine gute Gelegenheit«, versuchte ich einen Witz und wusste nicht, ob sie darüber lachen würde.

»Aber du kommst wieder?« – »Klar.«

Draußen ging ich zum Kiosk, den man von ihrem Fenster aus sehen konnte. Vielleicht beobachtete sie mich ja. Um authentisch zu wirken, kaufte ich mehrere Plätzchenkartons, eingepackten Fertigkuchen und Saft. Dann klopfte ich wieder an die Tür. Die anderen waren weg, und Tif zeigte mir, wie man das Sofa ausklappt. Ich holte meine Einkäufe hervor und bot ihr alles an. Im leeren Wohnzimmer hingen sechs alte Nokia-Telefone zum Aufladen an den Steckdosen.

»Mach die nicht ab«, sagte sie zu mir.

»Nee, nee. Und was machen die anderen jetzt?«

»Die meisten werden schlafen, die Jüngeren vielleicht nicht, die sind bestimmt aufgeregt. Ich gehe jetzt auch mal schlafen, brauchst du noch irgendwas?«

»Danke, alles wirklich gut, ist sehr gemütlich hier, kann ich noch was in deinen Büchern gucken?«

»Klar.« Dann ging sie.

Ich legte mich mit einem Buch über die Architektur englischer Arbeitersiedlungen hin und konnte nicht schlafen.

Aus ihrem Schlafzimmer hörte ich eine männliche Stimme. Ich glaube, es war der Redner, der noch nicht fertig war, dann hörte ich Tif, und der Typ wurde still. Sie wusste schon, was sie tat.

Zur selben Zeit machte Ricky sich in seiner Küche überbackenen Toast mit Schinken und Ananas und entdeckte, dass die Katze auf die Dielen gepisst hatte. Statt zu essen, musste er jetzt putzen. Danach war der Toast kalt. Er legte sich ins Bett, fühlte die Nässe und sprang wieder auf. Er rief Ines an. »Deine Katze hat irgendwas … Vielleicht ist die krank … Nee, aber die pisst überall hin … Aber so alt ist die doch gar nicht … Mhm, ja, Beckenbodenmuskeln … Dir auch gute Nacht.« Dann zog er sein Bett ab, wischte auf der Matratze herum und legte sich aufs Sofa. Schlafen konnte er jetzt eh nicht mehr, also schaltete er den Fernseher an. Ein altes Fußballspiel von vor zwei Jahren wurde übertragen.

Michael versuchte auch zu schlafen, aber das Baby schrie. Seine Frau machte wie ferngesteuert Anstalten aufzustehen, aber Michael drehte sie wieder ins Bett, weil er eh wach war. Das Baby schrie, um zu schreien, und er setzte sich neben die Wiege und schaukelte es etwas hin und her. Dabei ging er mit dem Baby noch mal den Einsatzplan für diese Nacht durch. Das Baby schlief ein, Michael legte sich neben die Wiege auf den Boden.

Was Carlos bis drei Uhr machte, blieb ungewiss.

»Dies und das«, sagte er zu mir.

Jasin kletterte auf sein Dach und schlief schnell und friedlich in seinem geöffneten Zelt ein, in das der Mond schien.

Dann gab es noch zwei Neue, die heute das erste Mal dabei waren. Michael hatte sie angelernt. Er war mit ihnen joggen gegangen und hatte mit ihnen das beidhändige Sprühen geübt. Dafür waren sie zu einer Mauer gegangen, die die Stadt Berlin für Graffiti zur Verfügung stellt. Dort tummeln sich viele Hobbygriller, die im Dunst von Bratwürstchen und Folienkartoffeln große Graffitis mit vielen Pfeilen und 3-D-Effekten malen und die ihre Grillsoßen in den USA bestellen. Michael ging mit seinen Schülern an den Rand der Mauer und gab ihnen Dosen, mit denen sie einfarbig die Wand bemalen sollten. Schnell und gleichförmig war das Ziel. Außerdem unterrichtete Michael sie auch im Klettern. Die zwei Neuen waren an diesem Abend aufgeregt, aber legten sich ins Bett, wie Michael es verordnet hatte. Dort lagen sie bis drei Uhr mit offenen Augen und starrten die Decke an. In ein paar Stunden war Weihnachten.

Um Viertel vor drei klingelte mein Wecker. Angezogen war ich eh schon, in der Trainingsjacke liegt es sich recht gemütlich, nur eine Zahnbürste hatte ich nicht dabei. Zu meiner Überraschung hatte ich doch geschlafen, was mich irgendwie stolz machte. Der Kioskkuchen sah gut aus, und ich biss hinein. Ich aß den Kuchen zur Hälfte, wie ein Stück Käse. Währenddessen hörte ich jemanden zur Wohnungstür hinausgehen. Das war bestimmt der Redner. Tif kam ins Wohnzimmer und war bereits fertig zum Losgehen.

»Brauchst du noch einen Kaffee, oder geht es ohne?«, fragte sie mich.

Wir tranken schnell eine halbe Tasse Kaffee stehend im Flur, für weiteren Kuchen war keine Zeit mehr, wir mussten los.

Im Auto fuhren wir durch Berlins Süden. 30 Leute würden am Wholetrain beteiligt sein. Tif hatte eine alte Karre aus den 90ern. Die Nacht war kalt, und sie drehte die Heizung auf, die laut knatterte. Im Kofferraum rollte sich ihr Fahrrad noch etwas zum Dösen zusammen. Wir genossen den Anblick der leeren Straßen. Sobald ich einen Fahrradfahrer sah, musste ich daran denken, dass er vielleicht zur Gruppe gehörte. Ich konnte mir in diesem Moment gar nicht mehr vorstellen, dass es für andere Menschen noch einen weiteren Grund gab, auf der Straße zu sein. Wir hielten vor einem Park, und Tif musste dort jemanden treffen, um irgendwelche Schlüssel zu übergeben. Der Jemand war nicht da. Sie wurde nervös und guckte auf die Uhr. Drei Minuten zu spät. Sie telefonierte und fuhr mit dem Auto um den Park herum. Es gefiel ihr nicht. Sie machte Musik an.

»Ist Thoreau immer noch aktuell?«, fragte ich sie.

»Kommt drauf an, was du von ihm meinst.«

»*Über die Pflicht zum Ungehorsam gegen den Staat* zum Beispiel.«

»Na ja, ist eher historisches Material, ne.«

»Soll man heute denn Steuern bezahlen?«

Henry David Thoreau war ein einsamer Mann, lebte in einer Waldhütte in Massachusetts und wünschte sich, ein Indianer zu sein. Dass er keiner war, verschlimmerte noch das Ohnmachtsgefühl in seinem Leben, in dem er sich mit nichts identifizieren konnte. Irgendwann hörte er auf, Steuern zu zahlen, wohl in der Annahme, dass dies ein aktiver Gestaltungsakt sein könnte. Wahrscheinlich war ihm zu Beginn selbst nicht ganz klar, warum er das tat. Vielleicht machte es ihm einfach nur Spaß. Dann begann der Krieg zwischen seinem Land und Mexiko, und Thoreau musste wegen der Steuern eine Nacht im Gefängnis verbringen. Später erklärte er seinen Mitbürgern, dass die Verweigerung der Zahlung einen aktivistischen Akt des Aufbegehrens dargestellt habe. Aus dieser Erfahrung der Gefängnisnacht entstand einer der wichtigsten Essays linker Theorie: »Über die Pflicht zum Ungehorsam gegen den Staat«.

»Keine Steuern zu bezahlen, reicht ja auch nicht«, sagte Tif.

»Mhm.« Wahrscheinlich wäre Thoreau auch heute kein Indianer.

Ich war mir nicht sicher, ob Ungehorsam oder Freiheit bedeutete, dass der Regelbruch nur im Zusammenhang mit den politischen Entscheidungen der anderen begründet werden kann. Dann wäre der Regelbruch ja nie unabhängig.

Wir warteten jetzt schon 15 Minuten.

Tif schaute sich die wenigen Fußgänger genauer an.

»Du musst immer pünktlich sein. Fürs Zuspätkommen hat keiner Zeit.«

Dann kam der Jemand, und Tif übergab ihm ein paar Schlüssel. Ich fragte nicht, welche.

In der Nähe der Station platzierte sie noch ihr Fahrrad an einer Baustelle, stellte ihr Auto weiter weg ab, und dann trafen wir Ricky. Er sah müde aus, aber grinste gut gelaunt Richtung U-Bahn. Beide gingen hinunter, und ich musste etwas Abstand halten, damit es so aussah, als gehörten wir nicht zusammen. Unten an den Gleisen warteten wir etwas entfernt voneinander, Tif und Ricky lachten über irgendwas. Als die U-Bahn einfuhr, stiegen wir alle in den gleichen Wagen ein, nämlich in den ersten. Ich setzte mich auf eine Längsbank und hatte freie Sicht auf alles. Tif und Ricky blieben stehen und beäugten skeptisch, dass sich die Tür leicht, aber schief schloss. Tif sprach etwas in ihr Headset. Wir fuhren ab, und Ricky rüttelte an der Tür.

»Wir müssen die mal richtig gerade machen«, sagte ihm Tif.

Beide schoben an der Tür, und es funktionierte. Bei der nächsten Station ging sie wieder auf und schloss danach besser. Mittlerweile waren in jedem Wagen schon ein paar der richtigen Leute, also Sprayer, und ein paar Fahrgäste. An der übernächsten Station stand die andere Hälfte der Sprayergruppe, und es ging los. Einer klemmte im letzten Wagen einen Stock in die Tür, sodass sie sich nicht schließen konnte. Wenn eine Tür gar nicht mehr zugeht, dann bleibt der Zug stehen, das hatte Tif mir vorher noch erklärt. Sie und Ricky zogen sich Masken über, machten von innen die Fenster zu und sprangen hinaus, die restlichen Türen gingen vorschriftsmäßig zu. Ich blieb sitzen und fühlte mich wie in der ersten Reihe einer Opernaufführung. Eigentlich hatte diese schon in der Nacht beim Kaffee in Tifs Flur begonnen. Als ich in Berlin Dramaturgie studierte, musste ich mir alle möglichen Aufführungen ansehen. Im Theater ging ich oft nach der Hälfte raus oder schlief ein. Diese Vorstellung hier gefiel mir, endlich kein übertriebenes So-tun-als-ob. Endlich ein Spiel, das Wahrheit wurde. Eine Dramaturgie, die ihren Fokus nicht verlor.

Durch die Fenster mit den Motiven des Brandenburger Tors sah ich vermummte Menschen, die begannen, mit Silberdosen zu sprühen. Eine neblige Gardine legte sich nach und nach über die Scheiben. Die Passagiere blieben ruhig. Es zischte und roch, der Fahrer schloss vorne bei sich das Fenster und wartete ab. Rauf und runter, mit beiden Händen, die Sprüher waren schnell. Der Geruch biss sich in der Nase fest und verriet das frühmorgendliche Adrenalin.

Kein Regisseur hätte hier etwas besser machen können. Dann hörte das Zischen auf, und die Fahrgäste öffneten von innen die Türen, um auszusteigen. Draußen sah die unterirdische Station aus wie die Halle eines Technokonzerts voller Gläubiger, die nicht genug von den Nebelmaschinen abbekommen konnten. Der silberne Zug stand in all seiner Würde da und glänzte. Auf dem Bahnsteig sah man Farbniederschläge, silberne, grüne und rote. Ich dachte daran, was Dustin Breitenwischer in dem Katharina-Grosse-Buch geschrieben hatte. Dass seine erste Erhabenheitserfahrung als Jugendlicher ein Wholecar gewesen sei. Dass der Anblick ihn körperlich erschüttert habe. Als er sich in den Zug gesetzt habe, sei auch das ein Genuss gewesen, der Genuss, darin eingeschlossen zu sein.[19] Ja, Dustin, es war wirklich ein erhabener Anblick. Von Katharina stand ein paar Seiten weiter dieses Zitat: »Ich male meine Wünsche in die Realität.«[20] Der Zug blieb weiter anwesend, prächtig, gewaltig, als stünde man vor den schneebedeckten Alpen. Der Fahrer stieg aus und ging hektisch in jeden Wagen hinein, um die Fenster wieder aufzumachen. Dann ertönte eine sachliche Durchsage, dass der Zug nicht weiterfahren könne. Ach. Ich ging den gesamten Bahnsteig entlang und genoss die Präsenz der frischen Farbe. Zwei Mädchen in Miniröcken und reichlich Glitzer im Gesicht fragten mich, ob das eine Aktion der Berliner Verkehrsbetriebe sei.

»Ich glaube, eher nicht.«

»Aber das ist doch alles legal, oder?«, fragten die Partymädchen.

»Bestimmt«, sagte ich.

Am hinteren Ende des Zuges stand noch ein frischer 1UP-Tag in Schwarz. Der war von Carlos. Dann fuhr der Zug ohne Fahrgäste weiter, und ich wartete auf den nächsten, nur um eine Station danach wieder auszusteigen und zurück zu Tif zu laufen. Mittlerweile war es hell, und aus den Bäckereien roch es herrlich nach billigen Aufbackbrötchen. Nicht weit von ihrem Haus entfernt stand ein großer dunkler Van mit zwei Männern darin. Das sah komisch aus. Ich entschied mich, erst mal einen Kaffee zu holen und den Van zu beobachten, bevor ich die vermeintlichen Polizisten zu ihrer Tür führte. Der Van fuhr weg, kam dann noch einmal wieder und fuhr wieder weg. Ich wartete noch etwas und ging dann zu ihr. Drinnen war es wieder voll, die Schuhe lagen in der Küche, und es standen Kaffeekannen, Milch und Wodka herum. Tif war barfuß und bot mir Wodka an. Alle feierten. Wodka zum Frühstück tat gut, es war schließlich Weihnachtsmorgen. Ich erzählte Tif von dem Van, und sie erzählte es dem Redner, und beide meinten, dass sie das im Auge behalten würden. Dann sammelten sie von allen die Handys ein, nicht nur die alten Nokias, sondern auch die normalen Handys.

»Wir lassen die jetzt mal zwei Stunden in Ruhe, hier auf dem Bett, da muss man ja jetzt nicht ran, am besten geht da keiner die nächste Zeit ran«, sagte der Redner.

Anscheinend hatte einer gehört, dass man die Handys hacken könne, um die Mikrofone anzuschalten und somit den Raum abzuhören.

»Wurde das wegen Graffiti schon mal gemacht?«, fragte ich.

»Nicht dass ich wüsste, aber ist trotzdem besser so.«

Jeder gab sein Handy ab, und ich guckte mir die anderen jetzt genauer an. Da war ein Mädchen, das so groß und breit war wie eine Kugelstoßerin. Nicht nur in dunklen Straßen möchte man die nicht verärgern. Eine andere hatte ein weißes Polyesterkleid an, in dem sie aussah, als käme sie gerade aus der Disco. Vielleicht Tarnung? Ein Araber trug Adidas-Klamotten und war so sauber und ordentlich, dass er aus der Menge herausstach. In einer chaotischen Hippiewohnung wie der von Tif würde er bestimmt nicht leben können. Ricky kam zu mir und schenkte Wodka nach.

»War super, oder?«, fragte er.

»Ja, wirklich schön«, sagte ich.

Tif sah mich zufrieden an. Sie hielt mir selbst gebackene Kekse hin. Sie schmeckten besser als meine vom Kiosk. Michael kam in die Küche.

»Schön, dass du noch da bist«, begrüßte er mich überschwänglich.

Wenn ich an gewisse Weihnachtsfeiern mit meiner Familie zurückdenke, dann bevorzugte ich doch diese hier. Michael und ich gingen auf den Balkon, um zu rauchen.

»Wie habt ihr das denn alles gemacht?«, fragte ich ihn.

»An jedem Wagen waren sechs Sprüher, insgesamt sechs Wagen, also sechs Gruppen. In jeder Gruppe war einer auf Standleitung. Und dann noch Checker oben an der Station und an den Notausgängen.«

»Es kam ja auch gar keine Polizei runter«, bemerkte ich.

»Oben am Eingang der Station hat einer von uns das Gitter zugemacht und Kleber in das Schloss getan. Sodass die Polizei nicht schnell hätte aufschließen können, falls sie direkt gekommen wäre.«

»Echt, wir waren da drinnen eingesperrt?!«

»Ja. Aber im Notfall hätte man das schon aufbekommen.«

»Und wie seid ihr weggekommen?«

»Durch die Tunnel gelaufen, in beide Richtungen. Und dann mit den Fahrrädern weiter.«

»Und wie hat es dir selbst gefallen?«

»War geil«, schwärmte Michael, »aber wir haben eine Second Line verkackt.«

»Ja?«

»Vorne war die zweite Kontur rot, hinten nicht. Ja, haben wir einfach vergessen.«

»Schlimm?«

»Na ja, schon blöd, ne?«

»Und wie waren deine Schüler?«

»Die standen direkt neben mir. Haben das Silber aber nicht so gleichmäßig hinbekommen, waren zu nervös, also musste ich da überall noch mal drübergehen. Da kam ich dann etwas unter Zeitdruck am Ende, aber ich wollte ja, dass das von denen gut aussieht, auch vor den anderen, ich habe mich für die beiden ja eingesetzt.«

»Hauptsache, es gibt keinen Nachwuchsmangel.«

»Seit ein paar Jahren ist die A-Jugend wieder sehr groß.«

»Hoffentlich auch ehrgeizig genug.«

»Darum bin ich auch für den Spot-Kommunismus. Jeder sollte überall sprühen dürfen. Aber das sehen die meisten in Berlin nicht so.«

»Scheint mir auch so.«

»Wenn du mal in einem Yard malen willst, dann erkundige dich auf jeden Fall vorher, wem der gehört. Oder frag mich einfach. Einfach hingehen ist nicht so eine gute Idee.«

»Wenn ich das mal vorhabe, sage ich dir Bescheid.«

Dann sahen wir uns alle das Drohnenvideo an, das ein anderer draußen am Rand von Berlin gemacht hatte, als die U-Bahn zum Putzen fuhr. Es waren schöne Aufnahmen, ein riesiges 1UP in eckigen Blockbuchstaben fuhr durch die Landschaft. Vorne war es in einer grünen und roten Farbfläche eingerahmt, hinten nur in einer grünen.

»Kann man das noch am Computer nachbearbeiten?«, fragte Carlos in die Gruppe.

»Nee«, sagten die anderen und zogen die zwei e sehr lang.

Die Party ging bis mittags weiter, dann wurde ich müde und holte mir mein Handy wieder vom Bett. Ich bedankte mich bei Tif für ihre Gastfreundschaft, und da ich betrunken war, umarmte ich sie fester als nötig. Den Rückweg fand ich schnell, mit genügend Wodka arbeitet der Instinkt vollkommen logisch. Zum Schlafen behielt ich meine Trainingsjacke an.

Berlin, Pizzeria

Die anderen hatten nicht geschlafen und kamen aus verschiedenen Richtungen. Einige waren am See. Fünf große Biertische waren reserviert, und überall lagen schwarz-weiße Flyer darauf. Die Pizzeria soll raus, der Eigentümer will das ganze Haus sanieren. Luxuswohnungen oder City-Darwinismus, wie einige Immobilienmakler das hinter vorgehaltener Hand nennen und dabei lachen, während sie mit ihren faltenlosen Stirnen keine Miene verziehen. Wir verteilten uns auf die Tische und studierten die Zettel.

»Das ist wie bei Sodom und Gomorra«, erklärte der Besitzer, »und draußen stehen die Immoheinis und verlangen, dass ich meine Gäste ausliefere.«

Er war anscheinend bibelfest. Auf der Rückseite der Flyer stand die Karte für heute, es gab fünf verschiedene Pizzen, Lasagne und Wildschweingerichte, da er gerade an frisches Wildschwein aus Berlin herankam. Darunter stand, dass man hier nicht mit Karte zahlen könne. Der Besitzer brachte schaumiges Bier und wässrigen Wein, beides in nassen Gläsern und nassen Karaffen, aber das gehöre zum Charme der Pizzeria, erklärte mir Michael. Ich saß gegenüber von Jasin, daneben saß Tom, ein glatt rasierter Computernerd mit Designerbrille und knittrigem Hemd, der auch das Drohnenvideo gemacht hatte. Sein Tischnachbar war der Adidas-Typ, Mehmet, der einen Sechstagebart trug, der exakter nicht hätte geschnitten sein können. Mehmet besaß drei Dönerläden in der Stadt und hatte von allen am meisten Geld. Wenn man ihn fragte, sagte er, er arbeite »in der Tourismusbranche«. Er gab sein Weinglas zurück und bestellte Limonade. Daneben saß Rüdiger, der wie ein 50-jähriger Obdachloser wirkte, aber höchstwahrscheinlich gar nicht obdachlos war. Die Kugelstoßerin saß zwei Tische weiter, sie trug grünen Liedschatten und unterhielt sich angeregt mit Ricky. Das Ganze wirkte wie eine alte Werbung für United Colors of Benetton. Vielleicht hatten sie heute Morgen auch alle den gleichen Feinstrickpullover in unterschiedlichen Farben unter ihrer Jacke?

»Ohne Graffiti wärt ihr vielleicht nicht alle befreundet, oder?«, fragte ich Jasin.

»Wir wären uns vielleicht einfach nur nicht begegnet.«

Ich redete mit Jasin über verschiedene Campingausrüstungen und über Insekten.

»Zwiebeln! Bei Mückenstichen musst du immer Zwiebeln draufreiben«, sagte er, »nur riechst du dann halt danach.«

»Ist nicht schlimm, lieber nach Zwiebel riechen, als die Mücke gewinnen zu lassen«, sagte ich.

Dann stand Rüdiger auf und rief über alle Tische, was er denn jetzt mit dem Nokia-Telefon machen solle. Tif und der Redner sammelten es ein.

»Und die SIM-Karte?«, fragte er.

»Machen wir nicht wieder an.«

»Aber jetzt einfach wegschmeißen ...«

»Können wir die Handys nicht den Dealern im Park geben?«, fragte der Computertyp.

»Aber nicht hier in Berlin«, sagte Tif.

»Ich kenne welche in Kiel«, sagte Rüdiger.

»Mhm«, sagte der Redner.

»Ich habe noch einen in Köln«, sagte Mehmet.

Der Redner stand auf und sprach über die gelungene Aktion, fasste sich aber kurz und bedankte sich bei allen. Er verbreitete elegant eine feierliche Stimmung, man durfte stolz sein, der Aktionswille wurde weiter gefüttert. Dann hob Tif das Glas. Die SIM-Karten schmissen sie später in den Müll, und auch die Telefone wurden vernichtet. Die Dealer mussten sich anderweitig versorgen.

Hamburg

Am liebsten wollte ich gegenüber den Hafenkränen schlafen. Das Licht, das die ganze Nacht hindurch leuchtet, ist so beruhigend, viel erhabener als jeder Sternenhimmel. Aber ich fand nur ein Zimmer im *Kurzen Roten*. Einer Pension, die angeblich ganz seriös war. Kurze rote Kleider trug dort auch keiner. Auch Pornobilder hingen nicht in den Fluren, dafür aber ästhetische Aktbilder, klärte mich der Direktor auf, weil ich auf Nachfrage »Kunstkritikerin« als Beruf angegeben hatte. Sie würden oft mit Künstlern kooperieren, besonders natürlich mit Fotografen, er habe auch einige Bildbände da. Ich dürfe gerne über seine Pension schreiben. Als er mir den Schlüssel reichte, strahlte er, weil ich das besonders edle Zimmer bekommen sollte, zum gleichen Preis wie die normalen Zimmer, wie er versprach. Im Pensionsgarten stand ein glänzendes Wohnmobil, das könne man natürlich auch mieten, aber ich blieb lieber in meinem Zimmer. Nach einer erstaunlich ruhigen Nacht, ohne dass ich Freier oder Prostituierte im *Kurzen Roten* gesehen hätte, lediglich ein paar diskrete Männer und Frauen im Anzug und mit großen Sporttaschen, ging ich in die heiße Stadt und suchte Frühstück. Ein Kebabladen bot Kaffee und Eier an und auch Brötchen mit Fischfrikassee, das fand ich sehr sympathisch. Ich setzte mich und holte meine Lektüre für heute heraus. Später würde ich Moses in seinem Atelier besuchen. Darum musste ich mich jetzt noch dringend vorbereiten, und zwar mit *101 Dinge, die ein Eisenbahnliebhaber wissen muss*. Außerdem hatte ich noch *Triebwagen und Triebzüge – Deutsche Bahn und Privatbahnen* und *Der Fahrgast – Das Magazin des Fahrgastverbandes PRO BAHN* dabei. Etwas stolz legte ich alles gut sichtbar auf den Tisch, wer wusste schon, wer hier vorbeilaufen und mich sehen würde.

Zuerst lernte ich, dass die Deutsche Bahn 5700 Bahnhöfe in Deutschland betreibt. Alle Bahnsteige zusammen sind 2300 Kilometer lang. 400.000-mal am Tag hält an ihnen ein Zug. Der Autor Stefan Friesenegger, der alle 101 Dinge weiß, schreibt, dass ein Bahnhof die Visitenkarte einer jeden Stadt sei. Da hat er bestimmt recht. Darum sieht man an den Gleisen, gut sichtbar bei Ein- und Ausfahrt, auch so viele Graffitis, und zwar prominent platziert, oft mit den wichtigsten Namen. Zumindest tauchen hier oft Moses' Schriftzüge auf. Aber das hatte Heike ja schon richtig beobachtet. Friesenegger erklärte außerdem, dass eine Stadt ohne Bahnhof arm sei. Darum sollten auch stillgelegte Bahnhöfe weiter unterhalten werden, alles sei besser, als am Ende ohne Bahnhofsgebäude dazustehen.[21]

Das wäre bestimmt sehr peinlich für jede Kleinstadt oder Gemeinde – einen Bahnhof zu verlieren, ist ein Trauerspiel. Da kann man auch direkt die Ortsschilder abhängen, da muss man sich schämen. Der Münchner Bahnhof ist von den Gleisen her übrigens der Größte. Mir wurden mein Omelett und mein Fischfrikassee serviert. Ich fragte interessiert, welche Fische da so drin seien, und schielte auf das Aquarium, das auf dem Tresen stand. Aber der Kebabchef wusste es selbst nicht. Es sei eben Fischfrikassee, sagte er mir und wünschte guten Hunger. Ich nahm das Sandwich in die Hand – es war schon sehr warm durch die Außentemperatur – und biss beherzt hinein. Wie eine Einheimische fühlte ich mich jetzt.

Ding Nummer 59, das ich als neue Bahnliebhaberin wissen musste, sind die Streckengeher. Das war früher ein Beruf, da gingen Leute mit Notfahnen, Werkzeugen und Kreiden zu Fuß die ganzen Strecken ab, bis zu 30 Kilometer am Tag. Die haben alles überprüft und teilweise direkt ausgebessert oder markiert. Der letzte Streckengeher lief bis 1974 an seinen Gleisen.[22]

Wie romantisch, NEU könnte so ein Streckengeher sein. Oder OZ. Oder Moses.

Ich hatte meine Fischspeise fast aufgegessen und pickte mir jetzt das Omelette dazu auf die Gabel. Eine meiner größten Stärken ist mein Magen. Wie der von einer Ratte. Das macht gerade auf Reisen Spaß.

Mit meiner Vorbereitung war ich noch nicht zufrieden, ich musste mehr wissen, irgendetwas Nerdigeres, Expertenwissen war gefragt. In *Der Fahrgast* fand ich etwas Interessantes. Ein Artikel über die Waldregeln um die Gleise herum. Es verlaufen nämlich 3000 von insgesamt 33.380 Kilometer Streckennetz durch Wälder. Darum kaufte die Deutsche Bahn auch viele davon. Sie besitzt heute 20.000 Hektar Wald. Und darin gibt es jetzt Regeln, an die sich der Wald halten muss. Pflanzen müssen sechs Meter Abstand links und rechts von den Gleisen wahren. Die niedersächsische Bahngesellschaft fordert von ihnen sogar einen Abstand von mindestens 15 Metern. Der Fahrgastverband PRO BAHN bemängelt außerdem, dass der V-Schnitt nicht konsequent durchgeführt werde. Ich lernte, dass der V-Schnitt bedeutet, dass in der Nähe von Gleisen zuerst nur kleinere Pflanzen wie Büsche wachsen dürfen. Und dann, hinter den Büschen, dürfen in einem Winkel von 45 Grad beiderseits des Schienenweges dann Bäume stehen. Aber nur, wenn kein Baum höher ist als der Abstand zum Gleis.

So fange ich das Gespräch nachher an, dachte ich mir zufrieden. Hoffentlich wusste Moses das mit den 45 Grad noch nicht. Ich las ein Interview mit einem Mitglied des Netzbeirats der Deutschen Bahn. Der fand, dass Deutschland viel zu lasch mit dem Wald umgehe. In Österreich und der Schweiz stünden einfach gar keine Bäume in Gleisnähe. Anscheinend ist Deutschland da richtig hippiemäßig drauf. Früher zu Reichs- und Bundesbahnzeiten sei das noch ganz anders gewesen. Die Ausgaben für Förster, die die Bäume begutachteten, seien unsinnig, sagte er außerdem. Dafür sprach er vom Kettensägenberechtigungsschein, den die Lokführer haben könnten. Das hielt er anscheinend für eine sinnvolle Lösung.[23]

Wie der Wald wohl aussehen würde, wenn so ein Lokführer einmal Liebeskummer hat.

Ich machte mir Notizen darüber, ich dachte, das Waldthema sei gut für meine Geschichte. Der Wald war ja gerade sehr in, für einen Bestseller brauchte man unbedingt auch etwas mit Wald. Und soweit ich weiß, ist Deutschland das einzige Land, in dem es das Wort »Waldeinsamkeit« gibt. Außerdem kann man nie vorhersehen, zu welchen Talkthemen man mal eingeladen wird. Ich muss ja nicht immer nur über Graffiti oder Malerei referieren.

Ich hatte alles aufgegessen und fühlte mich gestärkt. Zur Förderung der gesunden Verdauung lief ich etwas am Wasser entlang, schaute den Möwen zu, wie sie engagiert im Müll pickten, und blickte sehnsuchtsvoll auf den Industriehafen. Wie gerne würde ich dort drüben wohnen. Einfach mittendrin. Das war noch tausendmal besser als das Ruhrgebiet.

Auf einer Bank holte ich meine Fachliteratur wieder hervor und blätterte im Heft *Bahn-Report – Aktueller Betrieb mit Hintergrund*. Die hatten nämlich einen Autor, der sich auch zur Kunst äußerte. Unter der Rubrik *BahnÄsthetik* schrieb er einen fünf Seiten langen Artikel über »Die Wurzeln des Hässlichen«. Darin rechnete er vor allem mit der Moderne ab, durch sie sei gerade das Hässliche in die Kunst gelangt und würde nun auch die Kulissen der Bahn verunstalten. Auf den Bildern, die seinen Essay begleiteten, sah man viel Graffiti. Aber auch die Lärmschutzwände und die heruntergekommenen Bahnhöfe kritisierte er. Sogar von einer »Verslumung« sprach er. Der Wunsch, das ganze Elend zu verstecken, löse eine grassierende Lärmschutzwandmanie aus. Die Bahn sei aber doch leistungsfähig und allseits respektiert, so der Autor, also dürfe sie sich solch eine Einpferchung nicht gefallen lassen.[24]

Neben mir würgte eine Möwe eine halbe Maus wieder aus. Nach kurzer Anstrengung guckte sie nun ebenfalls entspannt auf den Hafen. Was der Ästhetikautor wohl zu Moses sagen würde? Die Deutsche Bahn verdankt ihm eigentlich sehr viel. Es gibt keinen anderen Künstler in Deutschland oder in ganz Europa, der auch nur ansatzweise so viel zur Verbesserung ihres Ansehens beiträgt, sie mitgestaltet, beherzt eingreift und Verbesserungen durchführt. Und das auch noch ehrenamtlich. Große Bilder, aber auch Designs und Konzeptkunst schenkt er ihr. Oft sitzt er auf einem gemütlichen Dach, von dem aus er die Gleise gut sehen und die verschiedenen Geräusche der Bahnen genießen kann.

Inzwischen war es Mittag, und ich gönnte mir Nordseekrabben, frisch gepuhlt, von einem Stand neben der Möwe und mir. Dabei sehe ich mir zur weiteren Vorbereitung noch ein paar seiner Werke an. Zum Beispiel eine rote S-Bahn, die Moses detailgetreu umlackiert hat in einem Rotton, der sich fast nur um eine Nuance von dem Originalrotton unterschied. Dann wartete er ab, wann es jemandem auffiel. Damit stellte sich die Frage, ob das überhaupt noch Graffiti war und was Graffiti denn dann eigentlich sei. Einige Konzeptkünstler sollten bei dieser pointierten Infragestellung des Werkbegriffs neidisch werden. Eine andere meiner Lieblingsarbeiten von ihm war die mit Günther und Brust. Herr Brust ist Kriminalhauptkommissar und wie sein Kollege Polizeihauptkommissar Günther von der Bundespolizeidirektion Hannover Teil der Bürogemeinschaft »Graffiti«, der Sonderkommission. Nach einer polizeilichen Vorladung, die die beiden unterschrieben hatten, standen auf einem weiß lackierten Eisenbahnwaggon plötzlich überlebensgroß ihre Unterschriften, detailgetreu nachgemalt.[25] In Moses' und Taps' Buch *Graffiti Avantgarde* zitierten sie den Kriminalhauptkommissar Brust aus der Ermittlungsakte. Dieser behauptete, dass es in der Graffiti-Szene verpönt sei, die Unterschriften, also die Tags, anderer Personen zu benutzen. Er war sich ganz sicher, dass nur die Person hinter dem Tag selber ein Interesse daran haben könne, diesen für sich selbst werbend zu nutzen. Daher könnten andere Urheber ausgeschlossen werden.[26]

Dieser Logik zufolge stammten die großflächigen Zugbemalungen mit den Unterschriften der Kommissare natürlich von ihnen selbst. Andere Urheber konnten ausgeschlossen werden.

Mein Handy klingelte. Moses schickte mir einen Treffpunkt am Hafen. Die Adresse seines Ateliers wollte er nicht schreiben. »Damit die nicht in falsche Hände gelangt.«

Hamburg, Moses' Atelier

Es ist später Nachmittag, und ich betrachte anerkennend das Gemüse, das hinter Moses' Atelier wächst. Es gehe wohl um das richtige Timing beim Gießen. Das Gemüseanbauen sei fast meditativ, sagt Moses.

»Man wird ja auch nicht jünger«, sage ich, während ein Rentnerpärchen auf einem Motorboot gemächlich vorbeituckert.

Drinnen ist es sehr aufgeräumt, die Bahnsessel kommen gut zur Geltung. Auch der Kühlschrank aus einem französischen Zug. Einen DB-Servierwagen sehe ich nicht, dafür gut sortierte Regale. Eines mit Putzmitteln, angeblich alles, was es gerade auf dem Markt und in den DB-Beständen gibt. Und ein anderes mit Farbdosen und Farbtabellen. Außerdem stehen hier einige Zugfenster und weitere Zughardwareteile herum.

»Was man nicht so alles auf der Straße findet«, staune ich.

»Ja, ne?«, sagt Moses.

Ich zeige ihm meine Bücher und berichte vom V-Schnitt, Moses hört aufmerksam zu. Dabei macht er eine Flasche auf. Im Atelier arbeiten noch ein paar Jungs, die nicht viel reden. Auch der Dritte aus dem Ruhrgebiet, der nicht viel sprach, ist unter ihnen. Keiner von denen will etwas trinken, also bleibt die Flasche bei uns.

Ich übergebe ihm mein Gastgeschenk: einen Deutsche-Bahn-Kugelschreiber in einem Deutsche-Bahn-Etui. Moses gibt mir ein Glas mit vielen Eiswürfeln und süßem Wein aus Portugal. Casal Garcia. Seit 1939. Er fängt an, seinen Namen mit dem neuen Stift in Schönschrift auf ein paar Blätter zu schreiben und noch ein paar andere Namen, die ich nicht entziffern kann. Anscheinend freut er sich über mein Geschenk.

»Figuren malst du ja nicht gerne«, sage ich.

»Nee, die brauch ich im Graffiti eigentlich nicht. Erst recht keine dekorativ abgemalten.«

»Verstehe.«

»Und wenn du welche abmalst, zitierst du ja auch deren Wesen. Mickymaus zum Beispiel ist eigentlich ein ekelhafter Denunziant. Einmal hab ich die gemalt, um sie für ein Konzept wieder zu zerstören, und da saß ich dann und habe sie ganz exakt abgemalt. Ich fühlte mich richtig krank dabei«, erzählt Moses.

»Ist auch keine schöne Sache.«

Ich schaue mir sein riesiges Farbregal an, in dem jedes Fach aufgefüllt ist, und sehe die Kartons im Lagerraum mit den weiteren Dosen, sodass hier nie eine Lücke entstehen würde. Wir diskutieren über unterschiedliche Farben und ihre unterschiedlichen Qualitäten.

»Früher, als ich angefangen hab zu malen, bin ich zu Karstadt gegangen und hab mir die knalligsten Farben geholt. An der Kasse kam dann natürlich die Frage, was ich mit den Dosen vorhätte. Fahrrad lackieren selbstverständlich. Als ich dann meine Skizze an der Wand umsetzen wollte und das Zinkgelb sich bestenfalls als gelbliches Wasser erwies, sind Kindheitsträume zerbrochen.«

»Hast du damals welche gefragt, wie man mit den Dosen am besten malt?«

»Nein, ich kannte ja keinen. Ich war aber auch gern allein mit Graffiti. Es ging ja auch um Faszination, um Geheimnisse, um Wissen, das man sich erarbeiten muss.«

»Und dann gibt es ja auch das Wollen. Es gibt das Kunst-machen-Wollen, das Kunstwollen, ja viele ›Wollens‹.«

»Ohne Willen wirst du wohl auch in der Kunst nicht über ein hübsches Bild hinauskommen, aber beim Graffiti ist der Wille das Allerwichtigste. Wenn du es da zu was bringen willst, musst du machen, machen, machen. Da gibt es einfach keine Ausrede. Wenn du Züge malen willst, dann musst du dich überwinden und halt Risiken eingehen und dafür bereit sein. Es ist ja kein Hobby wie ein Fußballverein am Sonntagvormittag, bei dem Bier trinken und mit den Bekannten grölen im Vordergrund stehen. Ich male ja nicht als Freizeitbeschäftigung. Dann könnte ich nämlich auch Fußball spielen oder Skateboard fahren.«

»Das will ja keiner«, sage ich beruhigend.

Wir überlegen, welche Geschichte mir Moses heute erzählen würde, und kommen auf Mailand. Er und Taps waren da, um eine U-Bahn zu machen. In die unterirdische Abstellanlage kamen sie durch eine Luke auf der Straße rein. Den Schlüssel dazu gab es von Einheimischen. Sie gingen hinunter und malten fast eine Stunde. »Easy«, dachten sie und stritten bereits darüber, wo sie danach essen gehen würden. Als sie den Notausgang wieder hochstiegen und die Luke öffneten, stand da ein Typ genau gegenüber und redete mit der Polizei. Er zeigte auf die Luke. Sie sprangen hinaus und liefen weg. Jeder in eine andere Richtung. Sie liefen ungefähr einen Kilometer weit. Moses rannte quer über die Autobahn in ein Wohnviertel, das dahinterlag. Er dachte, die Autobahn sei für die Bullen das, was für Hunde ein Fluss ist. Er fühlte sich sicher, ging eine Einfahrt hoch und setzte sich auf die Treppe eines Mehrfamilienhauses, bereit, hier einige Zeit zu verweilen.

»So hat man auch mal Zeit für sich«, sage ich.

Doch dann sah er wieder die beiden Bullen und eine Frau, die auf ihn zeigte. Wie kamen die denn jetzt hierher? Aus der Einfahrt konnte er nicht mehr weglaufen, die Polizisten kamen auf ihn zu und wollten seinen Ausweis sehen. Er zeigte ihn nicht. Darum musste er einsteigen. Zu schnell fuhren sie wieder in die Stadt, ihr Auto hatte keine Federung. Moses fühlte sich wie auf einem panischen Esel. Sie fragten ihn, wo sein Wagen stehe. »In Hamburg«, antwortete er. In Wirklichkeit stand er nicht weit weg, mit Brecheisen, Werkzeugen, Fotoapparaten und Dosen im Kofferraum. Sie fuhren weiter, komischerweise immer in die Richtung des Mietautos, bis sie genau davor anhielten. »Toll«, dachte Moses. Sie legten ihm Handschellen an und fanden in seiner Hosentasche den Schlüssel. Erfreut drückten sie auf den Knopf, der Kofferraum öffnete sich vorbildlich. Moses verdrehte die Augen. Die Bullen grinsten ihn an. Ein zweites Polizeiauto hielt bei ihnen, darin waren Taps und einer der einheimischen Kollegen. Auch ihnen wurden Handschellen angelegt, und sie mussten sich alle nebeneinander auf den Bürgersteig setzen. Die Bullen betrachteten den vollen Kofferraum, als wäre Weihnachten. Einer holte die Kamera heraus, auf der alle Beweisfotos waren. Der andere hielt das Brecheisen in die Luft und winkte ihnen damit zu. Moses wollte zurückwinken, aber wegen der Handschellen konnte er nur höflich lächeln.

Dann hielt ein drittes Polizeiauto neben ihnen. Einer stieg aus, und sie redeten aufgeregt auf Italienisch. Es sah nach einem Streit aus. Der neue Bulle regte sich sichtlich auf. Moses und Taps verstanden nichts. Dann wurden ihre Handschellen wieder aufgemacht, der eine Bulle schmiss ihnen den Autoschlüssel hin, rief ihnen irgendetwas zu, was so viel heißen sollte wie »Verschwindet hier«, und dann fuhren alle weg. Moses und Taps standen ratlos auf dem Bürgersteig. Sie guckten ins Auto. Die Kamera und das Brecheisen hatten die Bullen wieder zurückgelegt. »Was war das denn jetzt?«, fragten sie ihren italienischen Kollegen. Der übersetzte, dass das eben wohl der Polizeichef gewesen sei, der den Einsatz gesehen habe und wissen wollte, was los war. Als er hörte, dass es sich nicht um Drogen oder Waffen handelte, sondern nur um Graffiti, regte er sich unheimlich über diese Ressourcenverschwendung auf. Die Beamten mussten ihre Betätigung abbrechen. Sie hatten noch nicht mal ihre Namen aufgeschrieben.

»Und wie haben die euer Auto überhaupt gefunden?«, frage ich.

»Irgendeiner muss uns von Anfang an beobachtet und auch direkt die Polizei gerufen haben. Die kam aber erst eine Stunde später, darum konnten wir ja auch malen, italienische Gemütlichkeit eben.«

»Nett«, sage ich.

Zeit für ein neues Glas. Die Jungs auf den Bahnsesseln haben interessiert zugehört, aber trinken immer noch nichts. Ich hole Schokoladenbonbons aus meiner Tasche und gebe ihnen welche, den Rest lege ich auf den großen Tisch mit der nächsten Weinflasche. Die Jungs nehmen gut erzogen ein Bonbon entgegen und lächeln, bleiben aber stumm.

Ich wende mich wieder Moses zu und will etwas über die Putzmittel wissen.

»Das Putzen geht ja eh schnell. Mit den richtigen Mitteln braucht man maximal 30 Minuten für ein normal großes Bild.«

»Ach ja?«, frage ich.

Moses kramt in seinen Schränken. »Willst du mal sehen?«

Er holt alle möglichen Putzmittel heraus, greift nach einer Flasche, sprüht Farbe auf ein Blech, lässt es kurz trocknen und schüttet dann etwas Gel darüber.

»Jetzt kurz warten«, meint er. Wir trinken, und Moses füllt mein Glas wieder mit Eis und Wein auf. Nach ein paar Minuten wischt er mit einem Schwamm über das Brett. Auch die stillen Jungs schauen gespannt zu. Die Farbe geht weg. Moses freut sich über die gelungene Vorführung.

»Klappt ja super«, sage ich voller Ernst.

Moses hat alle Mittel getestet, bewertet und weiß wohl besser als jeder Putzer, wie man was wieder wegbekommt. Er hockt gerne im Gebüsch und beobachtet sie.

»Manche haben echt eine gute Energie in ihren Bewegungen«, erzählt er, »der Mischmasch, der da beim Reinigen entsteht, kann sogar spannender sein als meine noch heilen Pieces.«

Einmal machte er es ihnen nach, er malte ein sauberes »Moses« und putzte es dann selbst wieder weg.

»Man konnte noch was erkennen, ich habe versucht, noch was von der farblichen Struktur stehen zu lassen.« Er sprüht jetzt wieder auf das Brett, macht Gel darüber und holt andere Werkzeuge heraus. Bürsten, Kratzer, er hat noch einiges vorzuführen.

»Ich höre eine gewisse Sympathie für die Putzer«, sage ich.

»Weißt du, wenn du nicht unterm Stein lebst, kennst du irgendwann überall Leute. Und irgendwann kannst du dich auch in die hineinversetzen«, sagt er.

Die anderen, die ihn nicht kennen, rufe er dafür am Telefon an.

»Warum?«

»Na ja, zum Beispiel wenn ein bemalter Zug verschwunden ist und du noch keine Fotos hast.«

»Und was sagst du dann?«

»Müller, Bundespolizei, ich brauch mal den Standpunkt von Zug XY, die haben euch den gestern vollgedampft.«

»Gut!«

»Oder: Heute haben die euch wieder ’ne Lackierung verpasst, die großen Künstler.«

»Finde ich auch sehr überzeugend.«

»Deutlich muss man sagen, wer man sein will, ohne zu sagen, wer man sein will, also nicht: Polizeihauptkommissar Maximilian Müller von der Bundespolizeiinspektion Hamburg, Ermittlungsgruppe Graffiti, sondern mundfaul: Müller, Ermittlungsdienst, Moin.«

»Selbstbewusst muss man das sagen.«

»Nicht zu förmlich, deutlich, aber auch ein bisschen gesellig.«

»Das ist klug. Man könnte plaudern, aber tut es nicht direkt.«

»Man bleibt bei der Sache, aber man ist einer von denen. Man lässt seine Position nicht zu offensichtlich raushängen. Das wäre ja unter Umständen auch Amtsanmaßung. Na ja, ich hatte dann also erfahren, auf welchem Betriebsgelände der Zug stand und auf welchem Gleis. Und ich wusste, dass dieses Gleis ein Putzgleis ist.«

»Und wen hast du dann angerufen?«

»Na dort, auf diesem Betriebsgelände. Ich habe ja alle Nummern.«

Er fragte sie, ob der Zug XY bei ihnen auf dem Hof stehe. Sie sagten Ja. Er fragte, was mit dem passieren solle. Sie sagten, dass er gereinigt werde.

»Ich sagte dann: Das ist aber schlecht, die Kollegen haben noch keine Fotos gemacht. Können sie den nicht noch mal dranhängen?«

»Dranhängen?«, frage ich nach.

»Ja, den noch mal für eine Tour hinten an den Zug hängen.«

»Ah. Wie hast du die Bitte begründet?«

»Wir haben jetzt hier keine Leute, um zu euch rauszufahren.«

»Ach, man duzt sich am besten?«

»Ja. Der Typ vom Hof stimmte zu und sagte, um wie viel Uhr der Zug wo ankommen würde, damit der Kommissar Müller und seine Kollegen am anderen Ende der Stadt Fotos machen konnten.«

»Mensch. Und dann konntest du da deinen Fotografen hinschicken und hattest dein Foto?«

Moses grinst.

»Fragen dich jetzt nicht alle, ob du das auch für sie machen kannst?«

Für einen Kollegen hatte er es ein zweites Mal gemacht. Dessen Wholetrain war auch schon im Hof für die Reinigung, und er hatte noch kein Foto. Moses hat ihn in letzter Minute gerettet. Da rief er auch bei den Putzern an und fragte sie, ob sie mit der Reinigung noch warten könnten. Seine Kollegen zogen sich wie Bullen in Zivil an, und so liefen die Sprayer in den Betriebshof, sprachen mit den Angestellten dort und fotografierten in aller Ruhe den Zug.

»Wenn der Dialog stimmt, geht alles«, sage ich.

Die drei Jungs auf ihren Sesseln nicken.

Ich bekomme großen Hunger und schlage vor, essen zu gehen. Moses zeigt uns ein Restaurant, das Gerichte mit scharfem Rindfleisch auf der Karte hat. Im Abendlicht bekommen wir große Fleischteller mit Petersilie und etwas Reis dazu. Alles wird in die Mitte gestellt und geteilt. Moses hat es so lieber. Beim Essen bestellt man nicht für sich allein. Mit wem ich dort die Fleischgerichte teile, weiß ich immer noch nicht. Einer, der erst im Restaurant dazugekommen ist, stellt sich aber als Praktikant vor. Er ist jung, vielleicht 18 oder 19 Jahre. Er müsse die Schule zu Ende machen, erzählt er mir, das hätten die anderen aus der Crew ihm so aufgetragen, er selbst hätte sonst ja schon längst abgebrochen.

»Aber die haben mir gesagt, ich darf nur ihr Praktikant bleiben, wenn ich auch die Schule zu Ende mache«, bestätigt er noch einmal. Das Wort »Praktikant« betonte er dabei auffallend ironisch.

Ich lobe Moses für so viel pädagogische Verantwortung.

»Und was machst du so als Praktikant?«

»Fahrdienste, Checken, Lager- und Archivarbeit, Vorbereitungen«, zählt er auf. Er habe auch angefangen, ein bisschen zu malen. Aber erst seit Kurzem, er wolle sich nicht aufdrängen, aber freue sich darüber.

Wir trinken mehr und mehr, nur der Praktikant bleibt jetzt noch nüchtern. Wir reden nicht mehr viel über den Beruf und die Berufung, dafür über unsere generellen Ansichten. Moses erzählt, dass er schon als Kind nicht verstanden habe, mit welchem Recht einer gegenüber einem anderen das Eigentum an einem Stück Land für sich beanspruche. Eigentumsverhältnisse lassen sich ihm zufolge auch nicht auf eine ganze Stadt ausweiten.

»Wem gehört denn die Stadt?«, fragt Moses. »Und wer entscheidet, wie sie aussieht? Nur eine kleine, reiche Elite? ›Gar keine Gestaltung‹ kann ja auch nicht der kleinste gemeinsame Nenner sein. Wem gehören denn die grauen Lärmschutzwände, die Deutschland einmauern und bei denen es verboten ist, sie anzumalen?!«

Es wird jetzt noch Eis als Nachtisch serviert. Die Hitze lässt nach, eine große Erleichterung überkommt uns.

»Wem gehört denn die Stadt?«, wiederhole ich.

»Na, denen, die darin wohnen. Mir auch, ich wohne schließlich hier. Die Stadt gehört natürlich auch mir, und ich nehme mir das Recht, in ihr stattzufinden.«

Wir sprechen darüber, dass zu diesem Thema natürlich schon viel gesagt wurde. Und wenn man dann die Tags oder die Graffitis verteidigt, kommt immer die gleiche Frage: Ja, was würdest du denn sagen, wenn es dein Haus wäre?

»Ich habe ja gar kein Haus«, beantwortet Moses die Frage wie die meisten Menschen.

Darum geht es wohl, dass sich eben nicht jeder ein Haus leisten kann. Da muss man über Armut reden, über unfaire Löhne, über Immobilienunternehmer. Wir schweifen ab, essen Eis, es ist jetzt Nacht. Wir gucken uns die Möwen an, die noch einmal auf die Jagd gehen und Ratten verfolgen. Moses bezahlt für alle die Rechnung. Natürlich bekommt er einen Bewirtungsbeleg für die Steuern. Dann fährt mich der Praktikant nach Hause ins *Kurze Rote*. Die Pension ist vollkommen still und dunkel. Der Praktikant verabschiedet sich, er müsse jetzt wieder zurück, die anderen wollten noch ins Unterholz. Er fährt hellwach und singend davon.

Ich lege mich ins Bett, die extra edle Seidenbettwäsche ist angenehm kühl, und ich schlafe direkt ein.

Berlin, Kreuzberg, St. Agnes

Im betonierten Innenhof der Johann König Galerie wurde Wein in sehr großen Gläsern ausgeschenkt. Gratis. Mit jedem knackenden Eiswürfel stieg die feierliche Stimmung. Gegenüber, am anderen Ende des Hofes, baute ein Cateringservice seinen Stand auf. Als ich das sah, freute ich mich noch mehr. Am liebsten wäre ich direkt hingelaufen, aber ich wartete noch etwas, um die Wirkung des Weins auf leeren Magen zu genießen. Ohne Eiswürfel. Man musste es schließlich anständig machen. Ich hatte an diesem Tag noch nicht viel gegessen und wollte extra etwas hungrig herkommen. Das Catering genießen. Ich hatte mir vorgenommen, mich dort mit keinem zu unterhalten, der nichts isst. Wenn ich mit Freunden unterwegs bin und irgendwann meine Keksschachtel einladend hervorhole und mein Angebot dann abgelehnt wird, kann ich sehr beleidigt sein. Dann ist die Stimmung für mich auch vorbei.

In der St.-Agnes-Kirche testete ich mich an diesem Abend durch alle Weinsorten, durch alle Minisandwiches und Salate. Auch Helge Schneider schlug zu. Der war nämlich das eigentliche Versprechen des Abends. Vor seinem Auftritt war ich bei meinem zweiten Glas und rauchte mit einer Mitarbeiterin in der Ecke des Hofes.

Als wir aufgeraucht hatten, bemerkte sie, dass ich noch nicht mit den anderen Gästen ins Gespräch gekommen war, darum blieb sie noch kurz bei mir stehen. Natürlich hätte ich sie nie darum bitten müssen, sie war einfach höchst professionell. Ich sagte ihr ganz offen, dass ich mich gerne mit Nils Müller unterhalten würde. Seine Galerie Ruttkowski;68 fand ich seit Langem spannend. Sie stellte mich ihm vor, sehr charmant, unaufdringlich und heiter. Sie machte das perfekt. Nils kannte meinen Namen schon seit Jahren, das wusste ich, aber er zierte sich immer vor einem direkten Kontakt. Jetzt, hier, konnte er nicht ausweichen. Nils trank Cola Zero und hatte eine Anglerweste an. Dazu Shorts und Sandalen, die aussahen, als hätte er sie bei KiK gekauft. Zieht der sich immer so an, oder war das seine Strategie für Berlin? Ich rätselte. Wir sprachen etwas über die Sandwiches, über einige Künstler, die er vertrat, und über seine Anglerweste. Dann kam Helge und setzte sich auf die kleine Gartenbühne. Er spielte Saxofon. Die Töne waren alle schief, glaubte ich zumindest, ich verstand aber auch nichts von Saxofonen. Dann erzählte Helge, dass er sein

Musikinstrument habe reparieren lassen, in Mainz, aber dass er jetzt sehr enttäuscht sei. Dann pustete er weitere Töne, die vielleicht schief waren, vielleicht auch nicht. Ab und zu hielt er inne und untersuchte sein Saxofon. Alle lachten, auch ich lachte. Helge war ganz ruhig, und das war gut. Immer wenn Helge ruhig ist, ist er in Topform. Dann kam der Philosoph Alexander Kluge auf die Bühne, und die beiden unterhielten sich. Kluge versuchte ebenfalls, witzig zu sein, war er aber nicht. Helge musste jeden verpatzten Versuch seines Kollegen wieder auffangen und daraus im Anschluss einen Witz machen, der auch lustig war. Gott sei Dank war Helge da.

Danach redete ich weiter mit Nils und erzählte ihm, dass ich gerade einen gemeinsamen Freund von uns beiden, Moses, besucht hätte, und seine Miene hellte sich jetzt sichtlich auf. Mit großer Sicherheit waren wir die Einzigen an diesem Abend, die diese beiden Welten kannten, die von Johanns Gartenparty mit den gut angezogenen Sammlern, den nicht essenden Kuratoren und den allseits bereiten Junggaleristen und ebendie andere Welt des illegalen Malens. Wer hier im Innenhof ging für seine Bilder schon regelmäßig das Risiko ein, ins Gefängnis zu gehen? Wir müssten uns unbedingt mal in Köln treffen und reden, sagte er zu mir. Und wie er das sagte, machte mir klar, dass Nils sich im tiefsten Herzen nie von dieser anderen Welt würde lösen können.

Dann tauchte Katharina Grosse auf, sie stand in einem blau-weiß gemusterten Zweiteiler in Johanns Hof. Es hätte auch ein Pyjama sein können. Vielleicht war es ein Pyjama. Aber auch darin würde Grosse nichts verlieren. Sie wirkte immer sehr streng. Wir unterhielten uns über Christoph Schlingensief.

»Der passt für mich gar nicht zum 20. Jahrhundert«, sagte ich.

Schlingensief hat viele Aktionen durchgeführt, etwa eine Wagner-Rallye durch das Ruhrgebiet. Er schrieb Trash-Horror-Filme, brachte die Wagner-Familie in Bayreuth zum Verzweifeln, drehte für MTV eine politisch unkorrekte Sendung in der Berliner U-Bahn, gründete die Partei Chance 2000 und schrie dabei: »Wähle dich selbst«, bevor er sechs Millionen Arbeitslose dazu aufrief, mit ihm im Wolfgangsee zu baden, um das Gewässer genau vor dem Ferienhaus von Helmut Kohl überschwappen zu lassen.

»Der ist doch ein großer Romantiker, kein Moderner, kein Postmoderner, nee, der hat die Romantikepoche wirklich verstanden und sie dann radikal ausgelebt.«

Da lächelte Katharina mich an. Und wenn die strenge, wortgewandte und belesene Katharina einen anlächelt, dann hat man sowieso das Gefühl, dass alles gut wird.

Ihre Kritiker bemängeln häufig das Gleiche: Sie wiederhole sich, es gehe ihr um Effekte. Das trifft sicherlich auf viele Künstler zu, auf die abstrakten wie auf die figurativen. Bei Katharina ist es anders. Da brauche ich gar nicht groß in der theoretischen Argumentation auszuholen, man kann es ganz einfach auf einen Punkt bringen, der damit auch alles beantwortet: Sie kann es halt. Und natürlich könnte ich das haargenau an ihren Arbeiten erklären, warum diese besser sind als die vieler ihrer abstrakten Kollegen. Aber darauf habe ich gar keine Lust, wenn ich ihre Räume und Wandbilder sehe. Dann will ich dort einfach nur übernachten, dort leben, dort fühlen, das Rot, das Blau, das Dunkel, das Blut, die Erotik, den Zwist, die Krise. Einfach alles.

Der alte Alexander Kluge ließ sich neben uns erschöpft auf einem Plastikstuhl nieder. Katharina holte ihm drei Sandwiches. Sie kümmerte sich gut um ihn. Herr Kluge war nun entspannt und plötzlich sehr witzig. Vielleicht hatte er eben einfach nur Hunger gehabt. Herr Kluge und Frau Grosse unterhielten sich weiter und lachten.

Irgendwann gab es keinen Wein mehr, und gerade zur richtigen Zeit bekam ich eine Nachricht von Jonas. Ich verabschiedete mich, und eine Mitarbeiterin rief mir ein Taxi, begleitete mich nach draußen und wünschte mir eine schöne Nacht. Ich guckte nach, wo Jonas mich hinlotste.

Berlin, an der Spree, hinter der Hecke

Jonas hatte mir einen Standpunkt an der Spree geschickt. Ich suchte die angrenzende Straße heraus und sagte sie dem Taxifahrer. Es war kurz nach ein Uhr, als wir dort ankamen. Alles war dunkel, aber aus jeder dunklen Ecke hörte man feiernde Menschen. Ich wusste nicht, wo ich hinsollte. Das Einzige, was ich einordnen konnte, war ein Lidl mit einem Flachdach. Also ging ich auf den Parkplatz und suchte eine Stelle, um auf das Dach zu klettern. Keine Ahnung, warum ich mir so sicher war, dass Jonas und die anderen da oben waren. Auf dem Dach sah ich Gruppen von Menschen mit Bierflaschen in den Händen. Ich ging sie alle ab, es war dunkel, ich musste nah ran, aber Jonas war nicht dabei. Ratlos stieg ich wieder hinunter und rief ihn an.

»Direkt am Wasser, geh mal hinter die Hecken, ich winke dir zu.«

Dann sah ich ihn. Hinter den Hecken waren kleine Rasenflächen, direkt an der Spree. Überall lagen im Dunklen Picknickdecken, man sah Feuerzeuge und Zigaretten aufleuchten, hörte unterschiedliche Musik, das Wasser glitzerte, und ich fand die Stimmung plötzlich sehr angenehm orientalisch. Ich hatte aber auch schon einiges an Wein intus.

Auf Jonas' Picknickdecke saßen seine Freundin, Tif und der Redner. Jonas mixte mir einen Gin Tonic im Plastikbecher. Dann noch einen zweiten. Alles war lustig, bis der Redner mich fragte, was für ein Buch ich eigentlich schreiben wolle.

»Mal schauen, was über euch. Und andere. Das, was ich hier so erlebe. Halb Roman, halb Dokumentation.«

»Also, ich weiß nicht.«

»Mhm.«

»Ich kann mir das noch nicht vorstellen.«

»Ist okay.«

»So odemmäßig?«

»Nicht ganz. Ich schreibe ja aus meiner Perspektive. Dann ist ja auch klar, dass ich da nicht seit 15 oder 20 Jahren drin bin.«

»Mhm.«

»Lass uns mal woanders hin«, sagte Jonas.

Wir packten die Decke und die Becher zusammen und saßen plötzlich auf Fahrrädern, keine Ahnung, wo die herkamen. Auf der Oranienstraße setzten wir uns auf einen Bordstein gegenüber vom SO36. Ich erlebte die Party auf der ganzen Straße jetzt in einem schönen Rausch. Tif erklärte mir, dass sie in diesem Zustand niemals malen gehen würden. »Feiern oder malen, Entweder-oder. Oder danach feiern«, sagte sie.

Dann kam der Redner mit einem Skateboard aus der Bar hinter uns zurück. Darauf standen mehrere Shots.

»Das ist ja richtig oldschool mit dem Skateboard«, lachte ich.

»Gut, ne?«, sagte der Redner und hielt mir ein Glas hin.

Als alle verteilt waren, tranken wir.

Dann setzte sich der Redner vor mich auf die Straße.

»Du weißt schon, dass ich der bin, mit dem du damals am Telefon das Interview für *Kunstforum* gemacht hast?«

Scheiße, das wusste ich nicht.

»Ich habe deine Stimme nicht wiedererkannt.«

»Nicht schlimm.«

»Aber das hat doch gut geklappt mit dem Interview, da haben wir doch Themen gefunden.«

»Ja, ich fand die Fragen zu unserem Stil und der Berliner Architektur ganz interessant.«

Ich suchte im Internet im *Kunstforum*-Archiv das Interview heraus und las eine Stelle vor:

Wie kommt ihr auf die Dächer?

Die Zugänge zu den Dächern sind ganz unterschiedlich. Manche Haustüren kann man eintreten oder einfach mit einer gebogenen Plastikkarte öffnen. Für andere benötigt man einen Dietrich, oder man öffnet schon tagsüber den Schnapper, um nachts nicht so viel Lärm zu machen. Einmal im Haus, muss man noch auf den Dachboden und dann aufs Dach. Auch diese sind ganz unterschiedlich gesichert. Einige Zugänge sind offen, und man spaziert sozusagen direkt bis aufs Dach. Bei anderen wiederum müssen Schlösser geknackt, aufgebrochen oder mit einem Bolzenschneider aufgeschnitten werden, einmal haben wir auch mit einer Sauerstofflanze ein besonders dickes Schloss aufgebrannt, ohne dabei Lärm zu machen.

Ist man einmal auf dem Dach, muss man noch zu der Stelle kommen, die man malen will. Einige Blöcke sind recht flach, und man kann ent-

spannt hinlaufen, bei anderen muss man noch über spitze Dachfirste balancieren.

Bei alldem darf man nicht zu laut sein, damit nicht irgendwer noch aus der Wohnung kommt oder gleich die Polizei ruft. Damit man, falls das dann doch passiert, noch die Möglichkeit hat zu entkommen, ist es ratsam, weitere Abgänge an anderen Stellen des Häuserblocks zu haben. Einmal wollten wir zum Beispiel auf den Dächern von vier Erkern malen. Um zu diesen zu kommen, mussten wir erst mal in ein Haus eindringen, das mehrere Stockwerke höher war als unser Zielobjekt. Im obersten Stockwerk konnte man durch das Fenster eines Aufzugswartungsraumes auf das Dach klettern. Von hier bot sich eine umwerfende Sicht über das nächtliche Berlin. Einfache Sprossen am Schornstein führten dann vom zehnten auf das fünf Stockwerke tiefer liegende Dach des Zielgebäudes. Durch Dachluken kamen wir wiederum auf den Dachboden, von dem wir jeweils durch Fenster auf die Dächer der Erker kletterten. Kaum waren wir alle in Position und wollten mit unseren Werken beginnen, da rief unser Checker an und verkündete, dass die Polizei beginne, in das hohe Haus einzudringen. Wir versteckten uns einige Häuser weiter auf einem anderen Dachboden und konnten von da aus beobachten, wie die Polizei von oben herab auf unser Dach leuchtete. Einige Polizisten wagten es, die ersten Stufen der doch recht furchterregenden Leiter am Schornstein herunterzuklettern, kamen aber nicht über die ersten Meter hinaus. Nach ein paar Stunden meldete unser Checker, dass die Bullen, die den gesamten Block umstellt hatten, langsam abzogen, und wir konnten uns auf den Weg nach Hause machen.[27]

Der Redner trank den letzten Shot vom Skateboard und wurde lockerer.

»Ist okay, wenn du dir das mit meinen Geschichten noch nicht richtig vorstellen kannst, kann ich selbst ja auch noch nicht. Vielleicht schreibe ich ja, dass ihr in Wirklichkeit ein rüstiger Kegelverein aus agilen Rentnern seid. Oder ein großer Marketinggag von 7UP.«

Der Redner lachte.

Dann erzählte mir Jonas noch etwas über den Club gegenüber. Er war jetzt sichtlich betrunken, aber wollte mir irgendwie klarmachen, wie wichtig das SO36 für sie war.

»Essenziell«, brachte er hervor.

»Das schreibe ich mir auf«, versprach ich ihm.

»Ja, mach das!«, sagte Jonas.

Irgendwann stieg ich in ein Taxi und fuhr jetzt wirklich nach Hause, trank noch einen halben Liter Wasser und dachte an nichts mehr.

Bergisch Gladbach

Ich saß auf einer Bank in der Fußgängerstraße, die immer nur an zweiter Stelle kam. »Grüne Ladenstraße« hieß sie für die einheimischen Flaneure. Grün war sie aber nur in der ersten Kurve. Dort standen drei Bäume. Die Hauptfußgängerstraße hieß Hauptstraße und hatte Geschäfte wie Tchibo, Peek & Cloppenburg, Teeläden mit losem Tee, Apotheken und Deichmann. Ein großes Hallo ging durch die Stadt, als H&M mit ihrer Filiale für hoffnungsvolle Metropolenstimmung sorgten. In der Grünen Ladenstraße gab es dafür Eisdielen, Sanitätshäuser und Friseure. Die Schaufenster zwischen den Bäumen waren geschmückt und wollten teuer aussehen. Hinter der Kurve, wo es nicht mehr grün war, gab es viele Winkel an den Häusern der Nachkriegsmoderne. Hier ging man zum Urinieren hin, wenn man auf der Hauptstraße zu viel getrunken hatte. Auch Frauen hatten genug Platz, um sich hier unbemerkt hinzuhocken. Es ist ein passender Ort. Beim Pinkeln hatte man einem schönen Blick auf die grüne Kurve und den Edelfriseur. Ansonsten sah Bergisch Gladbach ähnlich aus wie das Ruhrgebiet. Hier oben, nahe am Busbahnhof, stand das hässlichste Großgebäude, dass die Gladbacher zu bieten hatten. Seine Fassaden bestanden aus grauem Plastik und grauem Einerlei. Zu Blütezeiten war hier der Hertie drin. Dann zogen der Kaufring und ein Saturn ein, mit allen Maxi-CDs der Top 100. Dort konnte der traurige Teenager die CDs selbst ausprobieren, selbst in die CD-Spieler einlegen und in Schleife rauf und runter hören, bis der nächste traurige Teenager ranwollte. Das Leder der Kopfhörer triefte vor pubertärem Fett und Tränen. Es war eine schöne Zeit. Im Kaufring klaute mir mein erster Freund eine G-Shock-Uhr. Ich war zwölf und daraufhin sehr verliebt. Wir gingen ein paar Monate miteinander, bis ich *Romeo und Julia* im Kino sah und lernte, dass es manchmal besser ist, Single zu sein. Dann war es wieder vorbei mit Saturn und Kaufring, heute heißt das Warenhaus Loewen City Center. Dazu musste man eigentlich nichts sagen. Dass öfter Lampen ausfielen, Deckenstyropor herunterhing und es natürlich keine CDs mehr gab, ist klar. Ich war immer wieder gerne in Bergisch Gladbach. Die Menschen arrangierten sich hier mit ihren Gebäuden. Der trostlose Nichtort zwischen Hintereingang des Loewen City Center und dem Busbahnhof war sogar so trostlos, dass man ihn guten Gewissens auch den Allerverzweifeltsten empfehlen konnte. Man ging hierhin, vollkommen down, und bekam sofort wieder Überlebensinstinkte. Da brauchte man nichts mehr nach außen zu kehren. Die Krise wurde sichtbar, in präziser Konsequenz und mit Stolz in die Stadt eingebaut. Schon ein zehnminütiger Anblick reichte, die Katharsis setzte ein, und gereinigt ging man wieder von dannen. Hier wollte keiner liegen bleiben. Hier saß ich gerne.

Ich entdeckte einen Tag und freute mich: Lion. Seit einem Jahr fotografierte ich die Lions während meiner Heimatbesuche. Wahrscheinlich war Lion 13 Jahre alt. Oder er war ein ehemaliger Kaufring-Angestellter. Oder ein Erwachsener, der lange nach einem guten Style gesucht hat. Moses würde mir bei letzter Vermutung widersprechen, vielleicht sollte ich das beim nächsten Besuch mit ihm diskutieren.

Ich würde gerne wissen, wer Lion ist. Aber Lion scheint in Bergisch Gladbach ein Phantom zu sein. Vielleicht weil er traurige CDs hören oder Uhren klauen musste. Die »Freude an der Einsamkeit ist also vor allem ein Schutz vor der Neugier der Philister«,[28] schrieb der Philosoph Jean Château über das Bedürfnis nach Geheimnissen, Geheimsprachen und Pseudonymen. Als Château in den 1960er-Jahren darüber nachdachte, gab es um ihn herum noch keine Sprayer, darum musste er seine Gedanken hauptsächlich auf Kinder beziehen. Für ihn war der Wunsch nach Geheimnissen ein gesundes Zeichen. Zum Unverständnis vieler Kollegen behauptete er, dass Geheimnisse die eigene Entwicklung beschützten und eine persönliche Realisation darstellen würden. Auch ohne in *Subway Art* geblättert zu haben, war er der Überzeugung, dass die Geheimsprache ein wichtiger Besitz und ein erstes, intensives Gefühl von Eigentumsstolz sei.

Das Lion war auf ein circa ein Meter hohes Wandstück geschrieben, über dem die hinteren Schaufenster des Warenhauses ansetzten. Das L war klein und zaghaft, das ION dann plötzlich groß und dick und klemmte sich bis nach oben direkt unter die Fensterbank. Dabei fiel das N wieder ungelenk zur Seite ab. Unter jedem Buchstaben war ein schiefer Punkt gemalt. Vielleicht war er auch ein Schüler von Spair. Ich mochte Spair. Vielleicht war Lion aber auch ein Obdachloser und etwas schizophren. Aber das sind die meisten hier.

Wenn man wollte, dass die Bergisch Gladbacher lachten, dann musste man sie nach der Schießerei im Kino fragen. Damals lief gerade ein Actionfilm, *Mission: Impossible 2* oder *Harte Jungs*, da waren sich die Gladbacher uneinig. Auf jeden Fall wurde zeitgleich die Kinokasse überfallen und dabei dem Filmvorführer Helmut Hüttig durch beide Beine geschossen. Die Besucher im Saal schöpften keinen Verdacht, weil sie glaubten, dass die Geräusche zum Film gehörten. Bis heute sorgt diese Geschichte für gute Stimmung in der Stadt.

Als ich geboren wurde, war Helmut schon dort, wohnte in der kleinen Wohnung überm Kino und hatte kein Telefon. Wenn man ihn erreichen wollte, musste man im Kino anrufen. Er verkaufte Eis, Popcorn, legte die Filme ein und wollte nie etwas anderes machen. Ein paar Tage nach den Schüssen saß er schon wieder an der Kasse. Übrigens kommen auch Heidi Klum und Wolfgang Bosbach aus Bergisch Gladbach.

Ich saß jetzt seit 15 Minuten auf der Bank und fühlte mich sehr gereinigt. Gut gelaunt ging ich zur Eisdiele neben dem dritten Baum, um mir ein Spaghettieis zu bestellen. Aber davon esse ich immer nur die halb gefrorene Sahne, die ganz unten liegt. Das ist der beste Teil.

Am Nebentisch saß ein Pärchen mit langen blond-grauen Haaren vor zwei riesigen, mit Glitzer und Schirmchen dekorierten Eisbechern und schmachtete sich verliebt an. Ich fragte den Kellner, ob das nicht die Beltracchis seien. Der Kellner zögerte und wollte mir nicht antworten. Die beiden müssen hier Stammkunden sein, wenn sie von den italienischen Eisspezialisten vor ungebetener Presse oder neugierigen Zeitungslesern beschützt werden. Ich guckte zu ihnen hinüber. Sie lachten und strichen sich gegenseitig über die Haare. Die Beltracchis sind international berühmte Kunstfälscher und halbe Wahlgladbacher. Ich glaube, Helene Beltracchi ist hier aufgewachsen.

Er, Wolfgang, hatte die großen Maler aus der Moderne gefälscht: Max Ernst, Fernand Léger und Henri Matisse. Sie hatte die Bilder den großen Kunstexperten gezeigt. Die stellten fleißig Expertisen aus, damit gelangten die Bilder über Auktionshäuser an internationale Museen und Sammler.

Sie war der Kopf, er war der Künstler. Es heißt, das Paar habe einen Betrugsgewinn von über 40 Millionen Euro gemacht. Aber Wolfgang Beltracchi kopierte nicht einfach vorhandene Bilder, er erfand neue, die er dann mit den entsprechenden Künstlernamen signierte. Sie erklärte den Experten, dass diese Gemälde im Krieg verlorengegangen und nun wieder aufgetaucht seien. Eine neue Kreation, die er mit »Max Ernst« unterschrieb, wurde beispielsweise von Dorothea Tanning, der Witwe des echten Max Ernst, als »schönster Wald« ihres Mannes bezeichnet. Als die Beltracchis das hörten, waren sie bestimmt ungeheuer stolz, hatte Wolfgang doch bewiesen, dass er eigentlich besser war als der richtige Ernst. Auch das Metropolitan Museum in New York stellte einen vermeintlich echten Ernst von ihm aus. Beltracchis Campendonk-Fälschung *Rotes Bild mit Pferden* wurde von einigen Experten gar als *das* Schlüsselwerk der Moderne bezeichnet.

Ich ging zu ihnen hinüber und sagte, wer ich bin. Die beiden Hippies guckten mich skeptisch an. Ich erzählte ihnen, dass ich seit Jahren hier Eis äße. Und ihre Arbeit natürlich verfolgte. Ich lächelte, und endlich lächelten sie auch. Ich durfte mich kurz setzen, und wir sprachen über die Vorzüge verschiedener Eisbecher. Dann kamen wir auf die Kunst, und sie bedauerten, dass viele Museen sie nicht mehr hineinlassen würden.

Im Jahr 2011 wurden sie verurteilt, die Gefängnisstrafe wandelte sich in einen offenen Vollzug. Sie mieteten ein Atelier in Bergisch Gladbachs Papiermuseum an und durften dort tagsüber als freie Künstler arbeiten. Auch das fanden die Gladbacher lustig. Abends mussten sie aber wieder zurück, zum Schlafen in die Vollzugsanstalt. Ihre Künstlereinnahmen gingen an die Gläubiger.

Die Staatsanwaltschaft ermittelte damals 14 Gemälde, mit denen sie hofften, das Paar anklagen zu können. Um das ganze Verfahren dann irgendwie elegant abzukürzen, schlug das Gericht den beiden vor, diese 14 Fälschungen zuzugeben. Das war quasi der Deal, Wolfgang gab der Staatsanwaltschaft etwas, und damit war es dann auch gut. Vermutet wird, dass weitere 100 oder 200 falsche Gemälde von ihm noch immer in Kunstsammlungen hängen. Doch auch Museen haben ja kein wirkliches Interesse daran, ihre Bestände als wertlos auszuweisen. Also fragt keiner mehr. Gesehen werden die Beltracchis in den Museen aber bestimmt nicht mehr gerne.

»Haben die Museen Angst, dass ihr euch Inspirationen für neue Fälschungen holt?«

»Nee, das nicht. Das machen wir ja nicht mehr. Aber sie haben Angst, dass wir mit dem Finger auf ihr Lieblingsbild zeigen und es als meines enthüllen.«

Die beiden lächelten wie Kinder, die unschuldiger und lebensfroher nicht sein konnten.

»Wirst du denn nie erzählen, welche Werke alle noch von dir sind?«

»Nein.«

Dann guckte er wieder seine wunderschöne Frau Helene an.

Mein Eis wurde serviert, und ich ließ das turtelnde Paar allein. Auch sie hatten Geheimnisse, gewaltige Geheimnisse, die gerade so wirkten, als wären sie eine lange Kette von schelmischen Streichen gewesen. Nach meinem Eis ging ich auf die Hauptstraße in ein Buchgeschäft und kaufte mir ihre Biografie. Darin schrieb Wolfgang: »Meinen Bildern wurde ihre Aura aufgrund der Signatur zugeschrieben.« Der Name veränderte alles. Ähnlich war es auf der Straße. Doch Beltracchi sah mehr in seinen Bildern, die Aura komme nicht nur durch die Buchstaben. Diese Überzeugung wird er sein ganzes Leben lang verteidigen. Das erinnerte mich stark an die Splashs von Moses und Taps.

Später rief ich den Redner an und erzählte ihm von den Beltracchis. Er war begeistert und fragte mich, ob er die mal kennenlernen könne. Er wolle gerne mit ihnen kochen.

»Frag sie doch mal«, sagte ich.

»Auf jeden Fall«, antwortete er.

Dann erzählte er mir, dass natürlich auch im Graffiti kopiert würde. Er und seine Freunde hatten in Berlin mal einen Typen kennengelernt, der sich als Taps ausgab und sie ins Ruhrgebiet einlud, um zusammen zu malen. »Taps« habe auch viele andere zu sich eingeladen. Natürlich war er es nicht. Auch kommt es vor, dass irgendwo 1UP-Pieces auftauchen, die keine echten 1UP-Pieces sind.

»Warum machen die das? Also, um euch zu ärgern oder weil sie naiv glauben, euch damit eine Freude zu machen?«

»Ich glaube, weder noch. Einer hat mal die Berlin Kidz nachgemacht, so richtig mit Abseilen, mit ihren Buchstaben und auch in Rot und Blau. Die haben den Typen dann gefunden, und der glaubte wirklich, dass er bei ihnen in der Crew sei. Das war psychisch bei dem, hatte schon was Paranoides. Die meisten machen es aber wohl eher zum Spaß. Einer benutzte unseren Namen aber mal, um andere zu crossen. In Frankfurt ist das passiert.«

»Und dann?«

»War entspannt, wir kannten die anderen, ich glaube, ein paar von uns haben das dann zusammen mit denen wieder neu gemalt.«

»Ärgert dich das?«

»Nö, ich finde das eher lustig. Solange sie nichts Rufschädigendes machen.«

»Gut.«

»Jo.«

»Du kannst dir ja auch mal den Beltracchi-Film angucken, *Die Kunst des Fälschens.*«

»Klar.«

Ich überlegte, in Bergisch Gladbach ein 1UP zu malen, ließ es dann aber bleiben.

Im Zug

Wieder sitze ich im Zug, diesmal von Köln nach Berlin. Ich habe einiges an Zeitungen bei mir und freue mich, bei Hamm wieder aus dem Fenster zu gucken, um das Phantasialand von Taps nicht zu verpassen. Die Wiederholung, ja der Aufbau des Bildnamens wie Bauklötze über das gesamte Gebäude ist eine wunderbare Trotzhandlung, die für mich absolut gesund ist. Ich lese einen Artikel von Silke Weber, der heißt: »Warum macht der Klingelstreich Kindern so viel Freude?« Sie beginnt den Text mit zwei guten Sätzen. Jeder könne auf eine Klingel drücken, auch kleine Kinder, und die Erwachsenen springen lassen. Das sei eine tiefgreifende Erfahrung der Freude.[29] Mehr muss ich gar nicht lesen, das reicht mir schon, vielleicht noch die Sache mit dem Mut und dem Risiko, dass das eben noch hinzukommt, aber die Freude allein reicht auch. Das ist alles. Das ist toll. Taps wird sich gefreut haben. Vielleicht war er nicht allein, vielleicht hat Moses ihm geholfen, vielleicht war sogar alles von Moses, wer weiß das schon.

Plötzlich taucht der alte Mann auf. Der von letztem Mal, der mit der Vorstrafe und der Fleischwurst. Er muss wohl in Hamm zugestiegen sein. Ich lächle ihn an und sage: »Ach, guten Tag.« Auch er erkennt mich und sagt freundlich: »Guten Tag.« Ich beobachte ihn unverhohlen, er legt seine Tasche oben auf die Gepäckablage, die dafür vorgesehen ist. Diesmal zieht er seine Jacke aus und hängt sie an den Haken neben dem Fenster, der dafür vorgesehen ist. Dann setzt er sich hin und stellt seine Füße mittig und geschlossen unter den Tisch, auf seiner Seite, so wie es vorgesehen ist. Er schweigt, sieht zufrieden aus, aber lächelt nicht. Der Zug war gerade weitergefahren und hält jetzt wieder an, mitten auf den Gleisen. Eine Durchsage erscheint, es gibt einen technischen Fehler, die Weiterfahrt ist ungewiss. Wieder bin ich genervt. Ich lese den Text über den Klingelstreich zu Ende und hole eine Tüte Chips aus meiner Tasche. Ich will dem alten Mann welche anbieten und versuche seinen Blick einzufangen, aber er guckt einfach vor sich hin, nicht wirklich aus dem Fenster und nicht wirklich zu mir herüber. Er schaut genau in das Dazwischen, ich weiß nicht, warum. Aber so wartet er, er sitzt und wartet, wie es vorgesehen ist. Ich sage nichts, ich esse einige Chips, das macht Lärm, er guckt weiter vor sich hin, dreht jetzt seinen Kopf leicht, aber nur so viel, wie nötig ist, um aus dem Fenster zu gucken. Ich bin fasziniert, aber auch verärgert, dass er sich anscheinend nicht mit mir unterhalten will. Also mache ich nicht den Anfang, ich sage nichts, ich esse, ich lese, ich warte so lange, bis er sich rührt, ich warte ungeduldig darauf, dass er nicht mehr warten will.

Wir stehen jetzt seit einer Stunde hier. Ich lese einen *Zeit*-Artikel über Georg Thiel. Der Journalist Simon Langemann hat ihn im Gefängnis besucht. Georg ist dort seit fünf Monaten eingesperrt, weil er sich geweigert hat, die GEZ-Gebühren zu zahlen. Ich habe gelernt, dass die Gebühreneinzugszentrale jetzt »ARD ZDF Deutschlandradio Beitragsservice« heißt. Wenn man wie Georg Thiel kein Endgerät hat, schuldet man ihnen trotzdem 17,50 Euro im Monat, genauso viel wie jeder andere Haushalt auch. Wenn man dies nicht zahlt, muss man eine Vermögensauskunft geben, um eine Pfändung vorzubereiten. Georg Thiel verweigerte diese Auskunft und schuldete dem Beitragsservice von ARD, ZDF und Deutschlandradio 465,50 Euro. Dafür steckte man ihn sechs Monate in Erzwingungshaft. Ich gucke zum alten Mann. Er hat in der letzten halben Stunde seinen Kopf nur noch einmal minimal bewegt. Ich kaue lauter auf meinen Chips, es scheint ihn nicht zu interessieren. Ich lese, dass Georg Thiel seine Zeit im Gefängnis als Protestaktion ansieht. Er will sich nicht alles gefallen lassen. Er habe erstaunlich viele Fans aus dem rechten Milieu.[30] Das finde ich schade, warum feiert ihn das linke Milieu denn nicht? Will ihn auch kein Museum ausstellen?

Gerne würde ich den alten Mann fragen, ob er GEZ-Gebühren zahle, auch wenn ich die Antwort darauf schon kenne. Ich stehe auf, suche umständlich etwas in meinem Gepäck und setze mich wieder hin. Keine Reaktion. Ich will jetzt unbedingt mit ihm reden und schwöre mir gleichzeitig, dass ich ihn nicht ansprechen werde, solange der Zug hält, solange er da teilnahmslos sitzt. Seine Passivität macht mich wütend, und zugleich trete ich in den Wettkampf ein und werde ihn nicht erlösen. Werde mich nicht erlösen.

Nach 1,5 Stunden fährt der Zug wieder. Jetzt kann ich. Ich biete ihm Chips an. Er greift zu und holt aus der großen Tüte einen einzigen Chip heraus. Dann bedankt er sich. Ich habe noch nie jemanden einen einzigen Chip essen sehen. Ich zeige ihm den Artikel über Georg Thiel und frage, ob er die Gebühren zahle.

»Sogar zweimal.«

»Warum zweimal?«

»Weil ich zwei Fernseher bei mir habe.«

»Da muss man aber nur einmal zahlen.«

Er habe aber zwei Briefe bekommen. Das war bestimmt ein Versehen, ein Fehler. Das glaube er nicht. Er habe schließlich zwei Endgeräte.

»Haben Sie denn dort mal nachgefragt? Also, ob Sie wirklich doppelt zahlen müssen?«

»Das ist doch klar. Ich habe ja zwei Fernseher«, belehrt er mich freundlich und breitet die Arme aus, so als wollte er sagen, dass das doch absolut logisch sei.

Ich schaue ihn an und weiß nicht, was ich darauf sagen soll. Wir unterhalten uns weiter, über Rechnungen, Dienstleistungen und Handwerker, und er erzählt mir jetzt von einer Rechnung, die er einem Maler zahlte, der ihm den Keller neu gestrichen hatte. Seine Frau habe ihm mittags angeboten, mit ihnen am Küchentisch zu essen, und der Malermeister habe dies immer gerne angenommen, aber dafür auch die Arbeitszeit berechnet.

»Ihre Frau hat also für ihn gekocht, er hat mit Ihnen gegessen, und dafür haben Sie ihn dann auch noch bezahlt?«

»Es war ja schließlich auch seine Arbeitszeit.«

»Und würden Sie diesen Maler wieder beauftragen?«

Ja, natürlich würde er das, der Vater des Malers sei ein alter Freund von ihm. Man kenne sich. Ich bin umso geschockter und gleichzeitig beeindruckt von dieser Abwehr aller auch nur leisesten Zweifel.

»Das ist also alles okay für Sie?«

»Ich kann nichts dagegen sagen.«

Wie er das Wort »kann« meint, weiß ich nicht. Würde er gerne, aber traut sich nicht? Oder musste er seinem Gefühl nach zu Recht bezahlen?

Wir sind jetzt fast bei Wolfsburg, und der Zug hält wieder. Eine Durchsage bittet um Geduld. Ich blicke ihn an. Er guckt wieder aus dem Fenster. Das Spiel beginnt von Neuem. Ich mache wieder mit, gucke ihn weiter an, wie er mich nicht anguckt und die dafür gebotene Geduld aufbringt. Ich esse, trinke, gehe auf Toilette, raschele mit der Zeitung, lese noch mal in der Geschichte von Georg Thiel und sehe, wie der alte Mann sich nicht bewegt. *Die Zeit* zitiert einen Sprecher des WDR. Er sagt, dass es gegenüber den Menschen, die den Rundfunkbeitrag bezahlten, nicht gerecht wäre, wenn andere sich dieser gesetzlichen Beitragspflicht entzögen. Aha. In einem anderen Absatz steht, dass sich mehr als 3,2 Millionen Haushalte in eine Verweigerung begeben hätten und gemahnt worden seien. Georg Thiel bleibt die ganzen sechs Monate im Gefängnis.[31]

Nach 20 Minuten fährt der Zug weiter. Der alte Mann schaut mich wieder an. Er sagt, dass der Maler seine Arbeit wirklich sehr zuverlässig gemacht habe.

»Steigen Sie auch in Berlin aus? Dort gibt es einen Edeka, sollen wir da noch hin? Ich würde Ihnen gerne eine Fleischwurst klauen!«

Jetzt lacht der alte Mann leicht: »Um Gottes willen!«

»Aber erkundigen Sie sich zumindest einmal, ob die doppelte GEZ-Gebühr wirklich nötig ist. Ich glaube nämlich wirklich nicht, dass Sie die zahlen müssen.«

Wir fahren gleich in den Bahnhof ein. Ich will ihn noch nach seinem Namen fragen oder ihm zumindest meine E-Mail-Adresse aufschreiben. Ich stelle mir vor, wie ich ihm Artikel oder die Regelverordnung der GEZ zuschicken könnte, wo er selbst drin lesen kann, dass er total unnötig zu viel zahlt. Ich stelle mir vor, wie ich ihm helfen kann, ja sogar retten. Ich habe jetzt das starke Bedürfnis, ihn retten zu wollen. Eine Durchsage ertönt, der alte Mann nimmt seine Tasche und seine Jacke und stellt sich ordentlich in den Gang, um dort freundlich auf den Ausstieg zu warten, so wie es vorgesehen ist. Ich sehe seinen Rücken, sehe ihn wieder warten und spreche ihn nicht mehr an. Ich bleibe zurück, leer, wie verkatert und will mich am liebsten ins Bett legen.

Berlin, Kreuzberg

Mit Lars traf ich mich im Hinterhof eines urigen Wohnhauses, an dessen Fassade der Putz abbröckelte. Hier sollte eine Ausstellung sein. Lars schien immer einen schwarzen Kapuzenpulli anzuhaben, der zu dem schwarzen Rahmen seiner Brille passte. Ich hatte ihn schon bei Tif in der Wohnung gesehen, aber es ergab sich keine Gelegenheit, mit ihm zu reden. Jonas hatte vorgeschlagen, mich heute mit ihm zu treffen. Lars wirkte schüchtern, und wir standen etwas hilflos im Innenhof und wussten nicht, wie wir anfangen sollten. Ich fragte ihn, wer hier wohne, und er sagte keine Namen, nur dass sie bald rausmüssten und deshalb vorher noch mal eine Ausstellungs-Abriss-Party machen würden. Als wir reingingen, glich der erste Raum einer Rezeption und Kneipe zugleich. Man konnte für einen Euro Wein kaufen, was wir dann auch taten; was man an der Rezeption machen konnte, habe ich leider nicht herausgefunden. Unten in den Räumen hingen in Öl gemalte Demonstrationspläne, und in der Mitte stand eine aus Holzleisten und Bauschutt zusammengeschusterte Skulptur, die wie ein Totem aussah. Lars ging um sie herum und sprach mit dem Künstler. Ich überlegte noch, ob ich ein Gespräch mit den beiden anfangen sollte oder ob sie sich in einer geheimen Unterhaltung befänden, die ich hätte erkennen und deswegen rücksichtsvoll nicht stören sollen, als Tif hereinkam. Sie hatte neuen Wein dabei, und Lars kam wieder dazu, und durch sie ergab es plötzlich Sinn, dass wir alle zusammenstanden. Sie kam gerade vom Schwimmen, und wir sprachen über das Wildschwein, das an einem Badesee einen Laptop geklaut hatte. Weil es jemand filmte, war das Wildschwein jetzt international berühmt und der nackte Mann, der hinter ihm herlief, auch. Berlin hat wieder einmal Schlagzeilen gemacht. Lars gab uns Flyer für eine geplante Demo ein paar Tage später. Er schwärmte jetzt von einer früheren Veranstaltung neun Jahre zuvor, die angeblich die größte Demo von Mietern seit 1990 gewesen war. Sie ging in Neukölln los, und später mischten sich die Leute von »Kotti & Co.« darunter. Lars kannte alle Mietpreisentwicklungen auswendig und konnte sie nach Straßen und Häusern hintereinander aufsagen.

»Wohnen ist ein Menschenrecht und keine Ware«, zitierte Lars eines der damaligen Schilder.

»Gehst du da auch mit?«, fragte ich.

»Klar. Ich organisiere so was auch.«

Ich war nun zuversichtlich, was das Finden von Gesprächsthemen anging, und wir besichtigten die erste Etage, wo Musik lief und ein paar Leute eine Tanzperformance aufführten, die ich nicht verstand, aber das behielt ich für mich. Tif redete mit dem DJ, und damit keine Pause entstand, erzählte ich Lars, was ich vorher gelesen hatte: Wissenschaftler hatten sich gefragt, ob es dieses Jahr besonders viele Mücken gebe. Sie untersuchten und analysierten und stellten fest, dass es nicht mehr Mücken gab als zuvor. Das sei nur gefühlt so, also dass man den Eindruck habe, dass es mehr gäbe. Aber in Wirklichkeit sei alles normal, stand in der Zeitung. Lars lachte. Dann wurde er wieder ernst. Er erzählte von Freunden in der Karl-Marx-Straße, deren Haus verkauft wurde. Eigentlich hätten die Mieter ein Vorkaufsrecht gehabt, und das Geld sei auch schon beschafft worden, aber dann kippte ein Bundesgericht diese Regelung, und die gesamte Immobilie gehöre jetzt wem anders. Bald würden sie alle ihre Kündigungen erhalten.

»Das ist nur eine Frage der Zeit, und besonders oft betrifft das halt WGs. Die müssen alle raus. In Kreuzberg oder Neukölln findest du ja heute keine Wohnung mehr, meine Freunde ziehen jetzt nach Tempelhof oder Lichtenberg. Das wird alles vier- oder fünfmal so teuer.«

»Schlimm«, sagte ich.

»Es wird immer mehr, es geht immer schneller, und keiner kann's mehr hören. Seit zehn Jahren tragen wir das in die Öffentlichkeit, reagieren wir, aber für viele andere ist das Thema durchgelutscht.«

»Wer kauft denn die ganzen Häuser?«

»Oft weiß man es nicht. Früher hat mein Vermieter noch im selben Haus gewohnt, da hat man sich jeden Tag gesehen, ich habe dem meine Miete noch in bar nach unten zu seiner Wohnung gebracht.«

»Schön war das. Bestimmt wurde oft noch ein Kaffee oder ein Korn getrunken.«

»Hast du die Wand gesehen in der Köpenicker Straße?«

»Nein.«

»Da ist dieser Wagenplatz.«

»Leben da Leute?«

»Ja, auf jeden Fall. Punks und so. Der wird geräumt. Wir haben da mit noch anderen Crews ein großes Wandbild gemacht: *Hands off our Homes.*«

»Bringt es etwas?«

»Die Oranienstraße ist jetzt mit die teuerste. Das sind ja alles Entwicklungen, die kann man ja gar nicht mehr zurückdrehen.«

»Ja, furchtbar ist das. Wenn ich darüber nachdenke, dass unsere Kinder ein so stark verändertes Berlin erleben, ist das sehr traurig. Wir machen denen alles kaputt. Die ganze Stadt wird zerstört, dann soll sie auch nicht mehr Berlin heißen. Dann darf sie diesen Namen einfach nicht mehr tragen. Sie muss sich dann umbenennen.«

Früher sei Lars in der Antifa gewesen, da war Graffiti für ihn nur ein Wirrwarr aus Pfeilen, das er nicht lesen konnte. Die Blöcke von 1UP mochte er, und nach und nach wechselte er von der Antifa zu seinem neuen Verein. Er beschäftige sich jetzt mit ästhetischem Widerstand, erklärte er mir.

»Wurdest du schon mal erwischt?«

»Ja, aber nur einmal, ganz am Anfang. Ausgerechnet sonntags in einer leer stehenden Fabrikanlage. Das war so dämlich, dass ich mir danach vornahm, nur noch richtig zu sprayen. Wenn ich noch mal geschnappt werde, dann muss es sich auch gelohnt haben.«

»Dann hat die Polizei dich ermutigt, mehr zu machen?«

»Ja.«

»Zumindest das.«

»Weißt du, was jetzt noch passieren wird am Kottbusser Tor? Du kennst doch das Haus, das da über die Straße geht. Da wird jetzt bald eine Polizeistation einziehen. Genau da über der Straße. Die sitzen dann da wie die Bademeister. Von oben herab wollen die dann in alle Becken gucken.«

Tif kam zurück, und wir gingen hoch ins Dachgeschoss. Von dort lärmte es, und schon auf der Treppe roch die Luft nach Weihnachtsmarkt. Die Geräusche kamen von einer Frau, die auf dem Boden kniete und Bonbons mit einem Hammer zerschlug. Unter unseren Schuhen knirschte es, überall lagen Bonbonstücke und Bonbonkrümel. »Ist das auch eine Performance?«, fragte ich Tif und Lars. Wir waren uns zunächst nicht sicher, aber als wir dastanden, die Frau uns bemerkte und daraufhin noch heftiger zuschlug, waren wir uns einig. Wir spielten ein bisschen mit den Bonbonstücken herum, schoben sie mit unseren Schuhen hin und her, und um nicht unhöflich zu sein, guckten wir weiter zu, wie die Stücke durch den Raum sprangen. Nach zehn Minuten hatten wir unsere Schuldigkeit gegenüber der Performerin erfüllt, und wir stiegen wieder hinunter zur Musik.

»Wie fandest du das?«, fragte mich Tif.

»So ganz allgemein mag ich Destruktionen ja. Und es roch gut.«

»Und hast du das verstanden?«

»Ob ich die Frau verstanden habe, weiß ich nicht, aber für mich ging es da um Produktivität. Der Lärm der aufplatzenden Bonbons ist ja auch Bestätigung für ihr Tun, und eine Art Beifall war es auch. Eine sinnlose Tätigkeit, aber sinnlos tut auch mal gut. Vielleicht hat sie aber auch nur das gemacht, was sie immer schon mal machen wollte, und jetzt vor dem Auszug war die Gelegenheit einfach günstig. Es hatte ja auch irgendwie etwas Festliches. Kindheitsfantasien. Da könnte man jetzt auch die ganze Fluxus-Bewegung mitreinholen. Klavierzerstörungen und so.«

»Findest du als Kunstkritikerin zu allem eine Interpretation?«

»Theoretisch ja, da könnte ich mir zu allem was ausdenken, was dann gut klingt. Muss ich ja können in dem Job. Aber das mag ich nicht.«

»Warum nicht?«

»Weil ich lieber über die Sachen schreibe, die mich auch wirklich interessieren. Zuerst muss das Werk etwas haben, danach kommt der Text.«

»Würdest du über die Performance oben schreiben?«

»Weiß ich nicht.«

Dann tranken wir weiter.

Griebnitzsee

»Einen Urlaubstag« hatte mir Judy Lybke versprochen. Also nahm ich früh am Vormittag die S-Bahn raus aus Berlin zum Griebnitzsee. Dort am Bahnhof wollte er mich abholen. An der Station hatten sie versucht, alle Graffitis zu buffen, es aber bei keinem einzigen hinbekommen. Überall sah man noch die Konturen durchscheinen, teilweise waren linke und rechte Ecken gar nicht übermalt worden. Ich machte Fotos.

Vor dem Bahnhofsgebäude stand Judy. In einem geringelten T-Shirt wie von Picasso. Weiß mit blauen Streifen. Sie umrahmten seine gebräunte Glatze sehr schön. Ob ich eine Suppe wolle, fragte er mich. Ja, warum auch keine Suppe? Wir gingen in das Restaurant gegenüber. Eine Suppe mit Ingwer hatten sie übrig. Ingwer vertrage ich nicht. Also keine Suppe. Dann gingen wir zum See.

»Wir fahren mit dem Boot, das ist doch schön«, sagte Judy.

Ich sah auf das kleine Schlauchboot mit Motorantrieb.

»Oh ja, sehr schön ist das«, freute ich mich.

Er half mir einzusteigen, im Boot war es sehr eng. »Was reden wir jetzt?«, fragte ich mich.

Judy war souverän, er erzählte vom See, grüßte alle anderen Bootsfahrer, weil er anscheinend alle kannte, verabredete sich mit ihnen zum Grillen und gab mir eine Einführung in die Region. Und schon war alles okay.

Wir kamen an einem Steg an, dahinter eine lange Wiese, die einen Hügel hochführte, und obendrauf eine Villa, aber keine, die richtig schick aussah, eher eine, in die auch Pippi Langstrumpf einziehen würde. Auf der Terrasse begrüßte uns seine Frau Lou mit ihrem Baby auf dem Arm. Sie war jung, zierlich, klein, hatte lange braune Haare und gehörte zu jenen Frauen, von denen ich hoffe, dass sie sich niemals zu stark schminken werden, weil sie das überhaupt nicht nötig haben. Wir tranken Kaffee auf der Terrasse und schauten auf den See, dann gab es Spaghetti mit einer Soße aus Tomaten und Linsen. Große Portionen, sehr lecker. Judys Haus war fast leer, wie ein riesiger großer Tanzsaal für den Ballettunterricht. Ein paar alte hohe Spiegel standen an den Wänden, ein riesiger Holztisch in der Mitte. Dazwischen lagen Kinderspielzeug und ein paar Dekoartikel aus der Märchenabteilung. Und überall Holzboden. Nach dem Essen gingen wir in den Keller, in sein Archiv. Er war voll mit Aktenschränken aus Büros. Darin lauter Mappen. Aus jedem Jahr Galeriegeschichte hatte Judy alles aufbewahrt, selbst kleine Zettel oder Umschläge, auf denen irgendetwas gekritzelt stand. Er hatte jeden Schriftverkehr zwischen sich und seinen Künstlern und Mitarbeitern aufgehoben und eingetütet. Judy bezahlte auch einen Archivar, der sich hier um alles kümmerte, erzählte er mir. Er zog eine Schublade nach der anderen auf, hielt staunend Papierfetzen in die Luft, auf denen Neo Rauch irgendetwas vermerkt hatte, und zeigte mir E-Mails eines ganz bestimmten Tages von vor zehn Jahren, die das Tagesgeschehen in der Eigen+Art Galerie zusammenfassten.

Judy Lybke zählt zu den erfolgreichsten Galeristen, er machte Neo Rauch berühmt, vor allem in Amerika, und die Neue Leipziger Schule, das Revival der deutschen figürlichen Malerei. Er gilt als Experte auf dem Kunstmarkt, er hat schon alles gemacht und erlebt. In seinem Archiv könnten fünfzehn Doktoranden fünfzehn verschiedene Forschungsarbeiten über den Kunstmarkt schreiben. Ich dachte an das Obergeschoss, ich würde hier gerne wohnen. Und jeden Tag Spaghetti essen. Ich überlegte, wie ich ihm meine Wohnungsanfrage am besten unterbreiten sollte. Ich könnte ihm vorschlagen, in seinem Archiv zu forschen. Oder zu einem ganz bestimmten Künstler. Oder ich werde Babysitter. Egal, ich wollte hier wohnen.

»Ich habe Zusammenfassungen von jedem Tag«, unterbrach Judy meine Zukunftspläne.

Ich hätte mir nie vorgestellt, dass er so ein Nerd ist. Ich erzählte ihm von den Archiven der Sprayer, wie sie ihre Fotos früher in Alben ordneten, heute halt auf dem Computer, aber wie sie alles sammeln und darum auch so buchaffin sind.

»Die Sprayerszene ist eine Archivszene«, erklärte ich ihm.

»Toll«, sagte Judy anerkennend. Er könne das total gut verstehen.

Das glaubte ich ihm, Judy konnte sich von seinen Schubladen kaum lösen, es war wie Geburtstag für ihn.

»Das wusste ich gar nicht, und die haben alle Archive, ja?«, fragte er nach.

»Ja, gerade die Zugmaler, das sind die größten Archivare.«

»Super! Wir in der DDR hatten ja auch Graffiti, darüber schreibt nur leider keiner«, sagte er.

»Stimmt, über Graffiti in der DDR weiß ich auch gar nichts.«

»Darüber müsste mal geforscht werden! Wirklich, das darf man nicht vergessen.«

Wir gingen jetzt wieder hoch und besichtigten das Atelier von Lou. Sie zeichnete große Formate, wie Bühnenbilder. Mal tauchten Augen und Gesichter auf, auch eine Vagina sah ich, mal war alles ganz abstrakt. Sie musste Tonnen an Bleistiften hier haben. Dazu schrieb sie Opernstücke. Ich konnte mir das alles gut zusammen vorstellen. Ich fragte Lou nach ihrer Oper, sie wollte sie mir schicken.

Auf der Terrasse holte Judy den Champagner und den Käse hervor. Ich war mittlerweile tiefenentspannt und glaubte, dass es unmöglich war, sich in Judys Gegenwart unwohl zu fühlen.

»Wie hat das alles angefangen?«, fragte ich ihn.

Er erzählte von einer Kunstmesse damals, wo er der einzige Galerist aus der DDR war, der Glas in seinen Rahmen hatte. In der DDR sei man nämlich nicht an Glasrahmen gekommen, er habe sich die aus dem Westen besorgt. So fing das an. Er habe aber nicht die Rahmen verkauft, sondern nur die Zeichnungen darin. Also konnte er das Glas jeden Tag neu verwenden. Er wurde zum Gespräch auf der ganzen Messe.

»Und es lag an dem Glas?«

»Ja, klar, das war damals doch sensationell. Damit hätte ich alles verkaufen können.«

Er schnitt mir von jedem Käse ein Stück ab und meinte, ich solle alle probieren.

Ich probierte alle und sagte ihm mit vollem Mund, dass alle Käse lecker schmeckten. Dann trank ich weiter, und wir schauten uns Kunstbücher an, die Judy in den Garten trug. Er hatte besonders viele von Künstlerinnen ausgewählt. Wir machten einen Extrastapel an Büchern, die er mir mit der Post nach Hause senden würde.

Auf dem See kamen ein paar Stand-up-Paddler vorbei.

»Ach, guck mal, das würde ich auch gerne mal ausprobieren«, sagte ich naiverweise.

»Kannst du, klar, ich hab welche da.«

»Ach, muss jetzt auch nicht direkt sein.«

»Doch, klar, gar kein Problem.« Judy stand auf.

Ich wusste nicht, wie ich mich da noch rausreden sollte.

Lou musste zeichnen, also hatte Judy jetzt das Baby. Er trug es auf dem Arm, und wir gingen hinunter zum Steg und zu seinem Bootshaus. Ich übernahm kurz das Kind, und Judy holte das Board und das Paddel hervor. Dann tauschten wir wieder.

»Da vorne kannst du es über den Steg ins Wasser ziehen, da musst du was balancieren, hier über den Holzbalken, aber das geht schon.«

Ich balancierte über den Holzbalken und wurde nur noch einmal darin bestätigt, dass ich nie Balletttänzerin geworden war.

»Du kannst dich da erst mal draufknien, das ist einfacher, und mit dem Paddel an beiden Seiten, immer abwechselnd, es sei denn, du willst die Richtung ändern.«

Judy stand fröhlich mit dem Baby auf dem Arm am Ufer.

Ich trieb langsam vom Steg ab, hockte auf meinen Schienbeinen und paddelte etwas, aber eher zum Schein, ich verstand überhaupt nicht, wie ich lenken sollte.

»Und wie ist das mit den Sprayern, machen die auch Ausstellungen?«, fragte Judy.

»Also, einige schon, aber ist halt auch nicht so einfach«, sagte ich und versuchte nach links zu drehen.

»Ja, ja, nicht einfach. Wie gehen die das denn an? Mach mal mehr links«, sagte Judy.

Ich paddelte nach links und versuchte nicht ins Wasser zu fallen. Mein langer weiter Rock war genau der falsche, ich konnte mich kaum bewegen. Er war unvorteilhaft um meine Beine gewickelt und zu einer sehr engen Falle geworden.

»Es gibt halt Galerien, die sich auf Graffiti-Sprayer spezialisieren, aber halt auch nicht so viele«, rief ich zurück.

»Du machst das gut«, rief Judy.

»Aber es ist halt schwierig für die, in die andere Kunstwelt richtig reinzukommen«, rief ich.

»Jetzt rechts paddeln! Die sollen es mit einer Produzentengalerie versuchen.«

»Wie meinst du das?«

»Das Paddel rechts tiefer ins Wasser!«

»Und die Produzentengalerie?«

»Die können sich da ja zusammentun. Zum Beispiel in Hamburg. Wenn das zehn Leute sind, dann gibt jeder 2000 Euro rein. Dann haben die 20.000 Euro und können dann erst mal machen. Das kriegen die am Ende schon wieder raus. Aber dann können die sich so präsentieren, wie sie wollen. Und wenn sie nicht in die Street Art reinwollen, dann präsentieren die sich halt auch nicht so. Da haben sie ja alles selbst in der Hand. Dann laden die ein«, rief Judy.

»Was?«

»Dann laden DIE ein.«

»Ach so.«

Ich paddelte jetzt gleichmäßig, aber fühlte mich immer noch nicht stabil. Angst ins Wasser zu fallen, hatte ich eigentlich nicht. Ich war eine gute Schwimmerin. Aber vor Judy war das anders. So pitschnass in meinen feinen Klamotten zurückzuschwimmen und mir dann Kleidung von seiner Frau leihen zu müssen, das wäre mir doch sehr peinlich gewesen.

»Produzentengalerien sind echt eine sinnvolle Sache«, schrie Judy.

»Das kann ich ja mal so weitergeben«, schrie ich zurück.

»Willst du noch eine größere Runde drehen?«

»Ach, ich komme mal wieder zurück.«

Judy streichelte das Baby.

»Jetzt nach links«, sagte er gutgelaunt.

»Okay.«

»Du musst rechts paddeln.«

»Okay.«

Ich wackelte wieder auf dem Board, stieß das Paddel immer wieder heftig rechts ins Wasser und begann zu schwitzen. Anscheinend müssen sich Kunstkritiker auch in solchen Situationen zurechtfinden. Ich machte weiter, Judy winkte, dann bekam ich die Kurve hin und war wieder auf dem Rückweg.

»Siehst du, klappt doch super«, rief Judy.

»Ja, geht«, rief ich.

»Wenn du das ein paarmal machst, dann bist du Profi. Ich kann vor denen auch gerne mal einen Vortrag halten.«

»Vor wem?«

»Vor den Sprayern. Über den Kunstmarkt und wie sie das mit einer Produzentengalerie angehen könnten.«

»Ich glaube, die können dich nicht bezahlen.«
»Das mache ich umsonst.«
Ich war jetzt wieder fast am Steg.
»Das ist ja nett, da frage ich sie mal.«
»Am besten hier ran, mit dem Arm hier festhalten. Ja, frag sie mal.«
Ich zog mich an den Holzbalken zurück und kletterte hoch. Auch das Paddel und das Board hatte ich nicht verloren. Ich war sichtlich stolz.
»Macht doch Spaß, oder?«
»Ja, sehr.«
Lou kam uns entgegen.
»Und, wie war's?«
»Gut, war wirklich gut.«
Lou freute sich.
Wir gingen ums Haus herum, und Judy zeigte mir alle Ansichten.
»Einige meinten ja, dass wir das von außen neu machen sollten. Aber wir fanden das so besser, muss ja nicht alles immer neu sein«, schwärmte Judy.
»Find ich auch so besser«, sagte ich. Sollte ich jetzt meine Wohnpläne ansprechen?
Wir gingen zurück auf die Terrasse und tranken den Champagner aus.
Judy brachte mich zur S-Bahn, diesmal zu Fuß. Wir machten einen Spaziergang durch sein Viertel.
»Leben deine Künstler auch hier?«
»Nee, irgendwie leben hier überhaupt nicht viele Künstler.«
»Graffitis gibt es auch keine, nur vorne am Bahnhof.«
»Ja, stimmt. Wir haben aber auch noch eine Wohnung in Berlin.«
Wir sahen uns die anderen Villen an und waren uns einig, dass die zu neu aussahen. Dann standen wir am Bahnhof. Ich zeigte Judy noch schnell ein paar der Graffiti-Relikte, die er sich gründlich ansah. Beim nächsten Mal werde ich ein Wohn- und Forschungskonzept mit an den Griebnitzsee bringen.

Berlin, Dachboden

»Warum treffen wir uns hier oben?«

»Damit du mal siehst, wie das hier so ist. Wie sich das anfühlt, wenn man sich hier verstecken muss«, antwortete mir Jonas.

Wir sind in das Haus rein, das ich hier nicht näher benennen darf, im Treppenhaus ganz hochgelaufen, dann durch eine Tür, noch eine Treppe hoch, und dann standen wir auf dem Dachboden. Das Gebälk wirkte kirchenhaft, und darum war auch der Staub in der Luft kirchenhaft, auf dem Boden lagen ein paar alte Kleidungsstücke, Matratzen, Holzstapel und Aldi-Tüten. Aus einer Ecke hörte ich es huschen.

»Und woher wisst ihr, wie man hier hochkommt?«

»Wir klingeln morgens und sagen, dass wir Prospekte verteilen. Dann laufen wir hoch und gucken es uns an.«

»Und hier versteckt ihr euch dann?«

»Aber nie in dem Haus, wo wir auch dran malen. Du musst immer in andere. Das ist ja klar.«

Ich ging herum, guckte aus einem winzigen Fenster und sah die U-Bahn durch Kreuzberg fahren.

»Einmal musste sich hier jemand von uns verstecken, die Polizei stand mit mehreren Wagen auf der Straße, der kam nicht mehr runter.«

»Und dann?«

»Er hat sich unter eine Matratze gelegt. Drei Stunden lang. Die Bullen kamen sogar bis hier hoch und leuchteten mit ihren Lampen herum. Aber haben ihn nicht gesehen.«

»Hätte da eine Stunde nicht gereicht?«

»Nee, zu kurz. Drei Stunden ist vernünftiger.«

Ich setzte mich auf ein paar Hölzer und stellte mir vor, hier drei Stunden zu liegen.

»Da darf man keine schwache Blase haben«, fasste ich meine Gedanken zusammen.

»Tja.«

»Wann wurdest du mal erwischt?«

»Auf Kuba.«

Ich holte zwei Flaschen Bier aus meiner Tasche und bot ihm eine an.

»Darf man hier rauchen?«, fragte ich etwas ratlos eher mich selbst.

»Mach doch.«

Ich drehte mir eine Zigarette, und Jonas erzählte von Kuba.

Dort könne man keine Dosen kaufen, zumindest keine guten mit kräftigen Farben. Also haben er und seine Freunde ein paar Dosen von hier mitgenommen. Im Handgepäck waren sie in T-Shirts gewickelt. Obenauf legten sie eine Deodose in gleicher Größe. Drüben wollten sie ihre mitgebrachte Farbe in die dortige mischen. Der Mann von der Flughafenkontrolle öffnete ihre Taschen und sah das Deo. Er fragte Jonas, ob die anderen Dosen auch Deos seien. Jonas sagte Ja und erklärte ihm, dass er stark schwitze. Dann machte der Mann die Tasche wieder zu und ließ ihn weiter. In Kuba hätten sie alle dann nur Murals gemalt. Einmal kam ein Polizeiauto vorbei und hielt an. Ein Polizist stieg aus und fragte sie, ob sie nicht noch etwas Schwarz übrig hätten. Jonas reichte ihm eine schwarze Dose. Der Polizist ging zu seinem Auto und besserte damit eine Schramme in seinem Lack aus. Dann gab er Jonas die Dose zurück und bedankte sich.

»Ist eigentlich easy da. Zumindest wenn du Murals machst.«

Dann erzählte er weiter, dass später an diesem Tag noch ein alter Militäroffizier in Rente die Polizei gerufen habe. Er fand ihr Wandbild offenbar nicht so nett. Jonas und die anderen mussten mit aufs Revier. Die Polizei wollte von ihnen wissen, warum sie das machten. Jonas erzählte von den Wandbildern als Kunst für alle und verbreitete etwas Demokratieromantik. Dann fragte ihn der Polizist, was er sonst noch so mache, und Jonas zeigte auf seinem Handy ein paar Bilder von anderen Murals. Dann durfte er wieder gehen.

»Nett.«

»Aber das geht nicht überall so. Normalerweise rechnen wir mit anderen Sachen, wenn wir verreisen.«

»Ja, womit denn?«

»Wenn wir zum Beispiel in die USA fliegen, dann stellen wir uns vorher schon ein Budget für eventuelle Kautionen zusammen. Und wir machen uns einen Anwalt dort klar, der weiß, dass wir kommen und den wir im Notfall anrufen können.«

»Wie hoch wäre denn da eine Kaution für einen Sprayer?«

»So 5000 Dollar.«

»Na gut.«

Wir trinken das Bier aus. Jonas schaut auf die Uhr, ich glaube, er muss wieder los.

»Und wie laufen deine Treffen hier?«

»Gut, manche haben mehr Lust am Erzählen als andere.«

»Kommt auch darauf an, was die Leute so machen. Es ist ja nicht jeder gleich oft draußen. Wir haben aktive U-Bahn-Teams und Dachteams. Die machen dann aber keine Tags auf der Straße. Denn da wirst du am häufigsten erwischt. Und wegen so Kleinkram wie einem Tag gehen die das Risiko nicht ein. Aber mit diesen Leuten musst du reden.«

»Ja, mit Ricky, Michael und Tif war es gut.«

»Die machen viel. Michael ist ein alter Hase, war ganz am Anfang schon dabei. Der war richtig aktiv, echt geil. Du, ich muss jetzt los.«

Darauf habe ich gewartet, ich weiß nicht, was Jonas macht, aber er hat nicht viel Zeit.

»Was machst du eigentlich?«

»Ich habe ja noch einen normalen Job. Erzähle ich dir ein anderes Mal.«

»Okay.«

»Und wo gehst du jetzt hin?«

»So da rüber.«

Wir stiegen wieder hinab.

Berlin, Rigaer Straße

Ich gehe gerne auf der Rigaer Straße spazieren. Früher habe ich hier mal ein Jahr lang gewohnt. Und fühlte mich hier so sicher wie in keiner anderen Straße Berlins. Immer war wer draußen, meistens Punks, oft mit Hunden. Ich war fest davon überzeugt, würde ich hier überfallen, dann würden die Punks sofort zu Hilfe kommen. Aber hier wird sowieso keiner überfallen, jeder weiß, dass die hier sind, draußen sind, Hunde haben. Hier traut sich keiner hin, der jemanden überfallen will.

Natürlich wütet die *B.Z.* regelmäßig gegen die ungehorsamen Bewohner. An einer Hauswand hängt eine Seite aus der *Berliner Illustrierten Zeitung*. In der Rubrik »Bilder der Woche« zeigt das Bild der Woche eine Schar Polizisten vor dem linksautonomen Haus 94. Sie begleiteten wohl einen Brandschutzgutachter, der Argumente für die Räumung finden sollte. Die Zeitung schrieb, dass die Polizisten mit Farbbeuteln beworfen und mit Feuerlöschmittel besprüht worden seien. Auf dem zweiten Bild der Woche direkt darunter, es war übrigens der 20. Juni 2021, sieht man eine Skulptur des amerikanischen Künstlers Robert Indiana, die auf die Terrasse der Neuen Nationalgalerie transportiert wird. Es handelt sich um eine Popikone: zweimal das Wort LOVE aus Stahlbuchstaben.[32] Für mich und anscheinend auch für die Bewohner der Rigaer Straße ist die Außenskulptur gleichzeitig ein Wahrzeichen für die Zähmung der Kunst durch den Kapitalismus. Ein Logo, Love, das lässt sich vereinbaren mit dem guten Gefühl, den Waren, den Massen und einer Kunst, die nicht gefährlich werden kann. Es kann gefeiert werden, der Kapitalismus hat sich seine Kritik einfach einverleibt, wie eine große, gefräßige Raupe, die nach einigen Verdauungsrunden und etlichen Rülpsern nun wieder fröhlich Love-and-Peace-Zeichen ausspuckt.

An der Hauswand hängt ein Laken, auf dem steht: »Unsere Leidenschaft für die Freiheit ist stärker als jede Autorität«. Bald wird von diesem Haus nur noch das Laken übrig bleiben, das sich ein Kurator sichert. Er wird es in einer »politischen Ausstellung« aufhängen, etwas schief, und dann wird er einen Preis gewinnen.

Ich gehe weiter und gucke mir die Fassaden in der Straße an.

Sie sind über und über berieselt von bunten, schnell gezeichneten Tags. Es ist wunderschön. Ich habe das Gefühl, mich in einem riesigen Bühnenbild von Cy Twombly zu befinden. Oder von dem nervösen Ernst Ludwig Kirchner. Berliner Straßenexpressionismus.

Ich komme zu neuen, weißen Häusern. Sie wurden mit Farbbeuteln beworfen. Auf sie wurde auch »VLR« geschrieben. Das Kürzel steht für den linken Anwohnerkampf gegen die Luxuswohnungen: Viva la Rigaer. Drum herum die üblichen Schriften: »Gentri Fickt euch alle!«, »Steigende Mieten stoppen«, »No Cops, No Masters, Only People« oder »Rigaerroulette – Rien ne va plus«. Ein Anwohner, bestimmt ein neuer Wohneigentümer, steht auf dem Gehweg und versucht sich an der Fassadenreinigung. Er ist ungefähr Mitte 40, trägt Jeans, ein Sweatshirt und eine blaue Daunenweste darüber. Er hat einen längeren Bart, so wie es gerade in ist, und eine gute, aber nicht zu teure Uhr am Handgelenk.

Als er mich sieht, schimpft er über die Graffitis: »Eine Unverschämtheit. Gucken Sie sich das an. Würden die zumindest etwas Schönes malen. Aber das können die ja gar nicht. Und dann behaupten sie aber, dass das hier Kunst ist.«

Ich gucke mir die Wand genauer an.

»Ich verstehe das schon mit der Urban Art. Da habe ich mir auch letztens eine Ausstellung angeschaut. Das ist ja alles okay. Street Art heißt das ja auch. Aber das hier, das ist doch scheiße«, sagte der Anwohner.

»Das ist doch auch schön, sehr gestische Schriften. Würde mich nicht stören.«

»Kommen Sie mir jetzt doch nicht so.«

»Gehört halt zu einer Stadt dazu. Und in diese Straße sowieso.«

»Aber ich muss das von meinem sauer verdienten Geld dann wegmachen lassen, oder was?«

Er schrubbt über die Fassade, dabei wird die Farbe verteilt, und der Fleck vergrößert sich immer weiter.

»Lassen Sie es doch einfach dran.«

»Ich sage Ihnen, wenn ich die erwische! Das ist doch ein Angriff auf uns.«

»Aber wenn man hierherzieht, dann weiß man doch, dass das passiert. Das ist der kleinste gemeinsame Nenner, den man für das Zusammenleben finden sollte. Für mich fängt das Eigentum in der Mauer an, nicht auf der Fassade.«

»Wenn das Ihre Wohnung wäre, dann würden Sie nicht so reden!«

»Dann würde ich genauso reden.«

»Warum soll ich denn hier nicht wohnen dürfen? Warum darf ich mir mit meinem verdienten Geld hier nicht eine Wohnung kaufen? Für meine Familie? Was kann ich denn dafür, dass ich mir das leisten kann?«

»Was können denn die anderen dafür, dass die sich das plötzlich, vielleicht nach über 20 Jahren, nicht mehr leisten können?«

»Und bin ich dafür verantwortlich?«

»Die anderen sind aber auch nicht dafür verantwortlich.«

Der Wohneigentümer schnaubt und ist immer noch sichtlich aufgebracht.

»Das Mindeste ist doch, dass die Fassaden öffentlicher Raum bleiben. Aber eigentlich sollten diese neuen Wohnhäuser hier auch nicht stehen, zumindest nicht so viele davon.«

Das reicht dem Wohneigentümer, er schimpft weiter, und ich verabschiede mich.

Natürlich ist der Wohneigentümer bestimmt ein guter Mann. Aber Berlin geht kaputt. Alles, was an Kultur hier entstand, im 20. Jahrhundert, vor und nach dem Krieg, angefangen beim Expressionismus, bei den Schwarz-Weiß-Filmen, den Nosferatus und der gesamten Nachkriegszeit, der neuen wilden Malerei, der Rückkehr der Malerei, der Gründung von Galerien, aber auch die Musik-, die Literatur-, die Theaterszene und die Mode, die Ursprünge liegen hier. Es gab eine Subkultur, die so reich war, dass wir heute immer noch davon profitieren, immer noch Inhalte finden, tausend Rückgriffe machen, Hunderte Neubelebungen begehen. Wer die Hochkultur der letzten Jahrzehnte verstehen will, der kommt um die Sub- und Jugendkultur nicht herum. Hier gedieh ein Nährboden für alle Künste, wie es ihn sonst nirgendwo mehr gab. Städte wie Paris hatten ihn längst verloren. Nun wird er abgetötet.

Am Ende der Straße steht ein Straßenstand, dort kann man sich informieren. »Deutsche Wohnen & Co enteignen«. Ich unterschreibe und glaube nicht, dass es helfen wird.

Berlin, Tempelhofer Feld

Ich treffe mich mit Michael und Lars. Wir sitzen auf der großen Wiese und gucken auf die Garten- und Gemüseprojekte von anderen Leuten. Zwischen uns im Gras einige Flaschen Bier, mein Block und meine Kugelschreiber. Mit Michael war es am leichtesten anzufangen.

»Schüttet ihr alle die bunte Farbe von den Dächern, immer der, der gerade Lust darauf hat?«

»Nee, das macht einer. Fast alle Regenbögen sind von einem. Das ist sein Ding.«

»Aber es ist immer von 1UP?«

»Klar.«

»Dann habt ihr auch Mannschaftsanwälte?«

»Immer. Hier in Berlin sind es zwei.«

»Und wie machen das die Paare bei euch, die Kinder haben und wo beide sprayen?«

»Wenn die nachts losgehen, dann schlafen die Kinder woanders. Bei Oma und Opa. Oder bei guten Freunden. Man holt sich da keinen ins Haus, der auf die Kinder aufpasst, denn die sollen ja nicht da sein, falls sie erwischt werden und dann direkt nachts die Hausdurchsuchung kommt. Hausdurchsuchungen sollen Kinder nicht mitbekommen. Das traumatisiert die doch.«

»Dann werden Übernachtungsmöglichkeiten organisiert.«

»Ja. Das wissen wir dann auch, dass die mit Kindern das länger im Vorhinein organisieren müssen.«

»Warum machst du am liebsten Züge?«

Michael denkt nach. Die Frage würde sich gar nicht stellen, er mache fast ausschließlich Züge, weil er es wolle, warum, wisse er nicht.

»Aber es muss doch mehr dahinterstecken als der Zug an sich«, sage ich.

»Bestimmt.«

»Aber was ist das genau?«

Michael nimmt einen großen Schluck Bier und macht sich eine Zigarette an.

Lars trinkt ebenfalls, aber fühlt sich noch nicht richtig angesprochen. Er hört uns zu.

»Vor vielen Jahren, ganz damals, da machte ich hier in Neukölln als Erster die xxxxxxxxxxx-Station auf. Also zumindest als Erster seit den 80ern. Da war noch keiner, an den Wänden waren auch keine Tags. Ich ging mit meinem Skateboard auf die Station. Unter dem Steg war ein schmaler Hohlraum. So eine Vertiefung mit Betonboden. Da passte ein Skateboard hin. Das hatte ich mir vorher angeguckt.«

»Und dich hat keiner gesehen, als du da mit deinem Skateboard reingeklettert bist?«

»Nee. Das war kurz vor der nächtlichen Schließung. Da war dann keiner mehr. Ich habe mich in dem Hohlraum dann mit dem Bauch auf mein Board gelegt und bin langsam in den Tunnel gerollt. Weißt du, mit den Händen und mit den Füßen an- und abgestoßen. Aber langsam.«

»Macht das nicht Geräusche?«

»Teppichstreifen! Ich habe vorher bei mir zu Hause um die Rollen Teppichstreifen geklebt.«

Ich lache. »Und dann?«

»Dann war es fantastisch! Ich war die ganze Nacht dahinten, ganz allein. Viermal habe ich das gemacht. Einmal standen da vier Züge, nur für mich. Das war wie Geburtstag haben.«

»Geburtstag haben ist schön. Das ist ein Tag nur mit Ausnahmen. Ausnahmen fürs Essen, fürs Spielen, für den Tagesablauf, für die Gefühle.«

»Genau so war es.« Michael strahlt.

Jetzt ist auch Lars warmgetrunken. Beim Thema »Aufmachen« ist er dabei.

»Wir haben damals am Mehringdamm diese unterirdische Toilettenanlage aufgemacht. Da war ganz früher auch ein Sextreff. Und dann versiegelt Anfang der 90er. Das hab ich aufgebrochen. Da lagen überall Spritzen rum. Viel Müll. Haben wir erst mal alles aufgeräumt.«

»Wann war das?«

»2010 oder so. Das ist ja die Sache, du suchst immer neue Orte für Partys und Ausstellungen. Früher gab's mehr.«

»Was habt ihr dann da gemacht?«

»Partys. Bilder gemalt. Da drüber auf der Straße stand noch eine Telefonzelle. Von der haben wir den Strom gekappt. Mit einer Leitung nach unten verlegt. Ein Freund konnte das, der war Techniker. Es gab ja unten noch einen alten Stromkasten, den konnten wir dafür nutzen.«

»Das Kabel von der Telefonzelle also zum Stromkasten gelegt?«

»Ja. So hatten wir Licht und Musik. Auf den Partyplakaten schrieben wir: Eintritt frei – keine Polizei. Aber der Treffpunkt war woanders, wir sind dann mit den Partygästen da hingegangen. Das war alles bis zuletzt geheim.«

»Und kam die Polizei?«

»Ja. Aber nur wegen Ruhestörung. Die haben gar nicht verstanden, dass das da alles illegal war. Die wollten nur, dass wir die Musik leiser machen. Zwei Wochen waren wir da und haben gefeiert.«

»Und dann?«

»Räumung.«

»Mhm.«

»Heute ist da ein echter Club drin, ich glaube, der heißt Zur Klappe oder so. Lars hat viele Projekträume gegründet, alle ungenehmigt, viele in Neukölln. 2006 wollte da noch keiner hin, selbst die Sprayer fanden es langweilig dort, es würde ja eh keiner sehen.«

»Da hat man sich damals gesagt, dann könnte man auch gleich in den Wald fahren und da sprayen.«

»Hat sich schnell geändert.«

»Wir haben da so viel gemacht, so viele Dächer aufgemacht. Aber auch Ateliers, Ladenprojekte und so.«

»Geht ja heute kaum noch.«

»Ja, dann kam die Gentrifizierung. Ich hatte Schuldgefühle, habe ich dazu beigetragen?«

»Ist 'ne schwierige Frage.«

»Ja. Aber was soll man machen? Gar nicht mehr malen? Nur noch hässlich malen?«

»Ich weiß es auch nicht«, sage ich.

Wir schweigen und gucken den letzten Bienen zu. Es ist jetzt fast dunkel. Wir machen neue Biere auf. Dann wechsele ich das Thema.

»Was bedeuten die Regenbögen?«

»Es ist ein Gruß an die Welt«, sagt Michael.

»Eine Art Liebeserklärung?«

»Ja.«

»Ist das nicht sehr romantisch?«

»Es ist Freundschaft.«

Ich trinke weiter.

»Und du, warum machst du das alles?«, fragt Michael.

»Was meinst du?«

»Warum willst du über das alles schreiben, warum triffst du dich mit uns?«

»Ich kann ja nicht nur über Dinge schreiben, die legal sind. Mich interessieren Menschen, die radikal etwas ausleben und dafür ständig Risiken eingehen. Es geht darum, wie stark der Wille zu etwas ist … Dass man nicht anders kann … Dass man einfach weitermacht.«

»Und was noch?«

»Das muss ich auch noch herausfinden. Ich glaube, dass ich hier irgendetwas finde, also im illegalen Graffiti, etwas, was das Gute ist, was Sinn macht, was vielleicht sonst eher auf der Strecke bleibt … vielleicht geht es um das Trotzdem, um die Beruhigung im Trotzdem.« Auf dem Tempelhofer Feld ist jetzt Nacht. Wir unterhalten uns noch ein bisschen über die verschiedenen Musikquellen, die jetzt ertönen, und die Essensgerüche nach Gegrilltem, die aufkommen. Wir bekommen Hunger und gehen an einen koreanischen Imbiss, der warmen Reis mit Gemüse und Hühnchen verkauft. Lars isst vegetarisch. Michael und ich nehmen das eingelegte Huhn. Als sie mich zur nächsten U-Bahn-Station begleiten, kommen wir an einigen Häusern vorbei, vor denen sie mit den Augen nach oben deuten. Ich bekomme eine kleine Führung durch das Viertel und entdecke Regenbögen und 1UPs.

An der Station angekommen, frage ich Michael noch einmal: »Warum Züge?«

»Ich glaube, das ist wie so ein Urinstinkt.«

»Ein Urinstinkt wofür?«

»Für das Mammut. Für die Jagd. Für den Sieg im Team.«

»Ja?«

»Schon allein, wenn ich an einem Steg stehe, den Zug berühre und mir ausdenke, wie ich es machen kann. Dann bekomme ich Gänsehaut. Sehe ich einen Spot, dann kommen automatisch der Plan und das Team.«

»Und der Zug ist das Mammut.«

»Es ist besser. Ein Mammut würde ich ja nicht töten wollen. Einen Zug kann ich jagen. Gott sei Dank haben wir Züge.«

»Und der Liebesgruß?«

»Der kommt dazu. Der ist für die anderen.«

Dann kommt die Bahn.

2. Teil

Willebadessen

Betrunken lag ich in meinem schmalen Holzbett, neben mir auf dem Nachttisch eine Bibel, draußen Dunkelheit, wahrscheinlich standen Hunderte Rehe vor meinem Fenster, nur konnte ich sie nicht sehen. Das Christliche Bildungswerk Die Hegge hatte mich für das Wochenende auf ein Seminar eingeladen, als Rednerin. Ich sollte über das Menschenbild in der zeitgenössischen Kunst reden, insgesamt ging es an diesem Wochenende wohl um Menschen und deren Abbilder. Die Hegge liegt in einem Waldgebiet und wird nur von Frauen betrieben, sie leben ohne Männer und ohne Kinder, sind aber auch keine richtigen Nonnen, wie ich das verstanden habe, sondern zählen wohl zu den Feministinnen im katholischen Club. Ihr Haus ist riesig, Köchinnen arbeiten auch hier, es gibt viele Gästezimmer, die fast jede Woche wegen irgendwelcher Seminare ausgebucht sind, und es gibt kein WLAN für die Besucher. Der Handyempfang bricht immer wieder ab. Die Frauen haben nur einen einzigen Computer mit Internet, an dem sie sich alle abwechseln. Ansonsten gibt es ja die Bibel und den Garten. Ich war die einzige Rednerin, die hier übernachtete. Die anderen kamen nur für einen Tag, an dem sie eben dran waren, und fuhren vor dem Abendessen wieder. An die Option hatte ich irgendwie nicht gedacht. Die Frauen freuten sich, dass ich das ganze Wochenende Zeit hatte, und meinten, das sei das erste Mal, dass ein Redner so lange in ihrem Haus bleibe. Und dann luden sie mich fröhlich zur Messe ein, natürlich kein Zwang, nur wenn ich wollte, um sieben Uhr am nächsten Morgen.

Mir war das jetzt alles peinlich vor den Christinnen, so als hätte ich kein Privatleben, vielleicht sollte ich noch schnell Termine erfinden. Aber dann blieb ich doch. Würden die mir jetzt eh nicht mehr glauben. Auch wenn sie Christinnen sind.

Abends saß ich mit den Teilnehmern im Hobbykeller, eigentlich eher Partykeller der Frauen. Letztere waren schon schlafen gegangen. Wir konnten da unten Wein und Bier kaufen, zu günstigen Preisen. An einem schweren Wirtshaustisch aus Holz saß mir Alfred gegenüber, ein über 70-jähriger, stämmiger Christ, der einen Rotwein nach dem anderen ausgab. Er redete über die Bibel, er kannte anscheinend jede Geschichte daraus. Dann redete er über Jörg Immendorff, anscheinend hatte Alfred früher eine Siebdruckwerkstatt, und da sei Jörg Immendorff immer hingekommen für seine Drucke. Alfred hatte wohl noch viele davon zu Hause, Fehlversuche und Sachen, die liegen geblieben sind. Auf Immendorff ist er aber nicht mehr so gut zu sprechen. Er machte mein Glas wieder randvoll mit Wein und wollte, dass ich ihm etwas erzähle. Ich sagte, dass ich gerade über Graffiti recherchierte.

»Toll«, sagte Alfred.

»Aber jetzt nicht die schönen Bilder.«

»Klar.«

»Illegales finde ich spannender.«

»Ich habe mal versucht, eine Ausstellung zu organisieren, ich wollte mit den Sprayern arbeiten. Ich habe damals auch einen großen Raum gesucht, eine Lagerhalle oder so.«

»Und wen wolltest du ausstellen?«

»Ja, als Erstes NEU.«

»Echt?«

»Ja.«

»Du kennst NEU?«

»Nicht persönlich.«

»Aber seine Throw-ups? Und Tags?«

»Klar, sieht man doch überall. Ich finde den super«, sagte Alfred.

Ich füllte mir mein Glas jetzt selbst wieder nach. Das musste ich feiern. Alfred war der erste Mensch, den ich kennenlernte, der bibelfest war und NEU kannte. Und dann auch noch gut fand.

»Geht denn das mit deinem Glauben zusammen, also sind solche Arten von Straftaten okay für euch Katholiken?«

Alfred nickte.

»Der ist ja auch wirklich an jeder Autobahnbrücke und auch in den Städten, also Düsseldorf und dann bis ins Ruhrgebiet, der ist ja überall. Das ist ja auch ehrliche Arbeit«, sagte ich.

»Ein Weggefährte.«

»Er ist treu.«

»Und er verirrt sich nicht.«

»Ist das christlich?«, fragte ich.

»Irgendwie schon. Bei ihm geht es ja nicht nur um das Ich-bin-hier-gewesen.«

»Stimmt, es geht um das Ich-bin-den-ganzen-Weg-gelaufen.«

»Das ist schon christlich, ja. Wenn ich da mit meinem Auto entlangfahre, also über die Autobahnen, dann gucke ich immer nach den NEUs, und immer sind sie da.«

»Das ist beruhigend. Vielleicht ist NEU so etwas wie ein Schutzgeist des Rheinlands. Wenn du seine Buchstaben siehst, dann bist du nicht zu weit davon weg. Er selbst muss ja auch viel gehen. Ich weiß gar nicht, wie er das macht, er kann da ja nicht überall mit dem Auto halten, eigentlich muss er nachts viele Kilometer laufen. Da in der Mitte, auf dem Grünstreifen. Immer allein, glaube ich. Oder er hat einen Hund? Ich würde mir wünschen, dass er acht Hunde hat. Die großen, dunkel-weißen, die einen in den Bergen aus dem Eis retten.«

»Bernhardiner?«

»Ja, Bernhardiner. Die alle mit ihm laufen. Aber das wäre dann wieder sehr auffällig.«

»Ich mag seine Buchstaben, gefallen mir am besten.«

»Die Konturen! Die sind so leicht, und gleichzeitig steckt ganz viel Trotz in jeder Bewegung. Und saftig malt er. Geschmeidig und saftig.«

»Im Flow.«

Ich war jetzt sehr zufrieden mit meinem Abend hier im Partykeller.

»Und hast du ihn ausgestellt?«

»Nein. Ich habe keinen Kontakt zu ihm bekommen. Und die anderen Sprayer, also die, die ich kannte, die wollten dann so eine richtig brave Ausstellung machen, die haben mich dann gefragt, welche Motive wohl gut ankommen und gekauft würden. Ich war total enttäuscht.«

»Hätte ich dann auch nicht gemacht.«

»Nee.«

»NEU wäre bestimmt anders gewesen. Ist er der Vater von allen? Kann man das so sagen?«

»Dann ist er ein deutscher Seen? Also optisch. Vom Aussehen ist Seen ja schon der Vater, also wie Gott oder ebender liebe Gott, Seen könnte auch in einem Film Gott spielen, oder?«

»Stellst du dir Gott optisch so vor?«

»Ich glaube schon.«

»Und NEU sieht dann ähnlich aus wie Seen, also wie Gott?«

»Ja, da bin ich mir sicher. Auch mit den Haaren und dem Bart.«

Wir tranken noch weiter, ungefähr bis zwei Uhr morgens. Dann musste ich schlafen gehen, denn um halb sieben würden die Frauen hier irgendwo an einer Glocke läuten, damit wir Bescheid wissen, dass der Gottesdienst bald losgeht.

Am nächsten Morgen hatte ich lange Kopfschmerzen. Ich saß müde in der Bank und wartete auf meine Hostie. Alfred saß ein paar Bänke hinter mir, auch er war müde. Meinen Vortrag hielt ich unter größter Anstrengung und mit sehr viel Wasser, das die Hegge-Frauen mir verständnisvoll immer wieder nachschenkten. 90 Minuten musste ich reden. Das Menschenbild rauf und runter. Währenddessen sah ich, wie Alfred auf seinem Stuhl wegnickte. War wohl doch zu viel Wein. Am Ende des Tages bekam ich die anonymen Bewertungen der Teilnehmer. Alle waren positiv, nur eine nicht, da stand, meine Vortragsart sei nur befriedigend, man könne mir nicht immer folgen, und die Frage, ob man mich noch einmal einladen solle, hatte er gar nicht beantwortet. Ich erkannte die Handschrift wieder, von gestern Abend, als er mir seine E-Mail-Adresse auf einen Bierdeckel schrieb, damit wir unbedingt in Kontakt blieben. Danke, Alfred!

Berlin, Dönerladen

Ich hatte einiges an Arbeit vor mir. Ich musste recherchieren und es aufschreiben. Vor dem Dönerchef hielt ich meine Zettel und Stifte hoch.

»Heute muss ich arbeiten«, sagte ich zu ihm.

Er zeigte auf einen großen Tisch mit Mosaiksteinen. Dann brachte er mir einen Espresso und erwähnte, dass er jetzt auch Dönersushi anbiete. Das Dönerfleisch sei aber gegrillt, erklärte er, es befinde sich eingerollt in Reis und Algenblättern. Ich bestellte mir die 6er-Frühstücksbox mit den Saucen Weiß-Knoblauch und Rosa-Soja. Die Dönerladenbetreiber sind wirklich sehr kreativ in Berlin.

»Ja, man muss sich halt umstellen. Auch als Esser.«

Ich schaute mir die Mustergerichte in der Thekenvitrine an und fragte ihn, warum er das mache.

»Für die Beamten vom Arbeitsamt gegenüber«, sagte er. Das war angeblich eine Wette mit seinem Cousin, ob die so was essen würden. Sie hätten selbst nicht gedacht, dass die das glauben: Dönersushi aus Istanbul. Jetzt kommen sie aber jeden Mittag zu ihm. Und wenn die sich wieder Hartz-IV-Sanktionen überlegen, steigt der Sushipreis. Aber nur für die. Er lachte.

Ich holte meinen Laptop heraus und recherchierte über *The Haus*. Lars meinte, dass ich mich da mal erkundigen solle, die Sache lag ihm sehr am Herzen. Graffiti sei für ihn »ein Werkzeug für eine selbstorganisierte Rückholung der Stadt«. Und wie das so oft mit dem Kapitalismus ist, weiß der die Werkzeuge des Gegners geschickt für sich umzudrehen und sich einzuverleiben. Dass gerade die größten und moralisch fragwürdigsten Immobilienunternehmen sich für Graffiti interessieren, ist daher nur im ersten Moment überraschend. »Die Stadt ist ein Produkt von Machtverhältnissen«, sagte Lars. Und da Graffiti und Street Art ebenfalls machtvolle Instrumente haben, müssen die Immoheinis natürlich reagieren. 2006 gab es noch einen Anti-Graffiti-Gipfel in Berlin. Da waren die Politiker, Securitys und die Immoheinis hoch motiviert, das böse Graffiti endlich zu beenden. Jetzt ist alles andersherum. Jetzt verdienen die Immoheinis mit manchem Graffiti oder, wie es besser klingt, Urban Art, sehr viel Geld. Urban Art ist somit auch kein Begriff mehr, sondern der Name einer Warenfamilie, so wie Bekleidung oder Haushaltstextilien.

The Haus wurde als Urban-Art-Projekt getarnt und beworben. Großzügig und mit einem Herzen voller Liebe für die Kunst gab man den »armen Künstlern« die Gelegenheit, in einem Abrisshaus eine riesige Ausstellung zu realisieren. Man versprach ihnen viel Werbung und großes Aufsehen, es sei doch eine tolle Chance, endlich gesehen zu werden. Und dann das gemeinsame Erlebnis, bunt, friedvoll, Weltfrieden durch die Urban Art! Natürlich war das Medienecho groß. Gefeiert wurde die bunte, kreative Szene Berlins. Und dann bezahlten die Veranstalter ihnen auch noch die Farben! Ein Glückstreffer, werden sich viele gedacht haben. Natürlich war das alles eine Falle, in die die Künstler gutgläubig tappten. Auch 1UP war dabei. Im Nachhinein eine Debatte unter ihnen, vielleicht zu naiv, vielleicht nicht, vielleicht hätte man es anders angehen können, vielleicht verweigern, wer weiß es schon. Große Enttäuschung kam auf.

Die Ausstellung lief einige Wochen, *The Haus* wurde berühmt, danach saniert und teure Eigentumswohnungen reingebaut, deren Wert sich durch das urbane, kreative Flair vervielfacht hatte. Während die Künstler noch nicht mal eine Gage bekamen, ging die Strategie auf, mit der wilden Straßenaura, die fast nichts kostete, ein millionenschweres Immobilienprojekt anzuschieben. Dafür gewannen sie sogar einen Award. Auf immobilienmanager.de heißt es, dass es bei der Preisverleihung um ein besonders gelungenes Kommunikationskonzept gehe. *The Haus* sei ein echtes Paradebeispiel. Die Street-Art-Galerie als temporäres Kunstprojekt habe Aufmerksamkeit auf einen eher unattraktiven Standort für ein projektiertes Wohnhaus gelenkt, es habe Vandalismus verhindert und eine mediale Bühne für den Vertrieb des Neubauprojektes bereitet. Sie gaben also ganz offen zu, dass die Street Art dazu diente, mit medialem Echo die Wohnungen zu verkaufen.[33]

»Traurig«, sagte ich zum Dönerchef und zeigte ihm den Artikel.

»Kenne ich. Schwarze Stunde für die Kunst. Artwashing, Greenwashing. Es funktioniert, obwohl es jeder weiß. Kennst du die Antwort der Toy-Crew?«

»Nee.«

Der Dönerchef zitierte:

Es wurde geklatscht und gejubelt von den Schundblättern der Stadt. XI-Design, ihr seid der Ekel Berlins. Einer verrottenden Stadt, und ihr tretet auch noch nach. Arglistig erschleicht ihr euren Vorteil auf dem Rücken der Berliner Graffiti-Geschichte und lasst sie unter eurem Konsumdreck verschwinden. Ja, einen tollen Erlebnispark hattet ihr geschaffen. Wo der sonst so intolerante Pöbel vom Ächter zum Versteher der ihnen so verhassten Kultur werden durfte. Doch das war kein Graffiti. Das war keine Kunst. Ihr habt nur eine stumpfsinnige und morallose Entertainmentversion fürs einfache Gemüt serviert. Merkt ihr nicht, wie verlogen, wie aberkennend und primitiv das hier war? Graffiti fragt nicht nach Zustimmung. Graffiti passt sich nicht der Gesellschaft an. Graffiti ist ungehorsam. Graffiti ist keine Zutat für eure Kackgesellschaft, sondern drei Hände voll Salz, die eure Suppe ungenießbar machen.[34]

»Super. Das ist mal eine Definition! Und du kannst das auswendig?«, fragte ich erstaunt.

»Kennst du *Mediaspree versenken*? Musst du unterstützen«, sagte er.

»Hab ich von gehört.«

»Am ganzen Spreeufer nur Privatunternehmen und Konzerne. Ja? Und Hotels. Aber alles nicht mehr für uns.«

»Die machen alles tot«, sagte ich.

»Die stehen auch auf der Berliner Liste. Du musst ›noblogs‹ dahinterschreiben. Guck mal.«

Ich googelte und kam auf eine Internetseite, auf der neue Luxuswohnkomplexe aufgelistet wurden. »Mieter*innen stressen zurück. Adressliste und Informationen – für kreative Aktionen gegen Verdrängung«, stand da. Und dann eine ganze Reihe von Adressen. Endlich wird mal wieder zum zivilen Ungehorsam aufgerufen. Oder zur kreativen Fassadenumgestaltung, wie die Listenführer es nennen. Ich notierte die Seite und ein paar Adressen auf meinem Zettel.

Eine Gruppe Arbeitsamtsleute kam und bestellte Dönersushi. Der Dönerchef verkaufte sechs 12er-Boxen und drei 18er-Boxen.

Wenn Kunst nicht mehr autonom bleibt, ist sie auch schutzlos dem Kapitalismus und den Großkonzernen ausgeliefert. Postautonome Kunst ist schwach, sie lässt sich biegen und brechen, wie jeder es will und braucht. Und jetzt auch Vandalismus und Gentrifikation? Street Art und Graffiti und der Immobilienmarkt? Dann wird das alles bald postautonome Kunst sein. Street-Art-Festivals zählen dann zur postautonomen Kunst, zumindest dann, wenn die falschen Sponsoren beteiligt sind. Dann hätte der Kapitalismus wirklich über die Straße triumphiert.

Jemand, der im letzten Moment noch abgesprungen ist, der also noch gerade haltmachte, bevor die Falle zuschnappte, war der Italiener Blu. Aber auch da war es fast zu spät, kurz vor zwölf, vielleicht sogar schon kurz nach zwölf. Seine Wandmalerei in Kreuzberg zählt zu den wohl bekanntesten Werken hier in Deutschland. 2007 und 2008 malte er auf dem zentral gelegenen Brachgelände an der Spree auf zwei großen Brandschutzwänden weiße Figuren mit einfachen schwarzen Konturen. Zwei von ihnen formten mit ihren Händen die Buchstaben W und E, die für Westside und Eastside standen. Außerdem eine Figur mit Krawatte und teurer Uhr, die wurde im Bild zur Festungskette. Das Ganze war eigentlich eine kritische Arbeit, kritisch gegenüber der Berliner Stadtentwicklung. Wenige Meter weiter verlief früher die Berliner Mauer. Das Bild ging um die Welt. Die Stadt wusste das Werk erfolgreich zu vermarkten, kaum ein Stadtführer zeigte es nicht, kaum eine Stadtführung ging nicht daran vorbei. In den nächsten Jahren wandelte sich die Gegend rund um das Bild. Teure Neubauten entstanden, alte Jugend-, Kunst- und Musikclubs sollten verschwinden, die Mieten stiegen. So ist es ja oft, die Reichen finden Kritik an den Reichen so richtig geil. So wie auch Institutionen institutionskritische Kunst richtig geil finden. Und der Kapitalismus wird noch größer, umschlingender, je mehr er kapitalismuskritische Stimmen in sich aufnehmen kann. Kritik ist quasi seine Nahrung. Mit all seinen Darmsäften wandelt er sie um, in coole Apartments, in bunte Grünkohlsorten. Und jeder fühlt sich frei. Und so wurde extra Geld bezahlt, wenn die Wohnung den Blick auf das kritische Wandgemälde erlaubte. Dann übermalte Blu sein Bild 2014 wieder mit schwarzer Farbe. Es war aber nicht nur ein Protest gegen die Neuausrichtung des Viertels, sondern sollte ebenfalls die gesamte misslungene Stadtentwicklung Berlins anprangern.

Auf der Mauer blieb lediglich der schon existierende Slogan »Reclaim Your City« übrig.

»Willst du jetzt einen richtigen Döner?«

»Ja, unbedingt.«

Ich schob die angebrochene Box beiseite, es blieben drei Stücke Kebab-Lachs übrig. Die werde ich mir mitnehmen, für morgen zum Frühstück.

Der Dönerchef schüttelte den Kopf und erzählte mir dann von Kreuzberg in den 1980er-Jahren.

»Um die 100 Häuser wurden da wieder bewohnt. Besetzt, würden die anderen sagen. Klaus-Jürgen Rattay, sagt der dir noch was?«

»Nee. Aber ich schreibe mit. Rattay!«

»Das war ein Demonstrant. Während einer Räumung in Schöneberg trieb ihn die Polizei vor einen Bus. Er wurde überfahren und starb. Und die Mainzer Straße, kennst du die?«

»Weiß ich gerade gar nicht. Warte. Mainzer Straße.«

»Hier in Friedrichshain. Musst du doch kennen. Da gab es 13 besetzte Häuser. Da wohnten über 200 Leute drin. Im November 1990 kamen tausend Polizisten dorthin. Das war wie Bürgerkrieg.«

»Woher weißt du das alles?«

»Mein Vater war schon hier. Ich kenne alles, was passiert ist. Auch die Rentner, die ihren Seniorentreffpunkt im Wedding besetzten.«

»Da hätte ich gerne mitgemacht«, sagte ich.

»Mein Vater hat das gemacht und sie mit Döner und Tee versorgt. Extra weiche Döner in kleinen Fingerportionen. Das konnten die besser essen.«

»Und was weißt du noch alles?«

Der Dönerchef zog ein paar Ordner heraus. Sie waren mit Strand- und Meeresbildern bedruckt, das Türkis blätterte schon etwas ab. Er kramte darin. Dann zeigte er mir einen Flyer.

»Während des Tunix-Kongresses an der TU Berlin haben Aktivisten den gemacht. Die haben so getan, als käme er offiziell vom Senator für Wohnungswesen. Die Berliner sollten draußen malen und glauben, dass das alles ein ganz legaler Wettbewerb sei. Verführung zum Vandalismus.«

Ich las ihn durch, während er das Fleisch absäbelte.

Berlin ist – mit Recht – sehr stolz auf Tugenden wie Eigeninitiative und Originalität. Hinzu kommt die Liebe der Berliner zu ihrer Stadt. Diese Tradition gilt es zu pflegen und insbesondere fortzusetzen. In der Vergangenheit, aber auch gerade in der jüngsten Zeit ist aus Kreisen der Bevölkerung heftige Kritik geübt worden an der grauen und mithin langweiligen Fassade einiger Stadtteile in Berlin. […] *Unter dem Motto »Für ein freundliches Berlin. Die Bürger machen mit« wird nun vom 27.–29. Januar 1978 ein Wettbewerb durchgeführt, der dem Bür-*

gerwillen gerecht werden und unsere Stadt verschönern helfen soll. Dieser Wettbewerb ist eine Unternehmung, bei der alle Berliner zum Künstler werden können, indem sie Häuserwände, Haustüren, Gartenzäune, Hausvorsprünge usw. usf. anmalen. Jawohl, Sie haben richtig gehört: Es darf gemalt werden! Falls Sie wegen irgendwelcher eventueller Regressansprüche seitens Ihres Vermieters Befürchtungen haben sollten, können wir Sie beruhigen. Der Senator für Wohnungswesen hat mit dem Verein Berliner Hauseigentümer eine Absprache getroffen, in der sich beide Parteien unmissverständlich mit der Malaktion einverstanden erklären.
Vielleicht sind Sie nächste Woche mit Ihren Einfällen bereits in der engeren Auswahl der Gewinner. Viele kostbare Preise warten auf Sie!
Bis dann! Viel Spaß beim Malen![35]

»Großartig«, sagte ich. »Und das war alles ausgedacht! Und der Briefkopf?«

»Gefälscht.«

»Toll!«

Ich bekam einen extra großen Döner.

»Danke.« Ich nahm ihn freudig mit beiden Händen entgegen. »Ich muss mir das alles noch aufschreiben. Wie viele Senioren waren das im Wedding? Saßen auch einige von denen im Rollstuhl? Haben die sich angekettet? Und zu welchem Kongress wurde dieser Flyer gemacht? Ich habe noch so viele Fragen«, sagte ich mit vollem Mund.

Der Dönerchef schenkte mir ein Buch. *Bitte Leben*, da stehe alles drin.

»Ich werde es lesen«, sagte ich zu ihm.

Reclaim Your City ist Herausgeber des Buches und zugleich ein kraftvoller Slogan. Es gibt einige Ausstellungen, die so heißen, einige Bücher und einige Graffitis.

Zu Hause lese ich mir das Kapitel über die Berlin Kidz durch.

»Die Kidz verschaffen sich mit Lockpicking-Werkzeugen Zugang zu Orten und Dächern, wo zuvor kaum jemand hingekommen war. Die Berlin Kidz begannen damit, sich von Dachkanten abzuseilen, was weniger Lärm verursacht. In einigen Minuten können so komplette Fassaden von oben bis unten gemalt werden.«[36]

Sie sind Sportler, surfen auf Bahnen und turnen über alles, was vor ihnen steht. Grenzen von Architektur, die Menschen ausschließt und einengt, gerade ärmere Menschen, werden von ihnen überwunden, illegal und mit Kletterausrüstung, schreibt Reclaim Your City. Ich schaue mir ihre Videos an. Sie öffnen Schlösser, Türen und Zugänge, um über die Verordnungen der Reichen zu turnen. Dabei Saltos zu schlagen, gehört zu ihrem schönsten Versmaß. Sie stehen auf Balkonen, auf denen sie nicht stehen dürfen. Sie nehmen da Anlauf, wo man anhalten muss. Sie sprühen Rauch, wo freie Sicht herrschen sollte. Sie laufen gekachelte Mauern hoch, vor denen andere warten. Auch sie kämpfen um ihre Wände. Wenn große Werbebanner sie verdecken, dann übermalen sie sie. Europas größte Matratzenkette bekam wunderschöne schwarze Farbe übergesprüht. Franz Kline, abstrakter Maler der Kunstgeschichte, wäre begeistert. Wie fedrige, dunkle Klauen erobert das schäumende Schwarz den Bildgrund zurück. Ihre Häuserwand. Das reicht nicht. Danach werden Messer an Teleskopstangen befestigt, vom Dach wird das Banner an seiner oberen Längsseite durchgeritzt, sodass es herunterklafft wie abgestorbene Haut. Darunter werden die Graffiti in aller Strahlkraft wieder sichtbar. Die Berlin Kidz waren zur Stelle. Dabei läuft *Painkiller* von Freestylers ft. Pendulum in Dauerschleife. Ich schlafe entspannt ein. Träumend, im Verstakt.

Berlin, Kreuzberg, Park

Mit dem Redner war ich an einer Kreuzung verabredet. Er würde mit dem Fahrrad kommen. Ich wartete, und mir gegenüber saß ein Typ auf einer Bank, der lautstark erzählte und anscheinend über irgendetwas sehr erstaunt war.

»Nee, der hat nur drei Jahre bekommen! Ja!«

Ich schaute ihn an und versuchte dabei ungerührt auszusehen. Er trug ein weißes Hemd, einen Gürtel und eine Stoffhose, dazu sehr dunkle zurückgelegte Haare. Woher der Akzent kam, weiß ich nicht. Dann sagte er noch:

»Nee, das war der andere, der hat 14 Jahre bekommen. Ja klar!«

Mehr konnte ich nicht verstehen, der Redner hielt vor mir und begrüßte mich laut. Wir setzten uns zuerst an einen Biertisch nahe der Spree und bestellten Radler. Er war gerade erst aus Duisburg heimgekommen. Dort hätten sie einen Wholecar gemacht, mit der befreundeten Crew ZAK. Der Redner sah fit aus.

»Und wie war's?«, fragte ich und trank von meinem Radler.

»Wir waren alle betrunken, nachts, ein schneller Backjump.«

»Also mit der Notbremse?«

»Ja. Alle Leute mussten aussteigen. Wir waren zu sechst, Tif war auch dabei.«

»Und hattet ihr Checker?«

»Nee.« Er trank die Hälfte seines Radlers aus. »Die Stimmung war super, einer der Fahrgäste war ein Skateboarder, der hat spontan am Gleis ein paar Tricks gemacht, während wir gemalt haben. Und ein anderer Typ kam an und fragte, ob er helfen könne.«

»War der aggressiv?«

»Der wollte echt helfen. Auch mal sprühen und so. Hatten wir nur leider keine Zeit für, aber war total nett von dem. Den Morgen davor haben wir noch einen Backjump in Berlin gemacht, auch die Notbremse gezogen. Da kamen die Fahrgäste echt nah an uns heran und wollten gucken, was wir machen. Ging aber alles gut.«

»Du bist ja echt aktiv unterwegs.«

»Ja klar, immer ran!«

Der Redner hatte ausgesprochen gute Laune. Unsere Gläser waren ausgetrunken, wir entschieden uns, was vom Kiosk zu kaufen und in den Park mit dem Ententeich zu gehen. Ein Inder kam an unseren Tisch und hielt die Hand auf: »5 Euro 40 bitte«, sagte er gequält. Wir waren verdutzt über diese präzise Bitte, als der Inder anfing zu lachen und uns die Rechnung auf den Tisch legte. Wir bezahlten beim Kellner und ließen ihm Trinkgeld da.

Als wir uns im Kiosk gut eingedeckt hatten mit Eistee und Keksen und am Teich eine gute Stelle mit Blick auf die Enten und Schwäne gefunden hatten, fragte ich ihn, ob er gerade mehr Züge, Dächer oder Häuser male. Auf jeden Fall Züge, sagte er.

»Wurdest du schon mal erwischt?«

»Wir wurden alle in der letzten Zeit schon mal erwischt. Aber es ist immer noch billiger, 'ne U-Bahn anzumalen als 'ne Hausfassade. Also mach lieber 'ne Bahn.«

»Echt?«

»Ja, ja, bei 'ner Hausfassade oder einer Brücke müssen die ein Gerüst zum Streichen aufstellen. Und dann machen die auch noch die ganze Fassade komplett, damit das in einem Ton bleibt. Und 'nen Zugwaggon kannst du ja schnell abwaschen.«

»Ah ja, das ist echt gut zu wissen.«

»Aber das ist nicht der Grund, warum ich mehr Züge mache. Bei den Zügen ist die Action besser.«

Ich packte die Kekse aus.

»Seit wann malst du draußen?«

»Seit 20 Jahren. Aber bei 1UP bin ich erst seit acht Jahren.«

»Und was machst du sonst so?«

»Am liebsten würde ich gar nicht arbeiten. Nur reisen und sprühen. Oder eben möglichst wenig arbeiten.«

»Und arbeitest du jetzt gerade?«

Er sagte Ja, aber wollte mir nicht verraten, was. Es hatte aber etwas mit Büchern zu tun. Er empfahl mir Texte des Philosophen Christoph Türcke über Rituale und darüber, dass die Wiederholungsfähigkeit eine erstrebenswerte Eigenschaft sei.

»Und worum geht es da noch?«

Ein Kind neben uns warf eine Hand Müsli ins Gras. Mit großem Geschnatter kamen sofort dicke Schwäne und kleine graue Wollknäule herbeigerannt. Und alle Enten, die der Teich vorzuweisen hatte. Es war so laut, dass ich die Antwort des Redners nicht ganz verstand. Er sagte noch etwas wie »Zivilisation durch Wiederholungszwang« oder so ähnlich. Also dachte ich mir selbst meinen Teil. Die Wiederholungsfähigkeit bezog ich auf die Zugmalerei, die Wholetrains, illegales Graffiti generell. Rituale, die Zivilisation ausmachen.

Als alle großen und kleinen Enten, Schwäne und Tauben aufgegessen hatten, liefen sie wieder zurück ins Wasser oder zu den Mülleimern, und wir fingen mit dem Interview für *Monopol Online* an. Es ging um die 1UP-Ausstellung in Düsseldorf in der Galerie Hood Projects von Peter Michalski und Andreas Kopp.

»Ersterer malt doch unter ein paar wohlbekannten Namen, oder?«

»Das frage ich mich auch, aber als ich ihm letztens vorschlug, zusammen zu malen, wollte er nicht. Frag du ihn doch mal.«

»Mir wird er das erst recht nicht erzählen. Er sieht aus wie ein Direktor, oder? Ein Schuldirektor, finde ich. Der einem sagt, ob man nachsitzen muss oder nicht. Streng, aber auch nett.«

»Ich weiß nicht. Er ist mysteriös.«

Ich war mir nicht sicher, ob der Redner mir die Wahrheit sagte oder ob er die wahre Identität von Peter Michalski kannte und dessen Geheimnis vor mir hütete. Bei Moses war ich mir hingegen sicher. Als ich ihn fragte, sagte er zwar, dass er es nicht wisse. Aber das glaubte ich ihm wirklich nicht. Danach fragen werde ich ihn aber auch nicht mehr.

Mit dem Redner fing ich also das Interview an, eine Stelle ging so:

Kannst du mir etwas über eure Werke erzählen? Ich sehe einige U-Bahn-Teile aus Berlin, große Türen, was hat es damit auf sich?
Das hat sich auch aus der Coronazeit ergeben. Wir waren noch nie so lange am Stück in Berlin, eigentlich reisen wir ja sehr viel und versuchen möglichst viel Zeit im Ausland zu verbringen und auch dort zu malen. Durch Corona war das nur sehr eingeschränkt möglich, und gleichzeitig gab es – zumindest im ersten Lockdown – in Berlin viel mehr Möglichkeiten, U-Bahnen zu bemalen. Es wurden viel mehr Züge abgestellt, weil weniger fuhren. Gleichzeitig gab es kein zusätzliches Sicherheitspersonal. Das war ein Gefühl, wie jeden Tag Party zu haben. Man konnte sich einfach spontan verabreden, jeden Tag. Viele andere Kollegen und wir haben selten so viele U-Bahnen bemalt wie im letzten Jahr. Und die Werke hier in der Ausstellung, die Fenster und Türen, spiegeln das wider.[37]

Dann ging es noch weiter über ihre Arbeiten, und einige Stellen ließen wir offen, weil das Gespräch noch mit dem Schuldirektor weitergeführt würde. Nach einer kurzen Pause, die durch die Enten nicht unangenehm wurde, fragte ich ihn, wie es mit Martha Cooper gewesen sei.

»Wir haben die mal getroffen, also waren nicht verabredet, sondern haben sie einfach mal gesehen und angesprochen. Dass wir am nächsten Tag 'ne Aktion machen und ob sie nicht mitwolle. So ging das los, und sie schlug dann vor, ein Buch zusammen zu machen, oder wir schlugen es ihr vor, das weiß ich nicht mehr. Wir trafen uns dann mehrmals mit ihr, auch in Australien.«

Martha Cooper ist eine Fotografin aus New York. Zusammen mit ihrem Kollegen Henry Chalfant brachte sie *Subway Art* heraus, einen Bildband über das New Yorker Zug-Graffiti Ende der 1970er-, Anfang der 80er-Jahre. Das Buch wurde die Bibel für alle Sprayer und verbreitete die Graffiti-Kultur auf der ganzen Welt. Heute fotografiert Cooper kaum noch Graffiti, sie wechselte zur Street Art und zur figurativen Wandmalerei. Mit 1UP musste sie sich sicherlich an ihre Anfänge zurückerinnert fühlen.

»Sie ist ja schon fast achtzig Jahre alt und ging trotzdem noch mit uns in die Tunnel. Die ist super.«

»Echt, schon fast achtzig? Verrückt! Und da war die mit euch noch in Australien?«

»Ja, wir haben einen Roadtrip mit ihr gemacht. Raus in die Natur gefahren. Aber wir haben kaum Graffiti gemacht, in Australien hatten wir eh schon Ärger, die sitzen da in den Büschen, weißt du. Und 1UP ist da eh schon aufgefallen, also konnten wir nicht viel malen mit Martha, und als wir da einfach nur so rumfuhren mit ihr und sie merkte, dass wir an diesem Tag keine Aktion geplant hatten, da wurde sie echt nervös.«

»Die arme Martha.«

»Sie wurde auch ärgerlich. Verstehe ich auch, sie war extra zum Fotografieren da. Sie fragte uns, warum wir jetzt hier nichts machen würden, sie sei ja nicht da, um die Landschaft zu fotografieren.«

»Klar.«

»Wir haben später ja trotzdem noch viel mit ihr gemacht, hier in Berlin auch. Sie ist mit uns in einen Tunnel gekommen, da gab es eine Stelle, da musste sie auf allen vieren kriechen. Danach war sie total dreckig und erschöpft, atmete echt schwer. Da haben wir uns total Sorgen gemacht.«

»Oh ja. Und wie ging's ihr dann?«

»War dann wieder okay, sie hat einfach weiterfotografiert, dann ging es wieder.«

»Ich will in dem Alter auch so fit sein und in einen Tunnel kriechen.«

»Ja, ich auch.«

Ich guckte auf die Uhr. »Schau mal, schon sechs Uhr, wir müssen los.«

Gleich war meine Vernissage bei Russi Klenner. In seiner Galerie habe ich eine Gruppenausstellung kuratiert. Sie hieß *Welche Stimmung fandest du dort vor?* Wir gingen los. Auch der Redner wollte sich die Ausstellung angucken. Jonas würde auch kommen. Und dann hatte ich noch wen eingeladen, einen Ehrengast quasi, ich wusste aber nicht, ob sie kommen würde: Susie Superwoman. Ihretwegen war ich besonders gespannt.

Berlin, Luckauer Straße

Die treuen Künstler waren schon da: Oska Gutheil, Zohar Fraiman und Philip Grötzinger. Auch Paul Hutchinson sprang herum. Sie gehörten alle zu Russis Familie. Oska stellte seine neue Freundin vor, Zohar brachte bunte Bonbons mit, die zu ihrem bunten Sakko passten, und Philip zeigte stolz neue Fotos von seinen drei Kindern. Paul holte in seinem alten Volvo noch weitere Partygäste ab. Die Ausstellung hatte einiges zu bieten. Zum Beispiel Fotografien von einer ganz, ganz übergewichtigen Frau mit sehr, sehr gewellter Haut. Auf einem Bild steht sie im engen Badeanzug da. Zwischen ihren Oberschenkeln steckt ein langer Fisch. Vor ihr eine weiße Toilette mit einem Weihnachtsbaum darin. Im Mund hält sie den Absatz eines roten Pumps. Auf den ersten Blick wirkt es so vulgär, dass es vor lauter Vulgarität schon gar nicht mehr vulgär ist. Die Künstlerin heißt Iiu Susiraja. Die Finnin war zur Eröffnung nicht angereist. Auch habe ich noch nie mit ihr telefoniert. Sie sei sehr schüchtern, schrieb sie mir, nur schriftlich wolle sie kommunizieren. Das lief allerdings gut, wir schickten uns viele Blumenicons hin und her, und zwischen Sonnenblumen und Tulpen organisierten wir die Auswahl ihrer Selbstporträts. Auf einem anderen Bild sitzt sie auf einem Hocker. Zwischen den aufgeschwemmten, nackten Beinen klemmt in den Hautfalten eine Dartscheibe. Neben ihr ein Regal mit kleinen Erdhaufen darin.

Wir hatten in der Galerie aber auch einen richtigen Erdhaufen auf dem Boden. Der stammte von Grada Kilomba. Darauf waren verschiedene Schokoladenstückchen, Kaffee, Zucker und Kerzen zu sehen. In der Installation ging es um Kolonialismus, und ich erfuhr von ihr, dass die Dörfer, wo die Schokoladenpflanzen angebaut wurden, so arm waren, dass sie sich selbst Schokolade gar nicht leisten konnten. Grada war übrigens auch Professorin für Psychologie und schrieb Bücher. Daneben hingen Bilder von Zohar Fraiman, sie malte das Mädchen Alice, das in einem Wutanfall einen Flamingo erwürgt. Dann war noch das Duo Mehmet und Kazim dabei, die küssenden Cousins türkischer Abstammung, in roten Jogginganzügen und mit Goldkettchen. Sie malten große Bilder in roter Ölfarbe, die so aussahen, als wäre da mit dem Edding draufgemalt worden. Also der vermeintlich gekritzelte Eddingstrich wurde sehr sorgfältig in Ölmalerei reproduziert. Sie malten zwei fröhliche Jungs, die in der Hängematte

Schnaps trinken. Der Redner sprach bereits mit Grada über den Kolonialismus und die Schokolade. Sie waren sehr vertieft. Ich trank mit Mehmet und Kazim ein Glas Sekt, sie waren lustig. In der Ausstellung kamen noch ein paar andere Künstler vor, aber eigentlich passte niemand zu niemandem. Die Werke, die Themen, die Ästhetik, die Persönlichkeiten, alles viel zu verschieden. Mir machte das Spaß, niemals wieder würden sich diese Künstler in Nachbarschaft zu solchen Werken wiederfinden, kein Kurator würde das in einem Kunstverein oder einem Museum so zusammenstellen.

»Und, wie findest du es?«, fragte ich Russi.

»Toll, das ist die beste Gruppenausstellung, die ich je bei mir hatte. Müssen wir unbedingt wieder machen«, rief Russi.

»Machen wir, lass uns immer Ausstellungen machen, wo die Künstler nicht zusammenpassen. Auch so von der Persönlichkeit her, die sollen einfach nicht zusammenpassen. Die Vernissage wird dann auch sozial so eine richtige Herausforderung.«

»Das machen wir, Larissa, das wird super!«

»Stell dir mal vor, die Künstler hätten sich dann wirklich gar nichts zu sagen. Das würde doch jeder sehen wollen!«

Auch Russis Ehefrau Kornelia, die in einer Botschaft arbeitet, war von der Idee total überzeugt. Russi machte Selfies mit uns, seine Assistentin brachte einen großen Strauß Blumen. Russi sprang weiter zum Nächsten, es waren so viele Menschen gekommen, er musste mit allen reden, jeder wollte das Konzept hinter der Ausstellung erfahren.

Ich stand immer noch mit Mehmet und Kazim draußen, probierte ihre Goldkette an, und sie erzählten über Loomit und Münchener Graffiti. Die beiden sind wirkliche Cousins und strahlen ganz viel Brüderlichkeit aus. Wenn sie einen mögen, dann sind sie direkt Brüder, daher kommt das wohl, dass jeder ein Bruder sein kann und dass man sich so nennt. Mehmet und Kazim erkundigen sich auch immer nach der Familie und wie es denen geht, das ist einfach sehr lieb von denen. Ich wollte gerade fragen, ob sie schon mal mit Loomit einen Zug besprüht hatten, als mir jemand auf den Rücken klopft. Ich drehte mich um und sah ein Mädchen, das noch kleiner war als ich. Sie lächelte etwas schüchtern, aber unheimlich herzlich.

»Bist du Larissa?«

»Ja. Und du?«

»Susie.«

»Ach, das ist ja schön, dass du gekommen bist. Und mich gefunden hast!«

Wir umarmten uns. Mehmet und Kazim lernten in der Zwischenzeit Russis Assistentinnen kennen. Ich ging mit Susie ein paar Schritte. Wir redeten kurz über das Malen, ich stellte direkt hundert Fragen. Sie mache gerade etwas weniger, sie brauche für einen neuen Job ein polizeiliches Führungszeugnis, sie würde bald verbeamtet. Ich lachte.

Danach werde sie natürlich wieder viel mehr malen, erzählte sie. Ihr letzter Zug ist erst eine Woche her, so ganz Pause kann sie natürlich auch nicht machen, trotz Führungszeugnis, es war eine U-Bahn mit Mosa, dem Franzosen, beide posierten davor.

»Können wir uns mal in einem Park treffen?«, fragte ich.

»Ja, klar, ich mache da Sport. Willst du mitmachen?«

»Oder wir treffen uns im Anschluss daran.«

»Das geht auch. Oder du kommst an meine Schule.«

»Was denn für eine Schule?«

»Wo ich arbeite. Eine Förderschule im Wedding.«

Wir beschlossen das, dann musste sie weiter, und ich musste wieder zur Vernissage. Beflügelt von diesem Kennenlernen, trank ich noch sehr viel Sekt und vergaß natürlich nicht, Mehmet und Kazim zu fragen, wie es ihrer Familie gehe. Jonas kam noch vorbei, er hatte seine Freundin, seine Schwester, seinen Bruder und seine Mutter dabei. Er stellte uns vor, seine Familie besuche ihn in Berlin. Auch den Redner und Tif sah ich noch zwischen den Menschen. Jonas' Mutter hatte lange dunkle Haare und ein weises Lächeln. Sie sah italienisch aus, in meiner Vorstellung war sie eine Opernsängerin. Ich unterhielt mich mit ihr, sie wusste natürlich, was ihr Sohn so trieb, das schien sie aber nicht zu stören. »Er wusste schon immer, sich mit guten Menschen zu umgeben«, sagte sie mir.

Das fand ich sehr rührend. Leider konnte ich nicht weiter mit ihr reden, Russi rief nach mir, ich musste anderen unser Konzept erklären.

Berlin, in der U-Bahn

Am nächsten Tag war ich sehr erschöpft. Darum holte ich mir ein Tagesticket und ließ mich von der U-Bahn wiegen. Mit Kaffee und Croissant saß ich gemütlich da und guckte mir alles an. Die Station am Südstern ist gefliest wie ein altes Café, das seit Langem leer steht. Es roch mal nach frischen Brötchen, aber jetzt dünsten die ockergelben Kacheln denselben Geruch aus wie alte Holzmöbel auf dem Speicher bei Oma und Opa.

Am Leopoldplatz sind die Kacheln quadratisch im leichten Gelbton, eher so ein verblichenes Zitronengelb. Es gibt senkrechte Streifen, ein Muster aus Balken und Rechtecken. Sieht nach Moderne aus, Konstruktivismus. Die Fliese soll den Fahrgästen bestimmt Freude bereiten und Fortschritt versprechen. Könnte aber auch aus dem Krankenhaus stammen, von so einer Wand, die man extra nett gestalten wollte. Zum Beispiel in einem sehr langen Flur, der damit freundlicher wirkt, wenn man das Blut der Patienten aufwischt. Aber für die BVG zählte bestimmt das Argument mit der Moderne, darum heißt die Fliese bestimmt auch BVG-Moderna.

An der Seestraße wurde es glänzender. Da sehen die Fliesen wie Klinkersteine aus, aber hochkant, auch in Gelb und halt glänzend, und unten sind schwarze Fliesen. Da waren bestimmt alle stolz, als die Wände fertig waren. Hier kam man im neuen Jahrhundert an, so eine Corporate-Identity-Geschichte mit den gelben U-Bahnen. Das muss die BVG-2000-Fliese sein. Ich schrieb BVG-Moderna und BVG-2000 in mein Notizbuch. Motiviert nahm ich mir vor, für jede Station eine Beschreibung der Fliesen anzufertigen und mir ihre Modellnamen auszudenken und darüber eine lange Geschichte zu verfassen. Doch schon an der nächsten Station wurde ich sehr müde und fuhr wieder nach Hause. Da legte ich mich ins Bett und blieb dort den ganzen Tag.

Berlin, Weißensee

Hier habe ich damals studiert. An der Kunsthochschule. Daher kannte ich mich gut aus, zumindest bei den Bäckereien und Cafés. Ein Café ist sehr nett, da sitzen auch keine neuen und keine alten Rechten, dafür normale alte Leute. Die interessiert es, dass die Apothekennotdienste nicht zu weit entfernt sind, dass es mehr Hausärzte braucht und dass dem Seniorentreff die Gelder nicht gekürzt werden. Am Nebentisch saßen drei Frauen zusammen, aßen Rührei und Mettbrötchen und tranken Orangensaft. Sie waren bestimmt so um die 78 Jahre alt. Oder erst 76 Jahre. Eine beschwerte sich, dass es zu wenig alleinstehende Männer gebe, die in ihrem Vitaltreff-Weißensee die Aktivitäten wahrnehmen würden. Ich hörte zu und bestellte mir ebenfalls ein Rührei, ohne Mettbrötchen, aber mit Orangensaft. Meistens waren die alleinstehenden Frauen nämlich unter sich, und das war ein Problem, weil sie ja gerne noch ein paar Herren kennenlernen würden. Sie diskutierten darüber, wie sich das ändern ließe. Vielleicht durch andere Kurse? Weniger Gedächtnistraining? Gasflammengrill-Workshops? Die Kegelkurse wiederaufleben lassen? Aber die Kegelbahn war von der Stadt gesperrt worden. Es gab kein Geld für die Sanierung. Oder etwas ganz Modernes? Smartphonekurse?

»Gerade zu den Smartphonekursen kommen nur die Frauen. Die Männer wollen das doch gar nicht mehr lernen. Die verstehen das auch nicht mehr.«

Und generell sei es doch so, lernte ich, dass die Witwer sehr schüchtern und faul seien. Und auch ungepflegt, und wenn sie doch wen suchen, dann für den Haushalt, aber keine Partnerin für Ausflüge oder gemeinsame Hobbys. Alle fanden das sehr schade.

Ich fand das für die Witwen auch sehr schade. Sie leben ja sowieso länger. Die Männer in diesem Alter gehören zu einer Minderheit. Die brauchen aber auch Orte und Räume, wo sie sich entfalten können.

Das Rührei schmeckte wunderbar, und ich guckte ein bisschen aufs Handy. Der Graffiti-Laden aus Köln, Dedicated Store, machte Werbung für Hartz-IV-Dosen. Ich schrieb sofort eine Nachricht und fragte, was das sei. Eine Antwort bekam ich auch sofort, das seien Restposten aus dem Baumarkt, also keine extra Graffiti-Markendosen. Aber dafür eben Baumarktmarken, und die malen ja schlechter, also decken nicht so gut. Darum verkaufen sie die sehr billig.

Ich fragte, ob die wirklich von Hartz-IV-Empfängern gekauft würden. Nein, die seien für alle. Auch schade, ich schlug vor, sie sollten doch mal anders Werbung machen, die am Arbeitsamt verteilen, an so einem Wagen, wie Kaffee. Wäre doch schön, wenn sich so die Sprayer vermehren würden. Jeder mit Hartz-IV-Schein bekommt beim Kauf eine umsonst. Und jeder, der gerade Sanktionen bekommen hat, dem werden zwei Dosen gratis direkt in die Hand gedrückt. Die Idee fand ich gut, der Dedicated Shop wird bestimmt darüber nachdenken.

Ich aß entspannt mein Frühstück auf.

Düsseldorf

Die 1UP-Ausstellung in Düsseldorf fand in der neuen Galerie Hood Projects statt. Peter Michalski lud mich ein, vorher bei ihm im Geschäft vorbeizukommen. Das tat ich und setzte mich auf die Fensterbank, während er Caps verkaufte und zwei Jugendliche beriet, welche Caps wofür da seien.

»Manchmal stehen hier Jungs vor mir, da haben schon deren Väter gesprüht«, erzählte er.

»Ja? Vererbt sich das?«

»Also, wenn die Väter sprühen, dann hassen die Kids es oder lieben es und wollen noch mehr machen als ihre Väter. Ein Dazwischen habe ich noch nicht erlebt.«

»Dann betreust du hier also Generationen!«, sagte ich und dachte dabei, dass er wirklich wie ein Schuldirektor aussah.

Ich kaufte ein paar ganz dicke Kreidestifte bei ihm, die nach Wachs aussahen. Aber eigentlich sind die dafür gemacht, auf Schafe und Rinder zu malen, also die Bauern markieren die damit. Sie würden sich aber auch extrem gut fürs Taggen eignen, auf Türen glitten die sehr gut. Aber ihre wahre Stärke seien die rauen Untergründe, erklärte Peter, der Abrieb sei ihr Vorteil.

»Das werde ich heute Abend noch ausprobieren«, sagte ich ihm, »ich schreibe auch extra auf was Raues.«

Er reichte mir eine Tupperdose mit Beeren. Die habe er heute noch auf dem Weg hierher gepflückt, seien sehr lecker.

Ich aß welche, und er schloss den Laden ab. Drüben in der Galerie hingen einige Berliner U-Bahn-Türen und -Fenster mit Graffitis drauf. Außerdem wurde im hinteren Raum ein 1UP-Film projiziert.

»Der dauert etwas länger und ist langsamer geschnitten«, hatte der Redner mir erklärt, »etwas mehr arty.«

Ich fasste die Türen an, schön sahen sie aus. Woher sie stammten, wusste ich nicht. Peter sagte, dass er es auch nicht wisse, aber dass er sich vorstelle, wie da die ganze Gruppe von 1UP mit den Türen unterm Arm über die Berliner Straßen laufe. Das sei bestimmt lustig gewesen. Das stellte ich mir nun auch vor, vielleicht haben sie sogar eine U-Bahn genommen, um die U-Bahn-Türen zu transportieren. Könnte man zumindest so erzählen.

Das Vernissagepublikum war größtenteils im Alter von Peter. Ob das jetzt hier die ganzen alten Sprayer aus dem Rheinland und dem Ruhrgebiet waren? Und ich sie alle einfach nicht erkenne? Wahrscheinlich war das so. Die meisten hatten Kinder dabei. Einige Jugendliche waren auch da und standen in Grüppchen etwas abseits. Ich fotografierte die Türen von allen Seiten.

»Bitte nicht meine Gäste fotografieren.« Peter stand neben mir und hielt mir ein Bier hin.

»Nee, mache ich nicht, hätte ich auch nicht gemacht.«

Wir redeten noch etwas über das Gespräch, das wir zusammen mit dem Redner für *Monopol Online* gemacht hatten. Peter sagte darin:

> *Es ist mir unangenehm, das auszusprechen, aber geschäftlich sind wir Corona-Profiteure. Während der gesamte Kunst- und Kulturbetrieb zum Erliegen kam, blühten die Street Art und das Stylewriting auf. Unsere Klientel sah ihr urbanes Spielfeld durch die Lockdowns beruhigt, und sie nutzte diese Gelegenheit auch als Ventil und Freizeitgestaltung.*[38]

Es war ein netter Abend, zumindest mit Peter und seiner Freundin, die später noch dazukam und Kuchen mitbrachte. Die anderen Gäste blieben unter sich, mit keinem begann ich ein Gespräch. Von 1UP war niemand da, »zu gefährlich«, meinten sie. Das hatte mir auch schon Moses erzählt, dass man ja nicht auf seine eigenen Vernissagen gehen könne, das sei schade, aber sei halt so. Auf dem Weg zur S-Bahn hielt ich meine Schafkreide in der Hand, und immer wenn ich eine glatte Tür oder eine andere glatte Oberfläche sah, schrieb ich darauf. Das machte viel Spaß, auch wenn meine Buchstaben sehr dümmlich aussahen. Ich sah auch ganz viele NEUs, gesprayt, mit sehr dicken Strichen, die nach oben weitwinklig aussprenkelten. Ich fotografierte alle, noch nie hatte ich schönere Tags gesehen. Ich hielt Ausschau, ob ich wohl einen Mann mit vielen Hunden sah, aber leider nein. So genoss ich meinen nächtlichen Spaziergang von NEU zu NEU.

Bergisch Gladbach

Ich stand im Loewen Center und schaute mir etwas unmotiviert die dortige Sockenauswahl an. Vor der Kasse stand eine Frau, so zwischen 60 und 70 Jahren, mit noch flotter Haut, rüstigen Haaren und einem bunten Streifen-T-Shirt mit »modernen, intensiven Sommerfarben«.

»Ich möchte das hier zurückgeben.« Sie hielt ein buntes Oberteil über die Theke.

»Das ist aber nur möglich, wenn ich den Grund vermerken kann«, sagte die Kassiererin.

»Das Muster passt nicht auf meinen Körper.«

»Haben Sie die falsche Größe gewählt?«

»Nein, die Größe ist gut, aber das Muster passt nicht. Das sah vorher ja schön aus, so wild, aber es passt nicht auf mich.« Die Frau legte das Oberteil überzeugt auf die Theke.

Die Kassiererin murmelte irgendetwas, aber begann mit dem Rückgabeprotokoll.

Dann, geschlagene 20 Minuten später, als der Rückgabevorgang abgeschlossen war, erzählte mir die Frau, dass sie zu Hause eigentlich schon das Etikett abgeschnitten und das Teil auch schon gewaschen habe. Und dann, als sie sah, dass das Muster einfach nicht auf sie passte, da habe sie das Etikett aus dem Müll geholt und wieder angenäht, und die Kassiererin habe nichts gemerkt.

»Da bist du jetzt aber richtig stolz, Mama«, sagte ich.

»Lästere du nur über deine Mutter«, sagte meine Mutter und kaufte mir die bunten, gestreiften Socken, die ich in der Hand hielt.

Wir gingen dann in die Einkaufsstraße, und meine Mutter erzählte mir die aktuellen Entwicklungen in der Stadt. Die Tochter vom Wobo, also von Wolfgang Bosbach, die habe jetzt hier ein Café aufgemacht, da drüben, da hingen diese schönen Traumfänger überall draußen, da könne man gut sitzen, aber vorher habe sie angeblich in einer Bank gearbeitet, da habe sie bestimmt 14 Gehälter im Jahr gehabt, und das habe sie aufgegeben für das Café. Und sie sei mit einem Türken verheiratet, der, hier guck, den Gold- und Schmuckladen hat.

»Ach. Ob die sich hier kennengelernt haben?«

»Das weiß ich doch nicht. Aber guck mal, ein tolles Paar, jeder hat ein Geschäft. Das ist doch toll von denen.«

»Das ist wirklich toll«, sagte ich.

Bei Wobos Tochter war noch ein Platz frei. Wir tranken Kaffee und aßen Kuchen. Drinnen war das meiste rosa, in der Mitte stand ein großer Baum mit weißen Blüten. Wie im Märchenland. Den habe ihr Mann ausgesucht, erzählte uns Wobos Tochter. Er habe einen sehr guten Geschmack. Dann gingen wir an seinem Geschäft vorbei. Im Schaufenster eine große Auswahl an Kreuz- und Marienanhängern. Das gefiel den älteren Gladbacher Frauen bestimmt. Wobos Tochters Mann sah gut aus. Er trug eine rosafarbene Hose und war braun gebrannt und sehr schick. Das gefiel den Kreuze kaufenden Gladbacherinnen bestimmt noch besser. Was man so hörte, waren die beiden sehr beliebt. Bergisch Gladbach hatte ein neues Traumpaar.

Meine Mutter findet mittlerweile gut, was ich mache. Als ich damals aber mit 20 zum Studium nach Berlin ging und dann auch noch zum Kunststudium, hatte sie, vorsichtig formuliert, eine nervöse Phase. Aber dann besuchte sie mich und fand das Café in Weißensee mit dem Rührei, und die hatten auch eine große Brunchkarte, und die zeigte sie mir, da könne ich ja immer hin und was Richtiges essen, und dann hätte ich schon mal eine Anlaufstelle, und dann war sie etwas beruhigter. Und es war dann wirklich so, während meines Studiums war ich öfter da, und auch wenn ich von der Kunstmensa mal genug hatte und von der ganzen bildenden Kultur oder wenn ich mich einfach einsam fühlte, dann ging ich in das Café und dachte an meine Mutter.

Wir schlenderten durch die Gladbacher Straßen, und ich entdeckte ein neues Lion-Tag, das ich direkt fotografierte. Meine Mutter ist übrigens katholisch, aber das mit dem Graffiti, auch mit dem Illegalen, hat sie verstanden und ihr Gott irgendwie auch.

Sie fuhr schon einmal nach Hause vor, um zu kochen, und ich ging ein bisschen bummeln und Lions suchen. »Du weißt ja, dass wir noch zur Oma fahren«, sagte sie mir, damit ich nicht zu spät käme. Meine Oma mochte es überhaupt nicht, wenn man zu spät kam, sie machte sich dann immer Sorgen. Als meine Mutter zu Hause ankam, klingelte direkt das Telefon, der neue Kundenservice vom Loewen Center war dran. Der Kundenservice fragte, ob sie mit dem Rückgabeprozess zufrieden sei und ob sie wiederkommen wolle. Meine Mutter sagte, dass sie natürlich wiederkomme, sie kaufe dort schon seit über 30 Jahren ein, dass es aber früher ein Hertie gewesen sei. Der Kundenservice erinnerte sich noch gut an den Hertie und auch an den Saturn mit den vielen CDs zum Reinhören, da sei er als Jugendlicher schon gerne gewesen.

Ich ging währenddessen weiter durch Bergisch Gladbach und entdeckte viele neue Lions. Er hatte seine Schreiblust noch mal um einiges gesteigert. Auf einigen Tags hat er den i-Punkt als kleinen Kringel gesprüht und direkt darüber, über dem ganzen Namen, noch einen viel größeren Kringel gemacht. Der schien keine Bedeutung zu haben, war eigentlich unnötig, aber erinnerte an eine naive Nachahmung der ganzen Dekoraktionselemente wie Sterne, Pfeile und Wolken in den klassischen Graffitis und Throw-ups. In anderen Tags ließ er den i-Punkt dann weg beziehungsweise ließ ihn in den großen Kringel übergehen, aber machte ein Kreuz in das O. Woanders gab es wieder welche mit i-Punkt, großem Kringel und Kreuz. Oder es war nur ein Punkt im O. Oder der große Kringel wurde zum ovalen, lang gezogenen Schlenkerkringel. Schrieb er seinen Namen senkrecht an einer Säule hinunter, dann blieb der große Kringel trotzdem über dem Namen stehen, also in diesem Falle stand er ganz oben über dem L. Ich fotografierte alles und guckte mir die Jugendlichen auf der Straße ganz genau an. Lion wohnte ja bestimmt noch bei seinen Eltern, war also mit der Schule noch nicht fertig. 14 als Alter fände ich gut, dann hätte er noch ein paar Jahre hier vor sich, bevor er aus der Kleinstadt wegziehen würde. Nach Köln zum Ausgehen schien er noch nicht zu fahren, denn in Köln hatte ich noch kein einziges Lion entdeckt. Vielleicht war er auch erst 13? Und hatte mit zwölf angefangen? Ich entdeckte jetzt ein Lion ohne Punkte und Kringel, dafür mit einem Kreuz im O und einem Pfeil, der auf das O zeigt. Das L war in seinem unteren Bereich meist komisch gewellt, so wie ein Überbleibsel der alten Schreibschrift, die meine Mutter noch gelernt hat.

Hatte er wohl viele Freunde? Eine Freundin? Ging er mit ihr ins Bergisch Gladbacher Kino? Seine Lieblingsfarbe schien Rot zu sein. Ich sah aber auch Tags in Silber, Schwarz und Orange. Auf einer Mauer an einer Parkplatzanlage hatte er auf die gesamte Backsteinmauer hinter den Mülltonnen groß geschrieben: »Lion. Du weißt es wird passieren.« Ich glaubte aber nicht, dass es eine Botschaft an ihn war, sondern sein Tag und sein Satz dahinter. Woanders gab es eine weiße Mauer aus großen hellen Steinen. Darauf wollte er auch taggen, aber mit einem ganz hellen Silber, da hat er sich wohl vertan, oder wenn es Baumarktdosen sind, dann kam die Farbe anders heraus als außen angegeben, viel heller also, jetzt kann man seinen Namen nur schwach lesen. Woanders wurde er gecrosst. Auf einem großen grünen Stromkasten schrieb er dreimal Lion senkrecht hinunter, jedes Mal mit dem Kreis über dem L. Es stand da in Rot. In Rosa schrieb jemand über die kompletten drei Namen, aber machte ebenfalls den oberen Kringel nach. Das brachte ja nicht viel, dachte ich, das war ein bisschen dumm, wenn man jemanden crossen will und dann eine ganze Reihe durch dasselbe Zeichen ersetzt. Darunter änderten sich die Buchstaben aber. Hatte Lion Konkurrenz? Einen Feind? Eine Feindin? War eine Liebesbeziehung zu Ende gegangen? Ich kam nun an der Bergisch Gladbacher Bibliothek vorbei, dort im Fenster hing noch dieselbe Werbung wie damals in meiner Jugend: ein großer Aufkleber, auf dem in Großbuchstaben »Internet« steht. So war es also immer noch in Bergisch Gladbach. Bemerkenswert, dass der Aufkleber so lange gehalten hatte, bestimmt 20 Jahre. Auf einem anderen Parkplatz vor Aldi und Deichmann entdeckte ich wieder etwas. »Lion still Hungry«, schrieb Lion.

Dann war es Zeit zum Mittagessen. Meine Mutter hatte Gulasch gekocht, mein Vater hatte mir stolz einen Zeitungsartikel über Banksy rausgelegt, das sei auch ein Graffiti-Künstler, den Artikel solle ich mir durchlesen.

»Ziehst du dich gleich um? Mach dich schön für die Oma«, sagte meine Mutter beim Gulasch.

Meine Oma behauptete ihr ganzes Leben lang, dass sie ihre Milchzähne nie verloren habe und sie also immer noch ihre Milchzähne habe, die einfach mitgewachsen seien. Da war sie sehr stur, man konnte sie auch nicht vom Gegenteil überzeugen. Ihre erste Hose trug sie übrigens mit 20 Jahren. Davor gab es nur Röcke. Meine Oma wuchs auf einem Bauernhof auf und molk die Kühe. Als meine Mutter geboren wurde, gab es den Hof bereits nicht mehr, und mein Opa arbeitete als Techniker in der großen Molkereianlage. Mit 14 Jahren musste meine Mutter dann mit der Schule aufhören, das entschied ihr Vater damals, denn für ein Mädchen reichte das, sie würde danach ja eh nur bis zur Hochzeit und den Kindern arbeiten. Das war auf dem Land so, ihr Bruder durfte noch bis 16 zur Schule gehen. Meine Mutter arbeitete dann noch etwas länger und finanzierte meinem Vater, einem Stadtjungen, das Studium, der mir dann wiederum das Studium finanzierte. Das ganze Geld verwaltete meine Mutter. Sie hatte mir schon als Kind immer viel Lust an der Schule gemacht, sie sagte immer, je mehr ich lernte, umso freier würde ich sein. Als ich meinen Doktortitel erhielt, war sie sehr froh, und irgendwie fühlte es sich für mich so an, als sei es ein Doktortitel auch für sie. Den haben wir irgendwie zusammen gemacht. Das war eigentlich der beste Streich daran. Schade, dass mein Opa das nicht mehr erlebt hat.

»Jaja, was bringen wir ihr denn mit?«

»Ich habe Blumen gekauft, die können ja dann von dir sein. Wir fahren aber pünktlich los. Ich stehe dann hier fertig im Flur. Um drei Uhr.«

Ich trug also ein Kleid, die neuen bunten Socken und die Blumen, und wir fuhren fast pünktlich los.

Als wir ankamen, nahmen wir die Blumentöpfe in die Hand und ein paar Gartenwerkzeuge aus dem Auto und gingen vollgepackt durch das große Tor. Es war wieder sehr heiß, der Weg über die Kieselsteine war lang, und die Sonne brannte uns auf den Kopf. Wir begegneten ein paar Leuten, die meine Mutter natürlich alle kannten und bei denen man anhalten und ein bisschen reden musste, und jedes Mal sagten sie uns, wie ähnlich ich meiner Mutter doch sähe; hier auf dem Land war ich »die Mariannes Tochter«. Als wir dann bei Oma waren und sie begrüßt hatten, fragte ich meine Mutter, in welchem Muster sie die Blumen denn jetzt pflanzen wolle.

»Stell sie einfach mal dahin, das muss ich dann gucken. Eigentlich wollte sie ja auch immer ein Bäumchen haben, das machen wir dann das nächste Mal, aber sie hat immer von einem Bäumchen geredet, das hinter dem Grabstein stehen solle.«

Ich stellte die Blumen vor dem Grabstein in Form eines Gebetsbuches ab und machte die Kerze an.

»Guck mal, das ist ja gar nicht mehr gesellschaftsfähig, das Grab, das ist ja alles so trocken.«

»Und was haben wir hier an Pflanzen mitgebracht?«

»Die müssen jetzt gepflanzt werden, sonst gehen die kaputt, die armen Pflanzen. Es ist ja so trocken, da muss man sich jetzt anpassen, die brauchen alle nicht viel Wasser. Das ist ja Lavendel hier. Und die, das sind so Fettpflanzen.«

»Fettpflanzen?«

»Ja, wie heißen die? Fett… Fett… Ich komme nicht drauf. Und dann noch dieses weiß blühende Zeug. Und da drüben müssen auch noch welche hin. Fetthenne heißen die!«

»Ich dachte, die sind alle für die Oma.«

»Da drüben liegt ja meine Oma, das ist also auch ein Oma-Grab.«

Wir pflanzten alles ein und redeten dabei über die Omas. Meine Oma hatte noch vor ihrem Tod mit der Kirche hier ein Abo abgeschlossen. In den nächsten 25 Jahren wird in der Woche ihres Todestages in der Messe ihr Name in einer Fürbitte eingebunden. Dafür hat sie im Voraus bereits alles bezahlt.

»Und machen die das wirklich? Auch in 17 Jahren noch?«

»Weiß ich nicht, dann musst du da hingehen und das kontrollieren.«

»Kann ja wirklich mal einer kontrollieren, einer, der hier wohnt.«

»Wer denn?«

»Lebt hier keiner mehr so lange?«

»Nein. Keiner, der in die Kirche geht.«

»Dann bekommen wir es ja gar nicht mit, wenn die Oma vergessen wird.«

Wir machten die beiden Gräber fertig.

»Heute Abend kommt der Jauch«, sagte meine Mutter dann. »Guckst du das mit?«

»Ja.«

Abends schauten wir also mit meinem Vater Jauch im Fernsehen, aßen dabei Gemüse und Salat und tranken Sekt. Eine Flasche Sekt machte meine Mutter immer auf, wenn ich da war. Allein wollte sie den aber nie trinken. Dann führte sie mir den neuen Springbrunnen im Garten vor und zeigte mir die neuen Solarlampentiere, die verteilt zwischen den Blumen standen.

»Lass den Garten doch mal etwas verwildern«, sagte ich zu ihr.

»Larissa!«, rief sie.

Ich lachte.

Wir guckten noch etwas Fernsehen, ein Tatort lief, und ich aß gemütlich meinen Apfel.

Als ich später im Bett lag und durch das große Balkonfenster auf die anderen aufgeräumten Gärten unserer Siedlung guckte – das sind übrigens alles Grundstücke, die der Kirche gehören und die man für 100 Jahre pachtet und dann wieder neu pachtet, also ständig bezahlt –, konnte ich noch nicht einschlafen. Ich blätterte etwas in meinen Kunstbüchern, bei meinen Eltern ist mein Archiv, es sind bestimmt über 500 Bücher, vielleicht sind es schon 700, eigentlich steht alles voll hier, und immer werden mir neue geschickt, und meine Mutter verwaltet das Archiv und hat daran viel Spaß und freut sich sehr über jedes Buchpaket. Das findet sie irgendwie ganz toll, dass ich so viele Bücher bekomme. Sie schickt mir dann direkt Fotos aufs Handy von den Neuankömmlingen. Als ich wieder im Bett lag, machte ich mir einen Podcast zum Einschlafen an, da gibt es verschiedene Einschlafgeschichten, zum Beispiel Sachgeschichten. Ich wählte die über Enten aus. Da wird über die Lamellen an ihren Schnäbeln berichtet, die wie Filter wirken, weshalb sie im Wasser den Schnabel immer halb offen haben. Das fand ich total interessant, ich erfuhr plötzlich alles über Enten, was ich immer schon hatte wissen wollen, und ich wurde total wach und aufgeregt, und eigentlich wollte ich am liebsten mitschreiben, darum machte ich die Geschichte schnell wieder aus. Dann wählte ich eine Einschlafgeschichte aus dem Bereich »Hogwarts« aus, nämlich »Harry vs. Voldemort«, das interessierte mich überhaupt nicht, und ich schlief sehr schnell ein.

Köln

Mit Nils traf ich mich zuerst in seiner Galerie in Köln. Dort war gerade eine Ausstellung mit Erwin Wurm und Lars Eidinger. Erwin Wurm ist ein Bildhauer, der durch fette Autos und aufgeblasene Häuser bekannt wurde. Aber sein Durchbruch kam schon früher, mit den *One Minute Sculptures*. Er schrieb und zeichnete Anweisungen, wie sich Kunstbesucher zu positionieren hatten. Immer auf eine peinliche, fast tragische Art und Weise. Mal mussten sie den Kopf in eine Röhre stecken, mal Besenstile zwischen die Beine klemmen, mal sich irgendwie anders verrenken und dabei mit Haushaltswaren oder Obst schmücken. Auf den ersten Blick wirkt das immer wie ein surrealer Witz in den Hallen der Kunst, auf den zweiten Blick stellt es aber grundlegende bildhauerische Fragen an den Körper und bringt auch ein gewisses Gefühl von Einsamkeit und vielleicht sogar von Traurigkeit mit sich.

Die Atmosphäre bei Lars Eidinger ist ähnlich, er macht aber Fotos und Videos, gerne von Menschen und Situationen, die er nicht arrangiert, sondern in der Stadt so vorfindet. Er ist aber auch Schauspieler, ein sehr begabter; psychotische Rollen müssten ihm am besten liegen.

Ich freute mich, die Ausstellung endlich zu besuchen, die beiden passten fantastisch zueinander.

Nils trug einen blauen, abgewetzten Arbeitskittel, so einen, den man ausrangiert und zum roten Kreuz gibt. Dazu weiße Socken mit dem Logo des Arbeitsamts. Seine Haare waren an diesem Tag lang und hingen offen in alle Richtungen. Nils stellte sich neben eine Skulptur von Erwin Wurm. Die hatte einen Fuß, eine Art Bein, eine schmale Männerhüfte, die dann in einen irgendwie länglich, verdreht scheinenden Arm hinaufragte. Volumen gab es nicht wirklich, es war eine ganz dünne Skulptur, wie ein Streifen, der den Körper zu einer Seite hin abgeformt hat. Dieser Körper stammte von Lars. Der danebenstehende Nils sah jetzt ebenfalls etwas krumm und seltsam aus. Aber auch ich, die sowieso immer viel zu krumm dasteht, wirkte sehr passend in diesem Setting. Ich stellte mich auf die andere Seite, und so verharrten wir etwas, Kunst betrachtend. Mit Nils ist alles entspannt, auch Gesprächspausen wirken so, dass man nicht unruhig zu werden braucht.

Erwin Wurm interviewte ich später für *Kunstforum*. Zu dieser Ausstellung mit Lars erzählte er mir:

Ich mag ihn! Seine offene spontane Art. Den Lars habe ich in Berlin in der Galerie kennengelernt, und innerhalb von fünf Minuten war er ausgezogen.
Bestimmt eine emphatische Geste, extra für den Bildhauer.
Das habe ich aber nicht von ihm verlangt. [Lacht.] *Die Unterhose hat er anbehalten. Ich war etwas unschlüssig, was ich jetzt machen sollte. Es war doch etwas schnell. Er hat alle Register gezogen und gezeigt, wozu er bereit ist. Auch die Hamletkrone hatte er dabei. Dann habe ich ihn nach Wien eingeladen. Wir haben uns hier mehr Zeit gelassen, das liegt mir besser. Im Atelier habe ich ihn dann abgegossen. Der musste dafür eine Pose einnehmen, wo er den Arm so hoch über den Kopf hielt. Und das Abgießen dauert lange … Dabei hat er fast einen Kreislaufkollaps bekommen. Wir haben ihn dann noch ein zweites Mal liegend abgegossen.*[39]

Nils und ich hatten auf dem Boden Kaffee getrunken und waren damit jetzt fertig. Für diesen Tag war ein Interview mit ihm geplant, dafür fuhren wir zu ihm nach Hause in den Garten. Nils fährt sehr gerne Auto, am liebsten durch ganz Europa, als Auto hat er einen großen, weißen Transporter. Darin fuhren wir aber erst ein bisschen durch die Stadt und hörten Musik. Sein Handy war in der Mitte zwischen uns auf einem Halter angebracht. Es klingelte. Auf dem Display las ich »Hotel Ibis«. Nils ging ran.

»Alles klar für heute Abend? Wer hat die Dosen?«, fragte die Stimme.

»Die wollte Tom doch mitbringen. Aber ich hab auch welche. Kann ich mitbringen.«

»Ja, dann treffen wir uns da um zehn?«, fragte Hotel Ibis.

»Jo, melde mich später noch mal.«

Beide legten auf.

»Das Hotel Ibis ist ja vielseitig involviert«, sagte ich zu Nils.

Nils lachte. »Ja, da hast du mich erwischt. Ich muss die Nummern doch immer anders abspeichern.«

»Klar, Hotel Ibis!«

Wir fuhren herum, Nils erzählte mir, dass er in derselben Nacht noch eine S-Bahn mit seinen Kumpels malen gehe, und dann kamen wir schon bei ihm zu Hause an. Seine Wohnung ist in der Nähe des Bahnhofs, weil Nils Bahnhöfe beruhigend findet. Zu Hause sieht es bei ihm so aus wie in der Luxuswohnung eines Schauspielers aus den 1970er-Jahren mit buntem Fensterglas, das den Flur abteilt, einem wild wuchernden Garten und einem Arbeitszimmer, in dem die Dosen lagern und auch ein Schlafbett für Freunde bereitsteht.

Im Wohnzimmer lief zwischen den Sofatischen mit den Kunstbüchern drauf ein Hund mit einer Halskrause umher. Nils erklärte mir, dass sein Hund operiert worden sei, es ihm aber jetzt besser gehe. Wir setzten uns in den Garten und begannen mit dem Interview.

»Subkultur und Graffiti war für dich ein guter Einstieg, besonders ja auf der persönlichen Ebene. Aber als Galerist ist das besonders schwer auf den Markt zu bringen. Damals hast du ja zuerst deine Graffiti-Freunde ausgestellt. Hast du die Kunst verkaufen können?«

»Nein. Ich wusste ja auch gar nicht, wie das geht: verkaufen. Am Ende des Tages war das ja ein total unkommerzielles Projekt, authentisch zwar, aber nicht zum Verkaufen. Das hätte ich auch fast schnell wieder aufgegeben, weil mir dann die Luft ausgegangen ist.«

»Es dauert ja auch.«

»Es gab eine Ausstellung, da kam ich an den entscheidenden Punkt – entweder höre ich auf oder nicht. Das war die Ausstellung mit Zedz aus Amsterdam. Da haben wir wirklich viel Aufwand betrieben, um diese Ausstellung zu realisieren, und es kam einiges an Produktionskosten dazu. Robert Kaltenhäuser hat sie kuratiert. Für mich war das damals eine extrem gute Ausstellung, aber dann wurde wieder nichts verkauft, dafür aber eine Skizze geklaut. Das geschah während der Eröffnung, wir machten eine riesige Party, eigentlich haben wir eh nur Partys gemacht und Freigetränke ausgegeben. An dem Abend habe ich dann alle rausgeworfen und mir gesagt, dass ich das so nicht mehr mache. Vorher dachte ich halt, dass DJs und Partys die Leute anziehen, hat es auch, die Bude war immer voll, aber es hat sich keiner für die Kunst interessiert. Ab da gab es keine Freigetränke mehr. Denn für mich als Gastgeber hat das keinen Spaß mehr gemacht. Ja, und dann kam die Ausstellung mit Mark Jenkins, und ich verkaufte tatsächlich zwei Skulpturen. Das war neu für mich. Eine hat der Produzent einer beliebten deutschen Vorabendserie gekauft. Und die andere ein Sammlerehepaar aus Köln. Das war ein Wendepunkt, ich war ja wirklich kurz davor aufzuhören und mir einzugestehen, dass ich es nicht schaffe. Und dann verkaufte ich die zwei Skulpturen. Vorher musste ich Hochzeiten fotografieren, um überhaupt die Miete für die Galerie zahlen zu können. Die ersten drei, vier Jahre habe ich nur Geld reingesteckt, und dann dieses Erfolgserlebnis mit Jenkins, das war so groß für mich. Damals waren das 2000 oder 3000 Euro, aber für mich hat sich das nach so viel Geld angefühlt. Da war ich wieder für die nächsten Jahre motiviert.«

»Wie sieht heute deine Balance aus? Denn du hast Graffiti ja nicht aufgegeben, im Gegenteil, als wir uns während des Lockdowns sahen, erzähltest du, dass du wieder viel mehr nachts draußen malen gehst. Eben weil dir das auch als Ausgleich durch die Pandemie geholfen hat.«

»Ich habe manchmal Phasen, wo es mir psychisch nicht so gut geht. Und Graffiti ist halt immer da. Auch in Momenten, wo mal was schlecht läuft. Und dann greift man auch gerne zur Dose, das ist wie ein treuer Begleiter. Und das wird es auch immer bleiben. Aber die Szene, die oft eine sehr engstirnige ist, interessiert mich weniger, ich will einfach mit einigen guten Freunden rausgehen und einen guten Moment erleben. Mir geht es aber überhaupt nicht um das Endprodukt, also das Graffiti an sich.«

»Mich wundert sehr oft, dass Museen und Institutionen, die eigentlich eine gute Forschungsarbeit und Rechercheleistung erbringen, beim Thema Graffiti so oberflächlich bleiben. Gibt es eine Ausstellung zum Expressionismus, wird ganz genau geforscht, und diese Bewegung wird nicht mit dem Impressionismus verwechselt. Bei Graffiti machen sie oft keinen Unterschied zu Street Art oder Urban Art, und sie lesen sich selbst nicht tief in die Historie ein, laden aber auch keinen externen Experten für diesen Teil der Kunstgeschichte ein.«

»Total, da fehlen die Experten für diesen Bereich. Die fragen dann auch keinen Peter Michalski oder solche Leute an. Da fehlt auch das Bewusstsein für die Subkulturen und dass diese total wichtig sind. Heute verschwindet das ja leider, da holt man sich von allem etwas, meistens nur von der Oberfläche. Ich will jetzt nicht nostalgisch werden, aber früher gab es richtige Subkulturen. Ich bin da auch zu Hip-Hop-Jams in ganz Deutschland gefahren, ich war halt so ein Graffiti-Nerd. Daneben gab es die Skaterkultur und so viele andere Subkulturen. Das stirbt ja alles aus.«

»Und dabei kommt ja ganz viel aus diesen Subkulturen, nicht nur in der bildenden Kunst, auch in der Musik, im Theater und in der Literatur. Subkulturen waren ja eine höchst potente Quelle für alle Kulturbereiche und deren Innovationen.«

»Genau. Da lagen ja auch die Brennpunkte oder die Krisen, und die waren ja höchst inspirierend. Druck erzeugte den Drang zum Kreativsein. Ich würde mir für die Zukunft wünschen, dass noch mehr Leute daraus die Sichtbarkeit und Chance bekommen, Projekte zu realisieren. Auch dabei hilft Trial and Error.«

Wir redeten noch lange weiter, bis um halb zehn das Handy klingelte und Hotel Ibis anrief.

Nils musste los.

Bergisch Gladbach

Ich ging vor der Weiterreise noch einmal herum, um meine Lion-Sammlung zu vervollständigen. Da war ein bärtiger, großer Mann mit vielen dunklen Locken, der ebenfalls einen Lion fotografierte. Ich stellte mich neben ihn und machte auch ein Foto.

»Hier ist der i-Punkt größer, da drüben war er noch kleiner und über dem L«, sagte er mir.

»Habe ich eben auch schon bemerkt.«

»Wer das wohl ist. Kennst du den?«, fragte er mich.

»Nein. Vielleicht will ich das auch gar nicht wissen, so bleibt das Rätsel größer.«

»Und warum fotografierst du das?«

»Ich fotografiere auch andere Tags, die mir gefallen. Und wenn ich hier zu Hause Urlaub mache, dann halt Lion«, sagte ich.

Wir unterhielten uns etwas, er kam aus Marseille und taggte Hams. Nach Gladbach hatte er sich irgendwie auf der Durchreise verirrt, er meinte, hier könne man sich aber ein paar Tage gut verstecken. Wir gingen ein bisschen die Grüne Ladenstraße und die Hauptstraße entlang und zeigten uns gegenseitig die Lions.

»Vielleicht ist das ja NEU.«

»Ach, du kennst NEU?«

»Ja, klar, also die Tags. Ich mag das Wiederholende, wenn man das sieht, dann fragt man sich doch, warum man noch einen einzelnen Tag irgendwo machen sollte, einen allein, der steht dann so dumm da, aber die ganzen NEUs hintereinander, an der Autobahn und so, das gefällt mir, da schallt es immer wieder zurück, da blinkt es immer wieder auf.«

»Ja, das stimmt. Weißt du, wer das ist?«

»Nein. Aber vielleicht hat er ja mehrere Identitäten.«

»Welche denn?«

Hams fotografierte einen weiteren Lion.

»Vielleicht ist er ja auch hier in Gladbach«, sagte ich. »Und hat hier die Identität eines Jugendlichen und schreibt auch so wie ein Jugendlicher, Lion zum Beispiel. Und vielleicht ist er in Köln ein älterer Rentner, der sich über irgendwas aufregt, dass die Stadt einen Baum fällt oder bei Schnee keinen Sand streut, und dann nimmt er die Dose und schreibt damit etwas auf den Gehweg oder vor das Rathaus. Alles in Großbuchstaben, damit man ihn nicht an seiner Schreibschrift erkennt. Und in Duisburg ist er wieder ein ganz anderer.«

»Und wer ist er da?«, fragte er.

»Ein Autist, der immer von 5:07 bis 6:08 Uhr morgens mit seinem Hund spazieren geht.«

»Wie schreibt denn der Autist?«

»Der schreibt immer gleich, der kann sich ja nicht verstellen. Der taggt auch mit seinem bürgerlichen Vor- und Nachnamen. Weil der Autist ja immer authentisch sein muss.«

»Das kann alles sein«, sagte Hams.

»Ja, kann doch sein«, sagte ich, »und überall macht er am meisten, und dann ist der Rentner der King in Köln und der Autist der King in Duisburg. Und hier in Gladbach ist Lion ja auch der King.«

»NEU hört nie auf.«

»Was ist denn gerade in Marseille so los?«

»Da wurde ein Papagei entführt«, sagte Hams.

»Warum?«

»Um Lösegeld zu erpressen.« Hams zeigte mir den Zeitungsartikel auf seinem Handy.

»Der Kidnapper wollte genau 2800 Euro haben?«, fragte ich.

»Ja, der Papagei hieß Coco.«

»Das ist aber nicht so viel für Coco.«

»Der hatte bestimmt eine Rechnung offen, wo genau diese Summe draufstand.«

»Und dann?«

»Die Übergabe sollte auf einem Supermarktparkplatz stattfinden. Aber der Vogelbesitzer rief die Polizei, und die fassten den Täter, als er die Tüte mit dem Geld nehmen wollte.«

»Und der Papagei?«

»Der wurde heil wiederaufgefunden.«

»Gott sei Dank.«

»Ja.«

Wir kamen jetzt zum S-Bahnhof, Hams musste da einen Zug nehmen. Ich wartete noch mit ihm, und wir entdeckten neue Lions.

»Letztes Jahr habe ich hier am Bahnhof noch keine gesehen.«

»Vielleicht ist er jetzt alt genug und fährt nachts nach Köln mit der S-Bahn.«

»Stimmt. So muss das sein. Dann ist er jetzt vielleicht 16? Oder 17? Vorher waren die eher hinten bei dem Wohnviertel um den Lidl und dm und beim Parkplatz. Auch solche Entwicklungen müsste der mit den vielen Rollen ja dann mitdenken. Da muss man ja ganze Leben erfinden.«

»Oder Lion ist Lion«, sagte Hams.

Wir sahen einen schwarzen Lion-Tag, den ein anderer versucht hatte mit Rot durchzustreichen. Das klappte aber nicht, das Schwarz schien kräftig hindurch. Wir fotografierten es freudig.

»Wo geht es jetzt hin?«, fragte ich ihn.

»Erst mal in die Alpen.«

Hams schwenkte seine fünf riesigen Plastiktaschen, die er dabeihatte. Eine Tomate und ein kleines Parmesanpäckchen fielen heraus.

Ich hob sie auf und steckte sie wieder in die Tüte.

»Was gibt es denn?«

»Bolognese!«

»Oh, wie lecker.«

»Am besten mit elf frischen Tomaten und viel Petersilie und dann das Hackfleisch mit Schwarzbier braten.«

»Das kannte ich noch nicht. Werde ich mal meiner Mutter sagen.«

»Gut anbraten. Das Bier soll da gut einziehen, aber nicht total verdampfen, damit es auch in die Tomatensoße geht.«

»Ich richte es aus.«

Dann kam die S-Bahn. Hams stieg ein. Ich wünschte ihm weiterhin gutes Verstecken. Er winkte noch mal fröhlich mit zwei Tüten in der Hand.

Im Zug

In Köln stieg ich wieder in den ICE nach Berlin. An meinem leeren Vierersitz holte ich meine Bücher und Zettel heraus und freute mich auf meinen Kaffee und die schöne Arbeit im Zug. Ich war sehr motiviert, und dann wurde ich plötzlich müde und schlief ein. Sehr fest und lange, träumte aber nichts. Ich verpasste Hamm und die vielen Taps und wachte von einem Geräusch direkt gegenüber auf. Es war der alte Mann, der aufstand und seine Tasche an sich nahm. Er musste wohl die ganze Zeit hier gesessen haben, ganz leise, ich war ja nicht wach geworden. Noch im Halbschlaf grüßte ich ihn und freute mich, ihn zu sehen. Er war gerade dabei zu gehen, sagte mir aber noch, dass er mir eine gute Weiterfahrt wünsche. Dann ging er schon, ich rief ihm noch nach, dass ich ihm einen schönen Tag wünschte, dann war er weg. Wie schade, dachte ich, dass ich nicht früher aufgewacht bin. Der Zug fuhr weiter, und ich konnte nicht mehr einschlafen, und nach Arbeit war mir aber auch nicht. Ich hörte Musik, guckte aus dem Fenster und sah nichts mehr, was mich interessierte, fand das aber auch nicht weiter schlimm.

Berlin, Wedding an der Straße

Ich hatte schon länger nichts mehr von Ricky gehört. Also schrieb ich ihm drei Nachrichten und fragte Jonas, ob er ihm auch mehrere Nachrichten schicken könne, und dann antwortete er und schlug vor, uns im Wedding an einer Tramhaltestelle zu treffen. Als ich ankam, trug gerade ein Gemüsehändler seine Obstkisten hinein, der Blick auf ein Graffiti von Ricky wurde frei. Ich setzte mich davor auf ein paar durchgeweichte Paletten, die der Gemüsehändler stehen ließ. Ricky kam etwas zu spät, er war noch beim Sport gewesen.

»Ey, Larissa!«, begrüßte er mich grinsend.

Um seinen Hals trug er ein Fahrradschloss. Wir gingen auf die Terrasse eines Dönerladens, der nebenan war. Ricky war gebräunt und hatte wieder seine alte Cappy auf, dazu ein Sportshirt von früher, er sah aus, als wäre er im Urlaub, aber in den 1990er-Jahren. Draußen flogen ein paar Dosen herum, Fanta und Eistee, benutzte Servietten lagen da, und viele kleine Vögel erfreuten sich an den Dönerresten auf den Tischen. Wir setzten uns, Ricky wischte mit ein paar Flyern über den Tisch und trug dann alles zum Mülleimer. Wir bestellten zwei Dönerteller. Das Fahrradschloss nahm er ab und legte es neben sich auf den Stuhl.

»Was willst du trinken?«, fragte ich ihn. »Bier?«

»Nee, auf jeden Fall Fanta.«

Ricky hatte auch großen Hunger. Er war vorher beim Handball gewesen. Wir hatten mittlerweile zehn Uhr abends, es wurde dunkel, aber es fühlte sich immer noch nach 33 Grad an.

»Bei mir war so viel los, Larissa«, sagte er.

»Ja? Was denn? Spielst du jetzt richtig viel Handball?«

»Fünf Verfahren laufen gegen mich.«

»Oh.«

»Aber seitdem spiele ich auch sehr viel Handball. Wird schon alles. Im schlimmsten Fall bin ich halt vorbestraft.«

»Und wäre das okay für dich?«, fragte ich ihn.

»Wird schon.«

Die Fanta und das Essen kamen.

»Erzähl mal.«

»Einmal bin ich im Tunnel erwischt worden, hatte aber noch nicht gemalt. Die sagen, das war versuchte Sachbeschädigung, ich sage, das war nur Hausfriedensbruch. Aber ein anderes Mal habe ich gemalt, und das haben die auf Video. Also spiele ich jetzt mehr Handball. Kann nicht mehr so viel malen gerade.«

»Was heißt denn nicht mehr so viel?«

»Vorher waren es so drei bis vier Mal die Woche. Ja, und jetzt nur noch so einmal.«

»Das ist bestimmt eine große Umstellung.«

»Total.«

»Und was machst du dann? Außer Handball?«

»Ich öffne Zugänge zu schönen Dächern.«

»Ach. Mit Werkzeug, ja? Also heimlich?«

»Es gibt ja so viele schöne Dächer.«

»Das ist ja auch romantisch. Zu mehreren?«

»Ja!«

»Und was macht ihr dann da oben?«

»Alles, was wir wollen. Ein Kollege hat letztens ›Desintegriert euch‹ geschrieben.«

»Der hat mir gefallen.«

Ricky grinste und trank seine Fanta ex. Dann bestellte er noch eine.

»Ist bestimmt sehr schön, da zusammen aufs Dach zu kommen und zu streichen oder Farbe zu schütten oder zu schäumen, zu zischen, zu tropfen oder zu werfen und alles, was es so gibt. Warum bemalt eigentlich keiner Trams?«

»Weil es in New York auch keine Trams gab.«

»Ja, klar.«

Wir aßen unsere Teller auf, die Joghurtsoße war sehr lecker, damit konnte man den Reis und das Dönerfleisch gut vermengen, sodass am Ende so eine Art Joghurtsuppe entstand mit Reis und Fleisch, aber total frisch und kühl. Ich rührte mit der Gabel gut um.

Ricky war schon fertig.

»Für mich steht an erster Stelle das Unterirdische, im Tunnel, also U-Bahnen. An zweiter Stelle sind S-Bahnen.«

»Und ICEs?«

»Die sind auch gut, macht in Berlin aber keiner. Das geht in anderen Städten besser. Aber Berlin ist nicht ICE.«

»Und was machst du, wenn du vorbestraft wirst? Kannst du aufhören mit dem Malen?«

»Nee.«

»Okay.«

»Ich muss mir dann einfach mehr Zeit nehmen, da länger warten, länger checken halt. Kann dann nicht mehr einfach so reingehen und direkt malen. Ist halt gerade mehr Security da. Muss man ein paar Tage vorher schon gucken, was da unten so los ist. Und dann halt kürzer malen. Keine Stunde mehr. Aber schreib das so nicht.«

»Warum?«

»Ich will ja keinen abschrecken, ich will ja, dass immer mehr Leute sprayen. Die Züge sollen wieder voll werden.«

»Das schreibe ich dann auch dazu«, sagte ich ihm.

Unsere Teller wurden abgeräumt, die Fanta war auch leer. Wir guckten uns noch mal die Karte an. Da stand aber nichts mehr drauf, was man im Anschluss noch essen könnte. Der Chef vom Dönerladen brachte uns heißen Pfefferminztee heraus. Soll wohl guttun im Sommer. Er hatte recht.

»Was sind denn so die Themen bei den Dachkantensprüchen?«

»Na, der Berliner Wohnungsmarkt, Gentrifizierung, Flüchtlinge, bedingungsloses Grundeinkommen.«

»Viele Themen.«

»Und wie war deine Zeit so, Larissa?«

»Ich habe eine Ausstellung in der Russi Klenner Galerie kuratiert.«

Ich zeigte ihm Fotos von den Kunstwerken. Ricky war sehr interessiert und ließ sich von mir alles erklären. Dabei fragte er nach mehr Pfefferminztee.

»Komm doch mal mit deiner Freundin vorbei«, sagte ich.

»Ja, schlage ich ihr mal vor.«

Wir plauderten noch etwas über die Galerie und über Mehmet und Kazims küssende Cousinsbilder, und dann waren wir irgendwann müde. Ricky lud mich ein und bezahlte die Rechnung. Zu Hause dachte ich noch mal an den Spruch »Desintegriert euch!«. Der ist eigentlich ziemlich wichtig, sehr zentral. Ich fand einen Artikel in der *taz*. Darin wird das Buch *Desintegriert euch!* von Max Czollek besprochen. Es wird eine Warnung zitiert, Moscheen würden brennen und dann Synagogen. Czollek sieht das westliche, besonders das deutsche Verständnis von Integration problematisch. Eine offene Gesellschaft müsse auch die Vielfalt und die Erinnerung aushalten können. Letzteres besonders in Hinblick auf die AfD und die deutsche Vergangenheit.

Ich las noch etwas in meinem Buch von Luc Boltanski und Ève Chiapello über den neuen Geist des Kapitalismus. Und mit dem Spruch »Desintegriert euch!« im Kopf musste ich nun auch hierüber nachdenken. In den Kapitalismus wurde sich ebenfalls integriert. In den 1960er- und 70er-Jahren protestierte man gegen ihn und wollte mehr Freiheit und Autonomie. Er siegte, haushoch, indem er den Menschen versprach, dass er ihnen genau diese Freiheit bringe. Zum Beispiel einem Fabrikarbeiter. Er war vorher unzufrieden, dass er so klein gehalten wird, während der Fabrikleiter sich immer mehr bereichert. Durch den Geist des Kapitalismus bekamen die Arbeiter dann scheinbar mehr Ansehen und Verantwortung. Doch das war nur ein Trugschluss, um sie besser zu kontrollieren zu können. Ein Arbeiter berichtet, dass er früher auch mal mit seinem Kollegen gesprochen, sich kurz hingesetzt, mal lockergelassen habe, wenn sein Vorgesetzter nicht in der Nähe war. Jetzt aber arbeite er in einem Arbeitsteam, und die passten rund um die Uhr auf, was er mache. Davor war die Gruppensolidarität gegen die Vorgesetzten gerichtet, nun kontrollieren Arbeiter andere Arbeiter. Eine große Solidarität wird zerstückelt.[40] Große Streiks oder eine machtvolle Arbeiterschaft kann somit vermieden werden. Die Vorgesetzten freuen sich.

Und auch die ganze Künstlerkritik der 1960er und 70er gegen die Vermassung durch Waren, gegen das kapitalistische System, gegen die Regierung, gegen ungleiche Machtverteilungen, gegen die Institutionen. Das alles wurde ja total gezähmt, die meisten »politisch« arbeitenden Künstler sind ja total gezähmt, total in den Institutionen, in den Galerien, im Legalen, im Angepassten. Da gibt's in der Kunst dann so einen kleinen Moment, wo mal der Finger gehoben wird, wo mal gesagt wird: »So aber nicht!«, und dann wird das Ganze aber schön auf der Art Basel verkauft und schön im Kunstverein ausgestellt und schöne Bilder davon gemacht, und alle sind froh und schön. Da stört ja keiner mehr. Da ist ja jeder integriert. Auch die Gegner sind integriert. Der Kapitalismus liebt ja Kritik an sich, die kann er sich gut einverleiben und feiern, und somit bekommt er dann auch die

Kritiker als Anhänger. Das machen die schon sehr klug, der Kapitalismus und die Politik und die Kunst. Natürlich sind auch die allermeisten Linken längst integriert, die sind superintegriert, die kaufen alle die Waren, auf denen »links« draufsteht, und die sind auch total gezähmt.

Ich bekam noch eine Nachricht von Ricky aufs Handy. Am nächsten Tag werde gestreikt, welche Berufsgruppe es ist, darf ich hier nicht schreiben. Ich solle zum Streik kommen. Er laufe da mit, das sei sehr wichtig. Ich wollte hingehen und las wieder im *Neuen Geist des Kapitalismus*. Der Freiheitsgewinn ist ja ein großes Versprechen des Kapitalismus. Der sagt dir ja: Du bist arm geboren, deine Eltern sind arm, aber du kannst es da raus schaffen, du bist frei, du kannst ganz neue Wege gehen. Darum geht's ja in diesem System, dass einem das Gefühl gegeben wird, frei zu sein. Natürlich ist das alles nicht wirklich so, für einige wenige vielleicht. Auch die allermeisten Kunststudenten kommen nicht aus Hartz-IV-Familien mit niedrigem Bildungshintergrund. Und die Freiheit ist auch eine sehr fragwürdige. Dann war es schon vier Uhr, und ich musste schlafen gehen.

Berlin, Grünstreifen

»Es kann ja auch ums Scheitern gehen«, sagte ich. »Es müssen ja nicht immer Heldengeschichten sein.«

Ich stand mit Jonas auf einem kleinen Grünstreifen im Süden von Berlin in einem sehr unspektakulären Viertel. Es gab einige Hochhäuser und hohe Häuser um uns herum. Der Grünstreifen war aber auch nicht mehr grün, sondern durch den heißen Sommer total ausgetrocknet. Gras gab es nicht mehr, nur noch sandige Erde, dürre Büsche und dürre Bäume. Unsere Schuhe waren jetzt auch ganz sandig und trocken. Dazwischen lag Müll, hauptsächlich Teile von verblichenen Pappschachteln, in denen mal Eisriegel oder Burger gewesen waren. Die Pappe war aber auch schon halb im Sandboden versackt. Auf diesen vergilbten Grünstreifen ist der sandige Boden irgendwie extra trocken. Auf den Tischtennisplatten klebten Sticker, die alle schon abgenutzt waren. Irgendwo war auch einer von 1UP dabei. Auch die Eddingkritzeleien von den dort wohnhaften Teenagern mussten schon einige Jahre alt sein, neue waren nicht dazugekommen.

»Aber muss auch nicht heute sein«, überlegte ich dann.

Jonas deutete auf eine alte Bank, und wir setzten uns. Dabei setzte er sich so, dass er einen guten Blick auf den Hauseingang gegenüber hatte.

»Sollen wir eigentlich auch mehr von Reisen erzählen, oder willst du nur Berlinsachen?«

»Hauptsächlich Berlin, glaube ich, aber ein paar Reisen zwischendurch gehen auch. Hast du da schon was Konkretes?«

»Nee, gibt ja so viele.«

Er schaute entspannt auf das Haus.

»Beobachtest du wen?«, fragte ich.

»Keinen Bestimmten«, sagte Jonas.

»Bin ich heute deine Tarnung?«

»Eis sieht auch gut aus, sollen wir uns mal Eis holen?«

»Ja, klar, und dann kannst du ja währenddessen eine Reise aussuchen.«

Neben uns spielten einige Freunde von Jonas an der Tischtennisplatte. Jonas ging für alle Eis im Hörnchen holen, in einer Eisdiele, die ebenfalls verblichen aussah. Ich begleitete ihn.

»Hier ist aber auch alles verblichen«, sagte ich. »In den Randbezirken lassen die Farben immer nach.«

Wir redeten ein bisschen über das Eis und darüber, dass der Grünstreifen früher besser ausgesehen hatte. Als wir die Hörnchen verteilt hatten und wieder auf der Bank saßen, guckte Jonas weiter entspannt zum Haus. Wenn jemand hinein- oder hinausging, schrieb er sich manchmal etwas auf, aber auch nicht jedes Mal.

»Du bist geheimniskrämerisch.«

»Ich erzähl dir von Bangkok«, sagte er.

Das werde aber eine längere Geschichte. Okay, sagte ich und holte meinen Block, meinen Kugelschreiber und meine Wasserflasche heraus. Die anderen spielten wieder an der Platte.

Sie waren also alle nach Bangkok geflogen, ungefähr 30 Leute, zu Silvester vor ein paar Jahren, zwei Wochen waren sie da. Einer blieb zwei Monate. Unfreiwillig. Aber erst mal zur Ausstellung, die sie da vorbereiteten. Die Veranstalterin, die sie eingeladen hatte, tauchte nicht auf. Sie schrieb ihnen aber, wo sie den Schlüssel abholen könnten, und dann, dass sie ruhig loslegen sollten. Das machten sie dann auch, Werkzeug war da, die Ausstellung sollte über drei Etagen gehen. Sie haben also allein dort gewerkelt, Bilder aufgehängt, auch nachts gehämmert. Eine Nachbarin beschwerte sich über die Ruhestörung. Okay, das war nicht schlimm, dachten sie. An einem anderen Abend saßen sie auf der Terrasse des Gebäudes zum Trinken. Die Nachbarin kam wieder und stresste und filmte alle Gesichter mit ihrem Handy. Das war schon merkwürdig, meinte Jonas. Aber es sei nichts weiter passiert.

Dann war Ausstellungseröffnung.

»Und die Chefin, war die inzwischen da?«

»Nein, immer noch nicht. Wir kommunizierten nur per E-Mail und per WhatsApp mit der. Das war ein Fehler mit dem WhatsApp, das wussten wir nur da noch nicht.«

»Und wie war die Eröffnung?«

»Ja, eigentlich gut. Große Party, 50 oder 70 Sprayer kamen, wir feierten da auf dem Rooftop.«

»Und habt ihr die Veranstalterin nicht gefragt, warum sie nicht kommt?«

»Doch, klar, aber es waren halt immer Ausreden. Sie sagte mal, dass sie auf einer Insel sei.«

»Mhm.«

Jonas erzählte weiter vom Eröffnungsabend. Ein Sprayer sei dann auf dem Dach über eine Palisade geklettert und habe ein kleines Piece gemalt. Also gesprüht, mit Dosen. Da kam die Nachbarin wieder, filmte alle und fluchte auf Thailändisch. Es stellte sich dann heraus, dass es ihr Haus war.

»Oh.«

»Wir sind dann alle geflüchtet. Alle verteilt, in die Straßen rein.«

Die Veranstalterin habe dann angerufen über WhatsApp und gesagt, dass die Polizei da sei.

»Das war jetzt das Problem. Sie hatte unsere Handynummer und wollte, dass wir zurückkommen.«

»Echt?«

»Sie hat uns gedroht, die Nummer an die Polizei zu geben, damit könnten sie uns dann bei der Ausreise schnappen. Wir diskutierten über Stunden mit ihr, wir wollten nicht zurückgehen.

Die anderen und ich versuchten sie zu überreden, dass sie die Sache mit der Polizei vor Ort klärt, wir hätten ja auch alles bezahlt. Aber das wollte sie definitiv nicht.«

»Und dann?«

Gegenüber am Haus fuhr ein Lieferwagen vor, ein Paketdienstleister, er klingelte und verschwand mit einigen Paketen im Haus. Jonas schaute zufrieden. Ich schaute jetzt auch auf das Haus.

»In einer Doku habe ich gesehen, dass es in Berlin angeblich 6000 Wildschweine gibt. Habt ihr mal welche gesehen?«

»Nein, leider noch nicht.«

Der Fahrer kam wieder aus dem Haus heraus.

»Ich würde mich freuen, beim Sprayen mal Wildschweinen zu begegnen.«

»Ja, ne?«

»Klar.«

»Und was hat die Chefin dann gesagt?«

»Dass es um Respektlosigkeit gehe und wir selbst hinsollten, um uns zu entschuldigen. Nur so hätte man diese Respektlosigkeit wiedergutmachen können. Aber wir wollten uns ja nicht der Polizei stellen. Wir wussten echt nicht, was wir machen sollten, die ganzen Diskussionen gingen stundenlang. Man hört ja einiges über die Gefängnisse in Thailand. Das sind ja

Horrorstorys, Stockschläge und so. Einige schlugen vor, auf eine Insel zu flüchten und von da auszureisen, durch andere Länder. Sechs Stunden haben wir überlegt. Der Maler, der das Piece gemacht hat, hat dann gesagt, dass er sich stelle. Ich bin mit ihm gegangen. Die Bullen haben die ganzen Stunden lang in der Galerie gewartet.«

»Oh Gott! Ich hätte gebetet.«

»Die Veranstalterin hatte irgendwie Angst, abgeschoben zu werden, sie war Europäerin.«

»Aber trotzdem. Weiß auch nicht.«

»Der Maler hat dann noch versucht, sich als Veranstalter auszugeben, und meinte, dass er nicht wisse, wer das gemalt habe. Doch die haben ihn direkt verantwortlich gemacht und ins Gefängnis gesteckt.«

»Warte, ich schreibe mit: ›direkt ins Gefängnis!‹«

»Wir haben alle nicht mehr geschlafen, das ist ja totaler Brainfuck. Am nächsten Tag rief er an und meinte, dass er jetzt vor Gericht komme, da hieß es noch, er müsse 5000 Euro zahlen, und dann wäre es gut. Jeder von uns rannte los, um Geld zu beschaffen, zu jedem Cashautomaten, überall abheben, bei jedem bis ans Limit, es hieß, wenn wir das Geld in zwei Stunden nicht abgeben, dann kommt er nicht frei, dann muss er ins Gefängnis. Wir liefen also alle durch die Stadt, jeder hob so viel ab, wie es möglich war, einer, der dann das ganze Geld hatte, rannte kilometerweit zu Fuß, weil Stau war und das Taxi darin stecken blieb. Er kam 20 Minuten zu spät an. Er hat alles gezahlt, aber es war total undurchsichtig. Die Nachbarin war auch da mit ihrer Familie, sie redeten alle nur von Respekt, der Maler entschuldigte sich tausendmal, aber dann hieß es plötzlich, er müsse trotzdem in den Knast.«

»Boah! Wer war der Maler?«

»Der war 35 Jahre alt, eigentlich ein total gestandener Mann, aber da war der nervlich nur noch fertig.«

»Klar.«

»Am selben Tag mussten wir noch die Ausstellung auflösen, alles wieder abhängen und einpacken, wir haben auch das Piece übermalt, also mit der Farbe von der Fassade, dass man das wirklich nicht sah, es ist wirklich perfekt original geworden. Genau wie vorher. Da waren wir erleichtert. Zwei Tage später gab es dann vier Anklagen und eine neue, weil wir die Fassade wieder angemalt hätten.«

»Aber ihr habt euer Piece doch wieder übermalt und alles so gemacht, wie es vorher war.«

»Ja. Aber für die war das wieder eine Respektlosigkeit. Wir hatten ja schließlich wieder die Fassade berührt.«

»Verrückt.«

»Also war da wieder eine Anklage wegen Respektlosigkeit. Wir haben dann einen Anwalt gesucht. Und wir sind zur deutschen Botschaft gegangen und haben die um Hilfe gefragt.«

»Klar, für so was sind die ja da. Die müssen ja helfen.«

»Die hatten auch einen Anwalt für uns, aber der wollte echt viel wissen. Ganz viel, das war uns dann irgendwie nicht geheuer. Also haben wir über die Locals dort einen anderen Anwalt gesucht. Wir kamen dann zu einer, die saß in einem ganz kleinen Raum mit ihrem kleinen Sohn, das war Spielzimmer und Büro in einem.«

»Eine Mutter! Gut! Was hat sie gesagt?«

»Dass wir bestechen müssen.«

»Ha!«

»Die Richterin und die Polizei bestechen. Und mit der Familie reden. Wir sagten okay, machen wir, wie viel kostet das? Sie sagte 8000 Euro mit ihrem Honorar. Ja. Und dann hat sie die Bestechung für uns abgewickelt, sie meinte, dass es keinen anderen Weg gebe. Aber es dauere so einen bis zwei Monate. Wir hörten uns auch noch mal bei den Locals um, die meinten auch, dass das alles wohl normal sei. Also mit der Bestechung und der Höhe der Summe und so. Wir haben ihr dann das Geld überwiesen, wir haben wieder alle zusammengelegt. Von uns sind einige dann nach Hause geflogen, andere gingen auf die Insel und blieben noch etwas dort. Der Maler kam dann wirklich frei und erholte sich erst mal auf der Insel bei den anderen. Er rief direkt seinen Chef an, aber seinen Job hat er verloren, weil er ja zwei Monate nicht da war.«

»Das war ja alles echt viel.«

»Ja. Wir waren alle ziemlich fertig, das war ja kein Urlaub mehr. Die, die noch da waren, organisierten dann noch eine neue Ausstellung, der Maler auch, so hatte er was zu tun, konnte sich ablenken, er durfte noch nicht ausreisen. Später bekam er seinen Pass zurück. Er brauchte in der Zeit natürlich auch noch Geld, um da zu leben.«

»Mann.«

»Wir hatten also 5000 Euro, dann 8000 Euro und die Lebenskosten für den Maler. So viel Geld für ein 1,5 Meter breites Piece. Und das Stressige dort war ja auch die Hitze. Das hat einen ja auch noch total fertiggemacht. Und dann der Verkehr noch dazu.«

»Mann.«

Mittlerweile waren wir hungrig geworden und bestellten uns Pizza auf den Grünstreifen. Funghi, Rucola, Hawaii. So werden hier im Lande Heimatgefühle hergestellt. Pizza Hawaii gibt es woanders, glaube ich, nicht. Wenig später hielt auch ein Essenslieferant vor dem hohen Haus und ging hinein. Das war ebenfalls sehr interessant für Jonas.

»Denn eigentlich kennt man ja nur die Actionvideos von euch aus Bangkok. Da habt ihr ja schon viel gemacht.«

»Ja, klar. Das Hochhaus, das du vorne auf dem *Kunstforum*-Band draufhattest, das haben wir insgesamt dreimal da oben angemalt. Da haben wir sogar noch gemalt, als der Typ mit dem Piece im Gefängnis war. Wir hatten schon überlegt, ob das jetzt vielleicht kein guter Zeitpunkt sei, aber es ging ja gut. Mit Bambusstöcken haben wir übrigens unsere Stangen gebaut, drei Meter lang und dann die Farbrollen da vorne dran.«

Ich kaute an einem Stück Hawaiipizza und konnte deswegen nicht mehr mitschreiben.

»Und was habt ihr nicht gemacht?«

»Es gibt da einen Juwelier-Tower. Unten sind die Schmuckgeschäfte, und darüber sind die Büros für die Deals. Oben auf dem Dach wollten wir den Helikopterplatz bemalen.«

»Wie kommt man denn da hoch?«

»Den normalen Weg konnte man nicht nehmen, da waren überall Kameras. Wir sind einmal wie selbstverständlich durch die Büros gelaufen, zum Lastenaufzug. Und dann hochgefahren. Oben haben wir 20 Minuten gewartet, ob jemand kommt. Gerade als wir loslegen wollten, kamen sechs wütende Thailänder. Die haben uns dann wieder gefilmt, da filmt halt jeder sofort, wir sind dann wieder weggelaufen und dachten: ›Scheiße, jetzt gibt's wieder ein Video mit unseren Gesichtern drauf.‹«

Wir aßen die Pizza auf und guckten noch etwas weiter auf das Haus. Ich fragte nicht weiter nach. Als es dunkel wurde, brachen Jonas und die anderen auf, sie begleiteten mich noch vom Grünstreifen zur nächsten U-Bahn-Station.

Berlin, Dönerladen

»Ich lese mal was vor«, sagte ich zum Dönerchef.

»Mhm.«

»Die Kommune I erzielte im April 1967 einen Medienerfolg. Festgenommen wurden die Mitglieder unter dem Verdacht, während des Berlinbesuchs des US-Vizepräsidenten Hubert Humphrey einen Anschlag auf diesen zu planen. Das habe sich auch bestätigt, also der Plan zum Anschlag, aber die Bomben bestanden aus Mehl, Pudding und Farbe. Und dann steht da noch, dass die Kommunarden absurd unverschämte Flugblätter verteilten, und sie würden in Frauenkleidern auf der Straße tanzen, vor dem Gericht Knallfrösche und Räucherkerzen werfen. Das wird wohl als Provokation der Staatsgewalt ausgelegt, damit diese überreagiert und sich lächerlich macht. Es sei auch Kunst und Happening. Und anarchische Clownerei.[41] Der Autor ist Mathias Mesenhöller«, fügte ich noch pflichtbewusst hinzu.

»Ob das Kunst ist oder nicht, interessiert doch auch nur die von der Kunst. Da drehen alte Komplexe im Kreis. Eine einfache Malerei kann halt politisch nix mehr ausrichten«, sagte der Dönerchef und kam mit einem feuchten Lappen an meinen Mosaiktisch.

Ein Readymade auch nicht. Es gibt Künstler, die haben alle Hinterlassenschaften aus den Flüchtlingscamps gesammelt und dann in ihren Galerien ausgestellt. Das hat ja auch nur den Künstlern Mehrwert gebracht. Die Geflüchteten hatten davon nichts.

Ich hob die *Geo Epoche* hoch, er wischte den Tisch ab, und ich legte das Heft wieder hin.

»Aber hier, das mit der anarchischen Clownerei, ist doch schön gesagt.«

»Moses und Taps nennen sich am liebsten Bildermacher«, sagte ich zum Dönerchef. Das letzte Interview, das ich mit beiden gemacht hatte, erschien bei *Monopol Online*. Ich las ihm auch daraus eine Passage vor. Moses sagt dort:

> *Für mich kann diese ganze Diskussion »Kunst oder Vandalismus« endlich beendet werden. Uns ist es sowieso egal, wir malen doch plötzlich nicht anders, nur weil jemand sagt, dass das Kunst oder eben keine Kunst ist. Es hätte auf unsere Arbeit, ästhetisch wie inhaltlich, einfach keinen Einfluss. Die Frage »Was ist Kunst?« führt doch in eine lahme Diskussion, bei der alles schon gesagt worden ist. Nur nicht von jedem.*[42]

»Eben«, sagte der Dönerchef.

»Das Interview war übrigens der meistgelesene Artikel des gesamten Jahres auf der *Monopol*-Seite. Und wie laufen die Sushiboxen?«

»Das war nur eine Wochenaktion, lief wie am Schnürchen, die Arbeitsamtsleute halt, aber jetzt erst mal vorbei.«

»Steckst du eigentlich hinter *Reclaim Your City*?«

»Döner, meine Liebe!«

»Dann hätte ich gerne einen Teller mit extra viel Gurkensalat und Petersilie. Was hast du denn noch so da in deinen Ordnern?«

Ich schielte hinüber zum alten Holzschrank, in dem die türkisen Meeresordner standen. Auf der Seite war ein Tag von Blu. Er holte einen Ordner heraus, kleine Sandinseln mit Palmen waren darauf. Drum herum blaues Meer. Dazwischen schwamm eine Wasserschildkröte.

»Ziviler Ungehorsam«, sagte er und gab mir den Ordner mit der Schildkröte.

Darin war eine kopierte Textsammlung zum Thema. Viele Markierungen mit Markern und Bleistiften. In einem Text schrieb Andreas Braune, dass die Verweigerung der Einberufung zum Vietnamkrieg als ziviler Ungehorsam gelte, der milde oder gar nicht bestraft werden sollte.[43] Und auch bei anderen Gründen für den zivilen Ungehorsam sei es doch oft so, dass er für die nötige Irritation sorge und Anlässe für Reinterpretationen gebe, die zum Rechtsfortschritt beitrügen. Und im Zeitgeist der 1980er-Jahre schreibt Braune noch, dass ziviler Ungehorsam zum Instrument werde, um die von der Mehrheitsgesellschaft vorgeschriebene Lebensform als heteronom abzuwehren und Spielräume alternativer und eben autonomer Entwürfe von Lebensformen zu erstreiten.[44] Daneben klebte ein gelblicher Zettel, darauf stand: »Mein Junge, ich gehe zum Sterben nach Chicago. Das wird schön. Das Leben war wunderbar. Deine alte Oma«.

»Wie ist denn deine Oma gestorben?«

»Selig und mit Musik.«

»Du hast ja eine richtige Bibliothek hier«, sagte ich ihm, als mein Teller mit Gurkensalat, Joghurtsoße und Dönerfleisch kam. Er streute noch extra Petersilie darauf.

»Toll sieht das aus.«

Der Dönerchef ging an seine Wand, auf die ein Sonnenuntergang gemalt war und an der viele Urlaubspostkarten hingen. Er schien eine bestimmte zu suchen, nahm dann eine mit der Skyline von New York ab und reichte sie mir.

»Dreh mal um.«

»Da steht, dass bislang feststehe, dass gewaltlose Taktiken nur zu geringfügigen Verbesserungen für Amerikas 20 Millionen Schwarze geführt hätten. Aber sie gewannen viel durch ihre starken Proteste und massiven Demonstrationen. Sogar ihre Unruhen, auch wenn manche das ungern zugeben würden, führten zur teilweisen Erfüllung ihrer Forderungen. Und da steht noch, dass er jetzt zum Zahnarzt müsse. Linker Backenzahn unten, steht da.[45] Unterzeichnet von Howard Zinn, 1968.«

»Eine Karte an meinen Vater!«

Konnte Howard Zinn Deutsch? Und wie war der Zahnarzt?

Vielleicht hat er es übersetzen lassen. Backenzähne sind immer schwierig.

»Und was hast du noch so für Karten?«

Er gab mir eine andere, darauf waren Meer und Möwen abgebildet und ein Segelboot. Ich drehte sie um, sie war ebenfalls von Howard Zinn.

»Er schreibt«, zitierte der Dönerchef fast auswendig, »dass der Zahn rausmüsse. Er wolle ihn aber behalten. Auch wenn er nicht mehr schön aussehe. Aber er hänge an seinem Backenzahn.

»Ja, bestimmt. Die sterben doch dann einfach ab, oder? Oder fallen die irgendwann von allein aus? Hat er noch was geschrieben?«

»Ja. Ein PS: Diejenigen, die sich an zivilem Ungehorsam beteiligen wollten, sollten Taktiken wählen, die so gewaltlos wie möglich sind und im Einklang mit der Wirksamkeit ihres Protests und der Wichtigkeit der Angelegenheit stehen. Und da müsste noch stehen, dass der Unterschied zwischen der Schädigung von Menschen und der Schädigung von Eigentum höchste Berücksichtigung finden müsse. Beispiele für Taktiken, die sich gegen Eigentum richten, sind Wertminderungen, Beschädigungen, vorübergehende Besetzungen und dauerhafte Aneignungen.«[46]

»War dein Vater gut mit ihm befreundet?«

»Ja, ich glaube schon.«

»Dauerhafte Aneignung ist ein schöner Ausdruck, klingt vielversprechend. Klar, dass der seinen Zahn nicht abgeben wollte. Darf ich mal gucken bei deinen Postkarten?«

»Ja, mach.«

Viele haben Angst vor dem Zahnarzt.

Ich ging zur Wand und schaute mir die Sammlung an. Bestimmt 30 Karten hingen hier, die meisten waren älter. Ich nahm eine aus London von der Wand und drehte sie um.

»Die ist ja von Rudi Dutschke. Mann, dein Vater kannte ja alle.«

Der Dönerchef sah stolz aus.

»Rudi schreibt, dass er auf einer Party tanzen solle. Aber er wisse nicht, wie man sich beim Tanzen verhalten soll. Er stehe lieber.«

»War nicht seins.«

»Stand er dann daneben oder dazwischen?«

»Vielleicht hat er beides mal probiert.«

»Es braucht ja sowieso viel Mut, auf einer Party allein zu stehen. Das habe ich noch nicht oft gesehen. Einmal erst. Da stand ein Künstler an der Wand, und der stand ziemlich lange allein da. Bestimmt 30 Minuten. Das ist sehr lange, um vor allen Leuten allein zu stehen.«

»Ja.«

»Es geht ja darum, dass einem das nicht peinlich ist. Dass man dabei ein lockeres Gesicht macht. Und guckt. Also einfach guckt. Nicht auf sein Handy oder so. Nicht starren, sondern ein lockerer Blick. Allein stehen und eine lockere Innenhaltung haben. Da wächst man bestimmt an sich selbst.«

»Ich stand mal in einer Disco eine Stunde allein.«

»Und dann?«

»Dann ging ich nach Hause.«

»Vielleicht probiere ich das mal auf einer Vernissage. Kann aber auch sein, dass das die anderen Leute stark beunruhigen würde. Vielleicht würde der Galerist einen Assistenten vorbeischicken, damit das aufhört. Ich weiß auch nicht, ob die mich dann noch mal für einen Ausstellungstext anfragen würden. Eher nicht.«

Ich nahm die Karte wieder in die Hand.

»Rudi schrieb noch, dass für die deutschen Genossen die Uni wohl noch für lange Zeit ein mitentscheidendes Instrument für die Politisierung der Massen sei. Die Uni müsse – in Klammern: solle – eine revolutionäre Maschine für den Aufbau und die Neubestimmung des Klassenkampfes sein. Und dann fragt Rudi, wie das aber jetzt mit der Marx'schen Grundthese vereinbar sei, also dass die Befreiung der Arbeiterklasse nur möglich werde durch die Arbeiterklasse. Am Ende fragt er, ob wir prinzipiell den Abschluss unseres Studiums verunmöglichen müssen, um den Aufbau elitärer Einflussmöglichkeiten auf das Proletariat zu verhindern.[47] Das waren noch Zeiten«, sagte ich.

»7. Juli 1969«, sagte der Dönerchef auswendig.

»Genau.« Ich schaute auf den Stempel. So eine Frage würde ja heute wirklich niemand mehr stellen.

»Die Immoheinis von *The Haus* haben übrigens dann später das Ganze noch mal durchgezogen, aber diesmal nicht mit den Streetkünstlern, sondern mit Studenten von der Kunsthochschule.«

Draußen hielt ein Polizeiauto vor dem Ladenfenster. Ich schaute zum Dönerchef, der sah ebenfalls das Auto und hobelte in aller Ruhe Fleisch. Zwei ältere Beamte in Uniform stiegen aus und kamen herein. Zu meiner Überraschung duzten sich alle und waren guter Laune. Der Dönerchef machte ihnen zwei große Döner im gerollten Fladenbrot, ohne Zwiebeln, sie plauderten kurz, und die beiden Polizisten bezahlten und sagten: »Bis zum nächsten Mal, Chef.«

»Du hast ja alles im Griff«, meinte ich.

»Warum?«, fragte er.

Aus dem Hinterzimmer kamen jetzt plötzlich laute Geräusche, ich hörte das Schütteln von Dosen, von sehr vielen Dosen.

»Möchtest du noch einen Pfefferminztee?«, fragte er mich.

»Ja, gerne.«

Das Schütteln ging weiter. Es waren eindeutig Farbdosen, bestimmt waren mehr als fünf Leute dahinten. Ich hörte sie auch schwere Eimer und Werkzeuge schleppen. Dinge wurden über den Boden geschoben. Der Dönerchef trank langsam und ruhig aus seinem Teeglas.

»Wo kommt die Minze eigentlich her?«

»Aus München. Da gibt es Moorgebiete, wo türkische Minze wächst.«

»Ach.«

Ich hörte Lachen aus dem Hinterzimmer, und irgendwie war es mir, als seien es Lars und Ricky. Aber bestimmt habe ich mich getäuscht.

»Wächst in München gute Minze?«

»Bester Standort in Deutschland!«

»Wusste ich gar nicht!«

Ich trank in Ruhe meinen Tee, bezahlte, durfte mir die Postkarten noch abfotografieren und ging spazieren.

Berlin, Prenzlauer Berg

Die Anlage um das Ernst-Thälmann-Denkmal ist immer einen Spaziergang wert. Sie wurde in meinem Geburtsjahr gebaut, 1986, da war man stolz auf das sozialistische Wohnen im Plattenturm für 4000 Bürger. Und dann noch der Park und die frische Luft. Das war richtig fortschrittlich. In vielen Fenstern hängen alte Gardinen, solche, die früher modern waren. So war das Fenster ordentlich ausgestattet. Weiße aus Spitze. Es leben sehr viele alte Menschen hier, ich stelle mir den ganzen Wabenturm mit seinen Balkonen als Felsen der Alten vor. Das ist beruhigend, die backen jetzt bestimmt Pfannkuchen mit Äpfeln und fühlen sich zufrieden. Das Ernst-Thälmann-Denkmal ist in der Graffiti-Szene bekannt, weil da auf dem großen klotzigen Sockel immer neue Graffitis sind. Eine Anwohnerin erzählte mir mal, dass sich die Graffitis fast jeden Tag abwechseln, und jeden Morgen würde sie gespannt aus ihrem Fenster gucken, das sei genauso ein Ritual, wie die Zeitung reinzuholen.

Ich setzte mich dort in den Schatten, es gab keine Blumen, aber Büsche und Tannen. Es gibt ansonsten sehr wenig Tannen in Berlin. Ein kleiner Hauch von Trostlosigkeit spielt hier mit, aber der wird direkt wieder aufgefangen und umgewandelt von den gewaschenen Gardinen. Die Alten kümmern sich. Die pflegen ihr Zuhause. Das ist alles okay hier.

Von Hamburg nach Schleswig-Holstein

Ich hocke im Gebüsch. Mit dem Rücken an der Schallschutzmauer schaue ich nach vorne zum abgestellten Zug. Er steht ruhig dort, summt und wartet. Um kurz nach Mitternacht ist die Stimmung blau und gelb. Mond und Gleislaternen bestrahlen gemeinsam den Tatort. Dazu das friedliche Zischen der Dosen. Die nächtliche Ruhe unter größter Anspannung ist hypnotisierend. Das Licht aus Elektrizität und Nachthimmel zwingt die Sinne in meditative Konzentration. Wer das romantisch findet, wird am schnellsten erwischt. Hartes Training entscheidet, tausend Wiederholungen zum Muskelaufbau der Sinne. Moses und Rache sind stille Leistungssportler. Ich höre kein Geräusch, als Moses plötzlich unter den Zug springt. Rache macht es ihm nach. Ich sehe den dunklen Rücken des Zuges und unter ihm zwei menschliche Konturen. Sie hocken auf allen vieren, lauern, bereit für alles, was jetzt kommt. Was habe ich übersehen? Was überhört? Moses und Rache springen hervor, schmeißen die Sprühdosen in ihre schwarzen Sporttaschen und laufen weg. Ich stelle mich gerade hin, gucke ihnen nach, sehe, wie Moses seine Tasche ins Gebüsch wirft und weiterläuft, die Schallschutzmauer entlang, immer weiter und an ihrem Ende verschwindet. Rache ist ebenfalls nicht mehr da. Ich laufe, aber nicht lange, ich bin zu spät. Die Polizei würde mich sehen und dank mir zu den anderen finden. Mein versetztes Weglaufen ist wie eine Wegmarkierung aus Brotkrumen. Also stelle ich mich ins nächste Gebüsch, hocke mich hin, ins dunkle Versteck, wie ich kurz glaube. Neben mir liegen Kondome, Taschentücher und ein aufgerissener Plätzchenkarton von Oreo. »Jeder läuft für sich allein! Erwarte hier kein Heldentum von mir!«, hatte Moses mir im Auto gesagt. Jetzt stehe ich im Gebüsch, die Polizei wird genau hier entlanglaufen, mit Taschenlampen, und mich sofort entdecken. Alles falsch gemacht. Der Zug brummt weiter, als wäre nichts geschehen. Wenn sie mich festnehmen, sage ich nur meinen Namen, meine Anschrift und zeige meinen Ausweis. Mehr nicht, Moses hat es dreimal wiederholt, ich solle nicht glauben, eine tolle Geschichte erfinden zu können. Ausweis, Name, Anschrift. Keine Kreativität. Bei dem Wort »Kreativität« schaute er mich mahnend an. Ein Anwalt würde dann übernehmen.

Ich muss aus dem Gebüsch raus und renne den gleichen Weg wie er zuvor, dann hinter die Mauer, und plötzlich stehe ich mitten im schleswigschen Wiesenland, in einem Watt aus Schotter und Gleisen. Mehrere Laternen erleuchten die Kulisse, ich stehe dort, in der Mitte, das perfekte Ziel, und weiß nicht, in welche Richtung ich jetzt soll. Ich atme so gut wie schon lange nicht mehr, seit einigen Wochen rauche ich nicht mehr. Mitten zwischen den Gleisen kann man die Weite berühren, so fühlt es sich an. Dann pfeift es. Es kommt von rechts, weit weg, aber von rechts. Ich schaue in die Nacht. Es pfeift wieder. In der Entfernung sehe ich zwei Schatten auf der übernächsten Schallschutzmauer sitzen. Ich laufe nach rechts, überquere alle Gleise und dann den Abhang voller Kiesel hinunter, unten an der Mauer entlang, bis ich genau unter Moses und Rache stehe.

»Wo warst du die ganze Zeit?«, fragt mich Moses.

»Ich war noch im Gebüsch.«

»Was? Warum? War die Polizei da? Hast du sie gesehen?«

»Nein, ich habe keinen gesehen.«

»Die Bullen sind gekommen, die sind aus ihrem Auto ausgestiegen und an der Bahn entlanggelaufen. Lauf zum Bahnhof da drüben, und warte am Bahnsteig, nee, warte davor, geh aus ihm raus, und warte davor.«

»Okay.«

»Aber du musst vielleicht 'ne Stunde oder zwei da warten, okay? Wir können nicht direkt zum Auto. Wir müssen schauen, wie lange das hier dauert. Wir holen dich dann.«

»Okay, ja, egal wie lange, ich warte da.«

Moses und Rache springen auf der anderen Seite der Mauer herunter, und ich laufe weiter über die Gleise zum Bahnhof. Als ich dort ankomme, ist es ein Uhr nachts. Der letzte Zug fährt ab. Ich gehe über Gleis 1, dann die Treppe hinunter, durch den Bahnhof, dann raus. Das Gebäude ist verfallen, einst hatte es Platz für zwei Ladenlokale, die jetzt seit Langem leer stehen. Es ist aus Backsteinen gebaut, die, komplett eingeschwärzt, die letzte Sommerwärme abgeben. Ranken von Pflanzen lassen die Fassade anschwellen. An einer Wand hängt eine Uhr mit alten Zeigern aus Messing, die stehen geblieben sind. Ich setze mich auf dem Parkplatz auf einen Stein, dort, wo kein Licht hinkommt. Die Schallschutzmauer ist jetzt eine große Hecke. Ich schalte mein Handy an, kein Empfang. Ich fummle den Schlüssel meines Pensionszimmers hervor und puhle die Adresse ab, die auf dem

Anhänger steht. Das hatte ich vorher total vergessen. Die Polizei hätte dort all meine Aufzeichnungen über Moses gefunden. Die Papierfussel zermatsche ich mit Spucke zwischen meinen Fingern. Hätte ich schon vorhin im Auto machen sollen, denke ich. Besser, ich erzähle Moses nichts davon.

Am Nachmittag sind wir mit dem Boot gefahren, und ich konnte Hamburg vom Wasser aus sehen, an diesem Tag schien die Sonne mal nicht, es war grau, es war Bootszeit.

Abends hatten wir bei seinem Lieblingschinesen gegessen, extra scharfe Rinder- und Entengerichte. Die Stimmung war ausgelassen, wir hatten Zeit, bis Moses plötzlich einen Anruf bekam und die Uhr neu gestartet wurde. Moses wartete nicht mal auf den Bewirtungsbeleg, den er normalerweise seinen sorgfältig geführten Steuerunterlagen beilegt. Auch für den Reisschnaps war keine Zeit. Er musste sofort los, ich hatte ein paar Sekunden, um zu überlegen, ob ich mitwollte. Ja, wollte ich. Wir fuhren bei seiner Wohnung vorbei, sammelten Handschuhe und Sporttaschen ein, leerten unsere eigenen Taschen, steckten Bargeld, Hausschlüssel, Ausweis und Handy zurück und wurden auf der Straße von einem schwarzen BMW mitgenommen. Der Fahrer war Rache, der mich nur knapp begrüßte. Während der gesamten Fahrt raus ins Niemandsland sah ich nicht ein einziges Mal sein Gesicht, angekommen, vermummte er sich sofort. Als er mit Moses oben auf der Mauer saß, erkannte ich nur ein dunkles Allerweltsgesicht. Bis jetzt bräuchte ich in einem Gerichtssaal noch nicht mal zu lügen, ich würde Rache wirklich nie wiedererkennen.

Dreißig Minuten sind rum. Normalerweise Zeit für eine neue Zigarette. Dieses Mal nicht. Ich schaue hinter die Hecke. Da stehen Häuser mit Gärten und Deutschlandfahnen darin. Ein Mann mit leerem Gesichtsausdruck kommt heraus, trägt eine Aldi-Tüte zum Müll und fährt sein Auto in die Garage. Er trägt Badelatschen mit AfD-Logo darauf. Der Mann verschließt mit ernster Miene das Garagentor und nimmt eine große Hacke mit ins Haus. Ich hoffe auf einen Wolf. Stattdessen kriechen einige Schnecken auf den Stein.

Im Restaurant saß noch der Praktikant bei uns, auch er hatte ein paar Sekunden Zeit zu entscheiden, ob er mitwollte. Zu meiner Überraschung überlegte er sichtlich.

»Ich würde ja echt gerne, aber meine Hose ist vom Bootsfahren noch ganz nass«, sagte er zu Moses.

»Du sitzt hier den ganzen Abend am Essenstisch, und plötzlich fällt dir auf, dass deine Hose nass ist? Ich glaub, die ist von was ganz anderem nass«, antwortete ihm Moses.

»Na ja, ich hab ja schon Bock, ist ja nur wegen ... die Nächte werden ja auch schon kühler, und ...«

»Lass stecken«, sagte Moses.

Seit einer Stunde sitze ich hier auf dem Stein und schaue auf den alten Bahnhof. Also google ich »alte Bahnhöfe in Deutschland kaufen« und erfahre, dass man ehemalige Bahnhöfe schon ab 30.000 Euro bekommt. Das ist gar nicht so teuer. Zum Beispiel wird auf eBay ein ehemaliger Bahnhof in Bergen/Vogtland angeboten. Der hat eine Wohnfläche von 180 m². Aber leider keine Heizung. In Lauchhammer, Oberspreewald-Lausitz, kostet einer 35.000 Euro. Dafür hat er eine Wohnfläche von 240 m². Er steht seit zwölf Jahren leer, aber auch er hat keine Heizungsanlage. Ich muss Moses mal darauf ansprechen, ich kann mir sehr gut vorstellen, dass das etwas für ihn wäre. Er müsste natürlich noch eine Heizung einbauen lassen.

Das Geräusch eines Zuges ertönt. Der wird durchfahren. Ich stehe auf, um ihn mir anzugucken. Als ich mich den Gleisen nähere, sagt jemand hinter mir: »Na, an dir ist ja auch ein großer Einbrecher verloren gegangen, so wie du hier rumschleichst.« Moses steht da und schaut mich fragend an. Ohne auf den Zug zu schauen, erklärt er mir, welcher das ist, woher er kommt und wohin er fährt. Moses trägt keine Schuhe mehr, nur Socken.

»Wo sind deine Schuhe?«

»Die hab ich ausgezogen. Ich hab mich noch mal zum Zug geschlichen, um zu gucken, was da los ist. Sonst hörst du in diesem Kaff jeden Schritt.«

Wir laufen auf der Bahnhofstraße zur einzigen Hauptstraße in diesem Ort. Moses geht weiterhin auf Socken.

»Warum gehst du weiterhin auf Socken?«

»Jetzt mit den dreckigen Socken in die sauberen Schuhe?!«

»Ja, nee, stimmt.« Ich überlege, ob ich meine Schuhe auch noch ausziehe, weiß aber nicht, was peinlicher wäre, jetzt, fünf Minuten später, meine Schuhe auch auszuziehen oder sie gar nicht auszuziehen. Ich entscheide mich, die Schuhe anzulassen, und versuche, leise zu gehen.

»Cool, dass ihr gewartet habt, ich weiß ja, was du vorher gesagt hast, also ...«

»Ja, ja«, sagt Moses, der das Thema nicht weiter vertiefen will. Auf der Hauptstraße begegnen wir niemandem, keinem Auto, keinem Pudel.

»Was war noch los?«, frage ich.

»Die Bullen standen vor dem Zug und telefonierten. Die konnten noch nicht mal die Buchstaben lesen. Die redeten immer von Oasis.«

»Habt ihr die gehört?«

»Wir standen direkt hinter denen, hinter der Mauer. Oasis!«

Ein schwarzer BMW kommt auf uns zugefahren und hält an. Wir steigen ein, und Rache fährt auf die Autobahn.

»Wären wir weiter gekommen, dann würde ich ja zurückfahren und das Ding fertig machen«, sagt er.

»Lohnt sich nicht«, sagt Moses.

Rache macht Musik an.

»Machst du jetzt auf Hip-Hop?«, fragt Moses.

»Ist doch okay«, sagt Rache.

Mir war schon aufgefallen, dass in Moses' Atelier keine Musik lief.

Raches Handy klingelt, und die Anlage springt automatisch auf die Lautsprecheranlage. Der Typ am anderen Ende meldet sich freundlich und fragt, wie es gelaufen sei. Ich habe noch nie eine so beruhigende Stimme gehört. Moses und Rache sagen ihm, was passiert ist und wo sie sind. Der Typ meint, dass dann ja alles noch mal gut gegangen sei.

Auf dem Hinweg hatten sie auch schon mit ihm telefoniert, er gab ihnen Details zum Zug und zum Abstellort durch. Er klang wie einer von der Telefonseelsorge. Oder wie ein tiefenentspannter Fluglotse. Ich werde plötzlich müde. Rache schmeißt mir eine Capri-Sonne nach hinten.

»Oh, danke«, sage ich. »Du, Moses, du magst keine Musik, oder?«

»Doch, aber nicht nur so als ablenkendes Gedudel nebenbei.«

Ich schaue durch die Fenster nach draußen ins Dunkel und sehe kaum Lichter und auch keine Wölfe oder andere Wildtiere und warte stattdessen gespannt auf den Moment, wenn wir Hamburg von Weitem sehen und die Kräne am Hafen bestimmt festlich leuchten.

Das Telefon klingelt, der Seelsorger ist wieder dran:

»Die Bullen sind wieder weggefahren. Da ist nichts passiert. Die sind weitergefahren zu einem McDrive, der schon geschlossen hatte, und stehen jetzt an der Tankstelle daneben.«

»Vorbildliche Arbeitsmoral«, sagt Moses.

»Deine Tasche haben sie auch nicht gefunden.«

»Sag ich ja.«

»Habt eine gute Heimfahrt. Gute Nacht.«

Dann legt er auf. Ich bin mir mittlerweile sicher, dass ich die Stimme aus mehreren Hörspielen kenne. Oder er ist der Sohn eines Hörspielsprechers.

Moses ist jetzt müde. Rache macht die Musik wieder an. Moses stöhnt. Rache fährt weiter nach Hamburg, bis es hell wird. Ich schlafe ein und verpasse die Kräne.

Berlin, Naturkundemuseum

Ricky schenkte mir eine Fanta zum Warten. Er warf sie mir aus nächster Nähe zu, und trotzdem war ich stolz, sie gefangen zu haben. Es war neun Uhr morgens. Bei uns waren ein Kumpel von Ricky und eine Sprayerin aus Prag, Martha. Sie ist dort Managerin. Ricky stellte mich ihr vor, und ich begann, mit ihr zu reden. Warum macht sie Graffiti? Martha erzählte, dass sie immer nur gearbeitet habe, sehr viel. Bis sie mit Anfang 30 einen Burnout hatte. Da musste sie ihr Leben ändern. Eine U-Bahn fuhr ein, und sie guckte ihr mit Ricky gespannt entgegen. Dann schnell die Enttäuschung.

»Warum fährt sie denn nicht?«, fragte sie.

»Kommt bestimmt bald«, sagte Ricky.

Ich trank meine Fanta und versuchte wieder ins Gespräch mit ihr zu kommen.

»Und wie hast du dein Leben geändert?«

»Na, so halt«, sie grinste.

»Sprayst du viel?«

»Ich versuche es. Aber nur Züge. Mit 32 angefangen zu haben, ist spät. Aber na gut, ist ja egal. Ich pendele nach Berlin, dauert nicht mal vier Stunden von Prag, hier ist es viel besser zu malen. Und mit Ricky macht es Spaß. Ich war aber auch schon in Mexiko. Und ich studiere jetzt Psychologie.«

»Und ist dein Leben jetzt besser?«

»Ja, viel besser!«

»Zuggraffiti für die mentale Gesundheit, das muss ich mir unbedingt aufschreiben.«

Ricky lachte über mich.

»Und habt ihr die eben gemalt?«

»Ja, aber ich war schon zu Hause mich umziehen und duschen.«

Sie trug helle Hotpants und ein rosa Top, alles ganz sauber.

»Wir sind durch einen Schacht gekrochen«, sagte Martha, »ich war total schwarz im Gesicht.«

»Um wie viel Uhr habt ihr denn gemalt?«

»Sie hat total verschlafen, ich hab sie dann wachgeklingelt. Um fünf Uhr sind wir los. Ich war ja schon um vier fertig«, sagte Ricky, der weiter die einfahrenden U-Bahnen beobachtete.

»Hast du auch gemalt?«

»Klar, 1UP.«

Er erzählte außerdem, dass er jetzt eine Festanstellung habe. In einer gemeinnützigen Organisation, welche, darf ich hier nicht schreiben, aber sie ist ziemlich groß. Ich hörte heraus, dass er da eine gute Position hat, da haben die ihn echt gut gecastet. Ricky erzählt, dass er jetzt viele Aktionen organisiere, auch Streiks, große Streiks, aber auch Kampagnen, und er erzählte, welche Regionalsender schon darüber berichtet hätten. Außerdem könne er richtig viele Leute zum Mitmachen motivieren.

»Das ist ja genau das Richtige für dich«, sagte ich zu ihm.

»Ja, finde ich auch.«

»Du sorgst ja auch hier bei den Zügen für die neuen Rekruten.«

»Klar.«

Wir setzten uns auf die Bänke an der Station, der Freund von Ricky, der bisher noch nichts gesagt hatte, holte Obst, und wir teilten uns alle einen großen Plastikbecher gemischten Obstsalat und guckten uns weiter die U-Bahnen an.

»Und wie war das heute beim Malen genau?«

Martha guckte mich etwas skeptisch an, meine ganzen Fragen fand sie langsam seltsam.

»Sie schreibt so Geschichten darüber«, sagte Ricky. »Sie fragt immer so viel, das ist normal.«

Dann erzählten sie mir beide von ihrem Morgen. Sie waren in einem Lay-up, da stand aber nur eine Bahn, und sie hatten also keinen Sichtschutz vor den vorbeifahrenden Bahnen. Ständen da zwei Bahnen, könnten sie natürlich in der Mitte zwischen ihnen malen und wären gut versteckt. Bei nur einer mussten sie aufpassen, wenn eine U-Bahn an ihnen vorbeifuhr, da hätte der Fahrer oder die Fahrenden sie sehen können. Sonntagmorgens kommt alle zehn Minuten eine vorbei. Also mussten sie alle zehn Minuten aufhören und sich verstecken.

»Wo habt ihr euch denn versteckt?«

»Unterm Laufsteg oder im Schacht vom Notausgang«, sagte Ricky.

»Wir waren insgesamt so 40 Minuten da«, ergänzte Martha, die meine Befragung jetzt verstand.

»Und was hast du gemalt?«, fragte ich sie.

»Ich mache immer so Süßigkeiten und Eiscreme und so Figuren für Kinder.«

»Hast du Fotos?«

Sie zeigte mir welche auf ihrem Handy.

»Da freuen sich die Kinder bestimmt drüber, wenn die U-Bahn fahren, und dann kommen da plötzlich so Bilder an und so. Das ist doch schön für die.«

»Finde ich auch. Auf jeden Fall freuen die sich darüber.«

Es kommt nicht so oft vor, dass Zugwriter sich Kinder als Publikum aussuchen. Das ist wirklich sehr nett.

»Wir gehen noch mal rein«, sagte Ricky und stand mit seinem Kumpel auf.

Ich blieb mit Martha am Gleis sitzen, während die beiden wieder in den Tunnel gingen, um dort Fotos zu machen.

Martha nahm ihr schwarzes Nokia-Handy heraus und steckte sich einen Kopfhörer ins Ohr. Sie checkte für beide, gab Takte und Züge durch, während Ricky und sein Kumpel zurück zu ihrem Zug krochen.

»Warum ist es besser, in Berlin die Züge anzumalen als in Prag?«, fragte ich sie.

»Also, einmal wegen des Staates, die Strafen sind viel härter, da gehen Leute ins Gefängnis wegen Graffiti. Und dann wegen der Sprayer dort, das sind eher so Machos, die akzeptieren keine Frauen im Graffiti. Die sagen, ich hätte Schwänze gelutscht, um dort mitzumachen.

In Berlin ist das alles anders. Die Leute sind toll hier.«

»Da hast du mit Ricky auch den richtigen Begleiter, der holt die ganze Zeit neue Frauen ins Zuggraffiti und die Quereinsteiger und Autodidakten«, sagte ich.

Ricky hörte über die Standleitung, was wir redeten, und fügte hinzu, dass die meisten Frauen eh viel verlässlicher seien.

Ich holte für Martha und mich einen Kaffee, sie konnte ja nicht weg vom Gleis, und als wir ihn ausgetrunken hatten, gab Ricky durch, dass sie die Fotos jetzt hätten und eine Station weiter oben auf der Straße seien. Mit Martha stieg ich in die nächste U-Bahn, und wir fuhren zu ihnen. Mittlerweile war es 14 Uhr.

»Schau, Larissa, so viel Zeitaufwand für 40 Minuten malen«, meinte Ricky.

»Ich habe nur zwei Stunden heute Nacht geschlafen«, meinte Martha. Dann schaute sie mich an und sagte, das sei schon mal eine gute Übung für später, wenn man ein Baby habe.

»Ja, bestimmt, dann bist du schon total gut trainiert.«

Dann traf uns die Sonne mit aller Kraft. Nachmittags kann man nicht mehr draußen sein und Gespräche führen. Zu Hause duschte ich kalt und legte mich vor den Fernseher. Ich hatte jetzt ebenfalls das Gefühl, für diesen Tag schon genug getan zu haben.

Zu Hause

Zu wissen, dass man heute nicht mehr aufstehen wird, ist sehr hoffnungsvoll. Zumindest weitestgehend nicht aufzustehen. Auf dem Sofa hatte ich die *Zeit* griffbereit. Ich fand einen Artikel über einen Baum. Der ging eine ganze Seite lang. Das ist gut, dachte ich, Baum ist immer gut. In der Überschrift stand schon, dass der Baum in Berlin-Mitte steht und über 200 Jahre alt ist. Er ist eine Eiche. Die Eiche soll gefällt werden, um Tiefgaragen für Luxuswohnungen zu bauen. Mark Schieritz, der Autor des Artikels, ist zu dem Baum gefahren. Die Anwohner protestieren, sie wollen ihren Baum behalten. Einer von ihnen ist der Filmregisseur und Künstler Julian Rosefeldt. Die Eiche wurde auch vom Bezirksamt medizinisch untersucht, wie ein Mensch. Ihr gehe es sehr gut, und sie sei vital. 5000 Menschen haben eine Petition unterschrieben. Es solle so gebaut werden, dass der Baum weiterleben könne. Er habe schon zwei Weltkriege und die Mauer überstanden. Die Gentrifikation wird er wahrscheinlich nicht überstehen. Die Immobiliengesellschaft will den Baum zu 90 Prozent beschneiden. Das würde er nicht überleben, im Gutachten werde bezüglich des Baums von einem »Totalschaden« gesprochen. Die Parkplätze sind so ausgemessen, dass ein Audi A6 Avant da hineinpasst. Die sind fast fünf Meter lang. Zehn Wohnungen, vier Geschosse und eine Tiefgarage mit Audi-Parkplätzen. Eine Eiche könne 1000 Jahre alt werden, 800 Jahre hätte sie also noch vor sich. Man könnte sie erhalten, wenn es keine Tiefgarage gäbe und die Wohnungen etwas kleiner ausfielen. Aber dann würden sie auch etwas weniger Geld einbringen. Natürlich will die Immobilienfirma die Eiche loswerden. Sie schlagen aber wohlwollend vor, dass der Stumpf des gefällten Baumes ein Dekoelement der Wohnanlage werden könne.

Ich trinke meinen Wein und drehe mich zur Seite. Der Autor berichtet noch von den Gesetzen. Das Baugesetzbuch stamme aus dem Jahr 1960. Darin wird geregelt, was wo gebaut werden darf. Die Anpassung an das Umfeld spielt eine Rolle. Ein Wolkenkratzer steht nicht in einem Wohngebiet, ein schwarzes Haus nicht zwischen lauter weißen Fassaden. Bäume gehören aber nicht zur Eigenart des Umfeldes. Sie werden nicht geschützt. Man kann sie abtragen wie einen Felsen oder abhauen wie einen alten Schuppen. Um das zu ändern, bräuchten Bäume Rechte. Die haben sie noch nicht. Daran hat bisher auch der Klimawandel noch nichts geändert.[48]

Ich nehme mir vor, den Baum zu besuchen. Der Autor scheint sich ebenfalls mit dem Baum verbunden zu fühlen. Aber auch ein *Zeit*-Artikel wird ihn wohl nicht retten können.

Etwas traurig drehe ich mich auf die andere Seite. Gerade möchte ich nicht nur heute hier liegen bleiben, sondern noch viel länger. Morgen noch. Ein paar Tage noch.

Am nächsten Tag rufen Ricky und Lars an.

Berlin, Lidl-Dach

»Aber wie viel vom Körper bleibt denn auf dem Dach liegen, und wie viel hängt vorne runter?«, frage ich den Unbekannten.

»Na ja, so 4/5 bleiben liegen. So bis zur Brust. Sind das 4/5?«

»Weiß gerade auch nicht, wie die Proportionen so sind. Kannst du mal aufstehen?«

Der Unbekannte stand auf.

»Joa.«

Ich sitze mit Ricky, Lars und einem Kollegen von ihnen auf dem flachen Dach eines Lidl-Markts.

»Du kannst es ja mal vormachen, dann sieht sie es direkt«, sagt Ricky zu dem Kollegen.

Der geht an die Kante des Lidl-Dachs, legt sich hin und lässt den Kopf, die Arme und den Brustbereich vorne runterhängen.

»Siehst du, man hat das Körpergewicht noch unter Kontrolle, das geht gut«, rief der Kollege zu uns rüber.

»Und kriegst du keine Kopfschmerzen?«, fragte ich.

Er kam zu uns zurück, seine Jeans war jetzt schmutzig, aber das störte ihn nicht.

»Und wer macht diese ganzen Dachkanten?«

»Die meisten ich«, sagte der Kollege.

»Soll ich dich ›Kollege‹ nennen, oder kann ich auch ›Spruchtyp‹ sagen?«

»Wie du willst.«

»Dann ›Spruchtyp‹.«

»So ein Spruch kann bis zu zwei Stunden dauern«, sagt er.

»Gerade Linien sind natürlich einfacher zu streichen, runde sind schwieriger. Man muss sich vorher schon den Platz gut aufteilen, halt planen, wie lang das wird, damit die Buchstaben alle hinpassen und ungefähr gleich groß werden. Natürlich alles verkehrt herum.«

»Welche gibt es so?«

»Wir haben dir einen Stadtplan mitgebracht, Lars hat den mal erstellt.«

»Oh, danke!«

Ich schaue mir die Berlinkarte an. Wedding, Humboldthain, Gesundbrunnen. *Migration is not a crime! Hartz4 essen Seele auf! No Borders! Still Not* [Herzzeichen] *Gentrification! Fick Neoliberalismus Fight TTIP, Keen*

Bock uff AfD!, Hände weg vom Wedding, Wohnraum ist keine Ware, Aufstehen gegen Rassismus!, Zwangsräumungen verhindern, las ich vor.

»Genau«, sagte der Spruchtyp.

»Und wann hat das hier in Berlin so angefangen mit dem Sprüche-von-Dächern-Streichen?«

»So 2006, 2007«, sagt Ricky.

»So 2006, 2007, 2008«, sagt Lars, »da gab's die Skywalker Crew.«

»Manche Graffiti-Zugsprüher sehen das nicht als Graffiti an, weil es halt mit Farbrollen und nicht mit Dosen gemacht ist. Streichbombings gibt's aber auch, kennst du CBS, 'ne alte Ostcrew? So um die 2000er-Wende?«, fragte mich der Spruchtyp.

»Nee, aber ich schreib's mir auf. Und einer steht dann dahinter und taucht die Rolle wieder in neue Farbe?!«

»Ja, du reichst die Rolle dann nach hinten, du stehst deswegen nicht jedes Mal auf, du bleibst liegen und reichst sie zu den anderen. Die tauchen sie dann in die Farbeimer.«

»Wen magst du noch so an Künstlern?«

»Wermke und Leinkauf«, sagte der Spruchtyp.

»Die finde ich auch gut«, sagte Ricky.

»Das sind die mit der Fahne, oder?«

»Ja, die zwei weißen Fahnen ganz oben auf der Brooklyn Bridge. Die haben die da einfach ausgetauscht, nachts, heimlich, die USA-Flaggen gegen ihre weißen, und dann am nächsten Vormittag gab's die große Panik, Fernsehen, Presse – alle fragten, was das bedeute, Zusammenbruch und Versagen aller Sicherheitssysteme und so. Die haben von Terror gesprochen, und was wäre, wenn die Flaggen Bomben wären, und Fernsehsender auf der ganzen Welt haben darüber berichtet. New York schutzlos ausgeliefert und so.«

»Ja, das war schön von denen.«

Wir schauten vom Dach auf den Landwehrkanal. Ein paar Touris ruderten dort herum, ihnen fiel etwas ins Wasser.

»Im Osten hatten sie damals auch nicht so viel Geld für Farbdosen«, erzählte Lars, »da war das Ausmalen mit Streichfarbe einfach billiger.«

»Und großflächiger«, sagte Ricky. »Das ist für Brandschutzwände einfach am besten. Google und Amazon zahlen doch Tausende, um da Werbung zu machen.«

Auf dem Boot mit den zwei Touris versuchte einer jetzt, das ins Wasser Gefallene mit einem Paddel wieder herauszufischen. Dabei fiel ihm seine Sonnenbrille ins Wasser.

Wir schauten alle drei dem Touriboot zu, und ohne den Blick abzuwenden, erzählte der Spruchtyp weiter.

»Ich habe mit den Dachkantensprüchen so 2015 angefangen. Hände weg vom Wedding war für so eine Initiative da. Kiezarbeit.«

»Und wie kommt ihr da auf die Dächer rauf?«, fragte ich.

»Viele Dächer sind ja verbunden. Unten auf der Straße kommst du mit 'ner Karte ins Haus, oben dann mit Brecheisen auf den Dachstuhl. Wenn der ausgebaut ist, dann musst du aber deine Schuhe ausziehen, sonst hören die deine Schritte. Dann gehst du halt barfuß weiter.«

Das Boot der beiden wippte jetzt hin und her, es waren die Wellen von einem größeren Boot, auf dem laut Musik lief. Das Pärchen hielt sich aneinander fest.

»Die Dächertouren machen auch Spaß, der Ausblick ist schön«, sagte Lars.

»Man sitzt da und quatscht und trinkt Bier. Denk dir doch mal einen Spruch aus, Larissa«, sagte Ricky.

»Da muss ich mal überlegen.«

»Der muss aber zur Umgebung passen. Und nicht zu lang sein.«

Das Touripaar auf dem Boot hatte sich wieder hingesetzt und paddelte weiter.

»Zum Beispiel am Arbeitsamt an der Müllerstraße. Da ging's gegen die Disziplinierung durch Hartz IV, also durch das Arbeitsamt. Das kann die Leute ja wirklich fertigmachen, ja, psychisch fertigmachen. Da steht jetzt: *Hartz 4 essen Seele auf*«, sagte der Spruchtyp.

»Und was meint ihr, was gut wäre?«

»Bedingungsloses Grundeinkommen«, sagte Ricky.

»Halt kein Zweiklassensystem, ja besonders nicht im Gesundheitswesen«, sagte Lars.

»Hartz IV ist ja auch ein soziales Stigma, die werden ja als Schmarotzer abgestempelt«, sagte Ricky.

»Man sollte anders besteuern.«

»Ich habe mal gelesen, dass Kinder, die in Armut aufwachsen, zwei Jahre weniger Schulbildung bekommen, sie arbeiten als Erwachsener im

Jahr viel weniger und werden dreimal so oft krank wie Kinder aus reicheren Familien. Und allein in Bildung zu investieren, würde nicht viel verändern, solange sie nicht aus der Armut herauskommen.«[49]

»So was habe ich auch gelesen«, sagte Ricky. »Bildungsangebote können sie erst mal gar nicht wahrnehmen, weil sie durch die Armut so stark belastet sind, dass sie keine mentalen Kapazitäten mehr frei haben.«

»Und die Eltern kommen durch die Bürokratie nicht durch«, sagte der Spruchtyp.

»Was machst du eigentlich beruflich?«

»Ich arbeite beim Arbeitsamt.«

»Ach.«

»Aber er ist einer von den Guten da. Die immer vermeiden zu sanktionieren«, fügte Lars hinzu.

»Ich versuche, die Leute da gut durchzubekommen. Ich zeige ihnen Schlupflöcher und Tricks.«

»Davon sollte es mehr geben.«

Die Touris waren jetzt weg, sie waren einfach weitergepaddelt.

»Die versprechen ja immer, dass jeder sich selbst helfen kann, jeder kann aufsteigen, jeder kann was machen. Aber viele Arme können sich halt nicht mehr selbst helfen. Das ist doch die Wahrheit. Da helfen auch keine Bildungsworkshops oder Aufklärungsfrühstücke oder kreative Gratisjoggingkurse. Da muss man zuerst die Armut bekämpfen«, sagte Ricky.

»Ja, wir reden heute viel zu wenig über Armut«, sagte ich.

»Das wurde bei Obdachlosen ja mal ausgerechnet, da hieß es, dass ein Obdachloser den Staat Utah 16.670 Dollar im Jahr koste«, sagte Lars. »Eben für Sozialdienste, Polizeieinsätze, Gerichtskosten und so weiter. Und eine Wohnung mit Betreuung würde nur 11.000 Dollar kosten.«[50]

»Ach«, sagte ich.

»In den Niederlanden gab es da mal so einen Versuch. Ja, also für die Obdachlosen. Das war groß, die hatten wohl ein Budget von umgerechnet 183 Millionen Euro. Mit dabei waren Amsterdam, Rotterdam, Den Haag und Utrecht, meine ich. 2006 war das, die wollten allen Obdachlosen eine Unterkunft geben. Und auch Betreuung. Nach ein paar Jahren hatten sie schon 65 Prozent von der Straße geholt. Bei denen sank der Drogenmissbrauch um die Hälfte, die Gesundheit wurde besser, auch die mentale Gesundheit,[51] und die Parks wurden wieder stressfreier für alle Bürger. Das war also ein totaler Erfolg, auch finanziell war der Ertrag höher als die Investition.«

»Das ist ja super.«

»Aber dann kam die Finanzkrise. Das Programm wurde eingestellt.«

»Ich sag ja, Kommunismus«, sagte Ricky und zwinkerte mir zu.

»Echt?«

»Sozialismus und Kommunismus sind ja schon interessant, aber ich weiß ja auch, wie sie gescheitert sind.«

»Keiner weiß, dass du VWL studiert hast«, meinte Lars.

»Ach, das wusste ich auch nicht.«

»Ist ja auch nicht wichtig«, sagte Ricky.

»So ein Journalist aus den Niederlanden, Rutger Bregman, der hat mal geschrieben, dass die Gemeinsamkeit zwischen Kapitalismus und klassischem Kommunismus die sei, dass beide Systeme krankhaft besessen von der Erwerbsarbeit seien.«[52]

Ricky lachte.

»In den 1930er-Jahren, da hat die Firma Kellogg mal was gewagt, ihr wisst schon, Kellogg's-Müsli«, sagte er.

»Ja.«

»Zuerst hatten alle gedacht, dass, wenn die Menschen weniger arbeiten würden, dass dann auch die Kriminalität steigt und so. Sittenverfall. Schulden und so. Und dann hat der Kellogg während der Weltwirtschaftskrise in seiner Fabrik den Sechsstundentag eingeführt. Und er zahlte seinen Arbeitern weiterhin genauso viel Lohn wie für acht Stunden.«

»Und wie war das?«, fragte ich.

»Ja, angeblich super, viel weniger Unfälle am Arbeitsplatz und viel höhere Produktivität. Die Arbeiter wurden total motiviert. Und weil sie besser gearbeitet haben, verdiente Kellogg auch noch dran.«[53]

»Wie schön«, sagte ich.

»Ey, wisst ihr das noch mit Sarrazin?«, fragte Lars, aber eher an Ricky und den Spruchtyp gewandt.

»Der war doch der Meinung, dass die Leute so toll von Hartz IV leben können, und wollte das dann auch mal vormachen, einen Monat so leben oder so essen oder so. Das war doch so ein totaler Quatsch.«

»Ja, ja. Totaler Blödsinn«, meinte Ricky.

»Und was willst du mit den Sprüchen erreichen?«, fragte ich.

»Dass die Leute einfach über Themen reden, dass die Debatten verstärkt werden. Das stützt doch die Demokratie, wenn es lebendige Debatten gibt.«

»Du kriegst ja auch immer neuen Input auf dem Arbeitsamt.«

»Ja.«

»Und wo ist jetzt genau dein neuer Job, Ricky?«

Ricky sagte es mir, aber ich darf es hier nicht schreiben.

»Wow, so eine große Organisation, das ist ja toll.«

»Mit der letzten Aktion waren wir in den Nachrichten.«

»Das Paar hat sich gar nicht gestritten«, sagte ich.

»Warum sollte es auch?«, fragte Ricky.

»Ja, weiß nicht, das kann ja schon stressig werden, wenn man seine Sachen verliert.«

»Na ja«, sagte Ricky.

Wir schauten weiter auf den Kanal.

Berlin, Süden

Ich klopfte zaghaft an die schwere Eisentür und wusste nicht, ob Tif mich hören würde. Sie öffnete. Ich hatte Obstsalat mitgebracht, sie fragte, ob ich lieber Kaffee oder Gin Tonic hätte.

»Gerne einen Gin Tonic.«

Der Redner schlief im Schlafzimmer, er habe wohl ein paar anstrengende Tage gehabt. Jonas saß im Wohnzimmer an dem großen Tisch, vor ihm lagen viele verschiedene Schlösser und Werkzeuge. Tif und ich setzten uns mit den Getränken aufs Sofa und ließen Jonas basteln.

»Weißt du schon, was du gerne erzählen würdest?«

»Nee, hab mir jetzt nichts überlegt.«

»Geht ja auch spontan, was hat Spaß gemacht? Was war schwierig?«

Tif überlegte und sagte dann »Napoli«.

»Ja, dann reden wir über Neapel. Da war ich noch nie.«

»Zeig ihr mal die Videos vorher«, sagte Jonas, »so zur Einstimmung.«

Tif klappte ihren Laptop auf und machte auf YouTube das Video *1UP in Napoli* an.

Ich sah vermummte, gebückte Leute matschige Erdgräben durchqueren, ich sah sie über Gleise gehen, Bahnen anmalen, über Zäune klettern, weglaufen, wegschleichen, anschleichen, wieder Bahnen bemalen, Schwung holen, weitergehen, spielen, Dosen werfen, dann die Plastikflaschen mit bunter Farbe, die von oben an einer Wand ausgeschüttet wurden und als Regenbogen runterliefen. Und dann tauchte der Stadtteil Scampia auf.

Scampia kannte ich aus dem Fernsehen. Da sagten sie, dass die großen Wohnkomplexe, die *Vele*, schlimmer seien als soziale Brennpunkte.

»Im Fernsehen erzählen sie dir ja diese ganzen Vorurteile«, sagte Tif.

»Ja, da machen sie einem Angst.«

»Die Vorurteile existieren ja auch da, wenn jemand mit der Adresse aus Scampia zum Beispiel eine Bewerbung schreibt, dann denken die anderen auch direkt, dass der kriminell ist oder was mit Drogen zu tun hat. Die Adresse allein sorgt für Diskriminierung.«

»Und ihr hattet keine Angst? Ihr habt da ja dieses Riesenhaus, das ganz bekannte arme Haus, angemalt von außen.«

»Nee, Angst hatten wir nicht. Aber um mit den Bewohnern in Kontakt zu kommen, hatten wir Hilfe. Ein Freund von uns stammt aus dem Viertel und arbeitet dort in einer Organisation. Der ist mit uns da reingegangen und hat mit uns an die Türen geklopft.«

»Und wie war das, da an die Türen zu klopfen? Was sagt man da?«

»Also, der Freund hat uns ja geholfen. Wir haben denen dann das mit 1UP erklärt und gefragt, ob das für sie okay wäre, wenn wir hier malen. Wir hatten auch Skizzen dabei«, sagte Tif.

»Die waren alle sehr freundlich. Also, das Haus ist natürlich sehr heruntergekommen, eigentlich schon ruinenhaft, aber die Wohnungen sehen genauso aus wie andere italienische Wohnungen auch. Die Leute sind normal gekleidet, pflegen ihr Zuhause, gehen zur Arbeit, die Kinder sind angezogen wie alle anderen Kinder auch. In den Wohnungen gab's gar keinen Unterschied«, sagte Jonas.

»Wir haben auch ein paar Tage vorher einen Aushang da im Haus gemacht mit dem Projekt und einer Telefonnummer. Falls jemand etwas dagegen gehabt hätte. Aber es hat keiner angerufen, um sich zu beschweren. Wir haben generell überhaupt keine ablehnende Reaktion bekommen«, erzählte Tif.

»Also, ihr habt einen Aushang gemacht für eure illegale Aktion dort? Und wenn die Polizei das gesehen hätte?«

»Die Polizei dort interessiert sich nicht für Aushänge über Malerei.«

»Okay.«

»Die Bewohner haben uns dann ja auch in ihre Wohnungen gelassen, da konnten wir durch, um auf die Balkone zu kommen. Manche haben uns Tee und Wasser angeboten.«

»Die waren sehr hilfsbereit«, sagte Tif.

Wir schauten uns das Video zu Ende an. Man sieht sie da auf allen Balkonen stehend, kletternd, herunterspringend, mit Teleskopstangen und Farbrollen wieder hochspringend. Und überall gelbe Farbe. Kinder zündeten Müll an, die Maler zündeten Leuchtraketen oder Feuerwerk an. Am Ende stand da ein großes gelbes 1UP. Und daneben noch etwas.

»Was steht da? Ah. *Non siamo noi il problema*. Was heißt das?«

»Wir sind nicht das Problem«, sagte Tif.

»Ach so, also die Leute da sagen das quasi, okay. Wer hat sich den Spruch ausgedacht?«

»Den hat sich keiner ausgedacht, den hat ein Bewohner uns gesagt.«

»Der Spruch ist gut«, sagte ich.

»Wir hatten auch zuerst überlegt, nur den Spruch zu machen«, sagte Jonas. »Darüber haben wir viel diskutiert vorher, weil das ja schon auch so 'ne Sache ist, da hinzukommen und den Namen da groß über das Haus zu malen. Aber andererseits wäre es auch seltsam gewesen, wenn wir da von außerhalb kommen und nur deren Spruch gemacht hätten.«

»Wenn es nur der Spruch wäre, dann sähe es so aus, als bräuchten die Anwohner gerade euch, um eine Stimme zu haben. Also, als ginge es nicht ohne euch. Das wäre ja auch überheblich.«

»Ja, genau, darum haben wir uns dann entschieden, doch unseren Gruppennamen zu machen, halt authentisch, so wie wir das immer machen.«

»Verstehe ich.«

»Aber diskutiert haben wir schon.«

»Ja.«

Wir aßen etwas Obstsalat.

»Ich glaube, dass ich auch schon viele Rap-Videos von dort gesehen habe, viele Rapper aus Südfrankreich sind da ein paar Jahre lang hingefahren für ihre Videos«, sagte ich.

»Und welche Rapper?«, fragte Tif.

»Das weiß ich gerade nicht.«

Wir tranken unsere Gläser aus und Jonas vertiefte sich wieder in seine Schlösser.

»Und haben die euch beim Malen zugeguckt?«

»Ja, einige kamen tagsüber raus, standen auf dem Balkon mit ihren Kindern und Hunden, das war nett, wir haben auch zum Grillen eingeladen.«

»Und wollten welche mitmalen?«

»Nee, das nicht. Aber es waren andere Sprüher von dort mit dabei. Die Wof Crew und die Italiener von Cane Morto. Mit einigen haben wir noch viel Kontakt, die kommen auch manchmal nach Berlin zum Malen. Da sind Freundschaften gewachsen.«

»Abends gab es dann eine Situation, die kurz schwierig war«, sagte Jonas.

»Was denn?«

»Da haben welche noch einen Regenbogen schütten wollen, aber es war auch total windig. Und da kam dann gerade so eine Böe, und die hat die Farbe dann in eine Wohnung reingeweht.«

»Oh.«

»Die sind dann natürlich direkt runter und haben da geklopft, und die Bewohner haben sich da natürlich aufgeregt, aber die haben das denen erklärt, dass es keine Absicht war und dass diese Böe kam. Die haben sich entschuldigt und das wieder sauber gewischt bei denen im Wohnzimmer, und dann waren die Leute auch wieder beruhigt. Das hat sich schnell geklärt.«

»Gut! Und was war dann das Schwierige in Napoli?«

»Die U-Bahn«, sagte Tif.

»Warum?«

Ich fand es sehr gemütlich mit Tif auf dem Sofa, irgendwie war Urlaubsstimmung da. Es fehlte nur noch ein Pool.

»Wir haben das ja eigentlich gut geplant, zur selben Uhrzeit waren schon welche von uns am Tag vorher da, um zu checken, was so los ist. Also, wie viele Leute da sind, wie so die Stimmung ist. 18 von uns sollten malen, dann hatten wir welche für die Kamera und fürs Checken, also waren wir 23. Wir wollten einen Wholetrain machen, das sind so zwei bis drei Maler pro Waggon. 20 Meter ist einer lang, das ist mehr als hier in Berlin. Da steht man also schon mal weniger dicht beieinander als hier.«

»Verstehe.«

»So fing das Problem halt an. Wenn das wie hier gewesen wäre, also, wo mal zwölf Leute eng zusammenstehen, dann wäre das sicherlich anders gelaufen.«

»Mhm«, sagte ich interessiert.

»Als wir dann den Zug angehalten haben, um zu malen, haben sich einige der Fahrgäste sehr aufgeregt. Da war die Stimmung dann ganz schnell aggressiv.«

»Gab es eine Schlägerei?«

»Nein, Gott sei Dank nicht. Aber beinahe.«

»Und was ist da schiefgegangen?«

»Also, einer wollte die Tür vom Zug immer wieder aufmachen, damit wir die nicht anmalen konnten, und wir haben die dann immer wieder zugeschoben. Da war also schon mal 'ne Rangelei um die Tür. Der Typ war nur so 1,65 groß, so 'n dünner Typ, aber total aggressiv, der hat herumgeschrien. Damit hat der die anderen Fahrgäste auch wütend gemacht. Ein paar haben sich dem angeschlossen. Sechs Leute waren das dann, die gestresst haben, und wir waren halt so weit auseinander. Die sahen ja gerade mal kurz zwei oder drei von uns vor sich, die haben so schnell gar nicht überblickt, wie viele wir waren. Aber wir konnten halt nicht schnell genug zusammenkommen, da standen die dann überall zwischen uns.«

»Die haben Dosen nach uns geworfen, wir sind dann doch zusammengerückt, wir wollten uns aber ja nicht prügeln«, sagte Jonas.

»Wir mussten dann abbrechen«, sagte Tif. »Wir haben noch schnell unser Zeug eingesammelt und sind weg.«

»Wir sind ja nicht gegen die Zivilbevölkerung, wir sind ja nur gegen das System«, sagte Jonas.

»Wir mussten alle am Fahrer vorbeilaufen, der hat versucht, uns ein Beinchen zu stellen, dass einer hinfällt.«

»Ist aber keiner gefallen. Aber dann hätten wir alle wieder zurückgemusst, dem helfen, wir lassen da ja keinen zurück, und wenn die ihn da festgehalten hätten, dann hätte es halt eine Schlägerei gegeben«, sagte Tif.

»Wir sind dann alle weggerannt.«

»Um wie viel Uhr war das?«

»Ganz frühmorgens.«

»Und dann?«

»Dann kam eine Durchsage, dass der Zug Verspätung habe, Zeit ungewiss, zehn Minuten später die gleiche Durchsage. Wir hatten noch einen Checker da, der geguckt hat. Und dann, 20 Minuten später, kam die Durchsage, dass der Zugverkehr ausgesetzt sei und man den Bahnhof verlassen solle.«

»Ach, war ja total unnötig. War ja kein Bombenalarm«, sagte ich.

»Bei der gesamten Linie haben sie dann alle Bahnhöfe räumen lassen, das sind 20 bis 25 Bahnhöfe«, sagte Jonas.

»Verschlossen haben sie die«, sagte Tif.

»Die Polizei kam natürlich, die Presse auch, das war eine komplette Sperrung, drei Stunden lang.«

»Wow«, sagte ich. Und dachte: Was würde Moses dazu sagen? »Total ineffizient.« Aber das trifft es ja schon gar nicht mehr. Das ist ja Sabotage vonseiten der Behörden. Die haben sich ja selbst komplett lahmgelegt.

»Das ist ja Wahnsinn. Dass die Polizei da überhaupt nicht weiß, wie sie mit so was umgehen soll. Und das in einer Mafiastadt«, sagte ich.

»Und dann standen vor jeder Station Hunderte Menschen, die zur Arbeit mussten und nicht hinkamen. Das war für die natürlich auch schwierig, wir wollten denen ja wirklich keinen Ärger machen«, sagte Tif.

»Das war in einem Vorort, das waren jetzt keine Grafikdesigner, die da in ihr Studio fuhren. Die Leute hatten bestimmt Angst, ihren Job zu verlieren«, sagte Jonas.

»Ja, klar. Das ist jetzt auch schwierig zu deuten, ne? Also, einerseits ist das für die Arbeiter unfair, die kommen zu spät, und dann gibt es vielleicht noch Ärger, und andererseits könnte das ja schon fast ein Arbeiterstreik sein, also gegen das System, das sie ausbeutet. Kunstwissenschaftlich müsste man da überlegen, wie man das interpretiert«, sagte ich.

»Auf jeden Fall haben wir vor dem Weglaufen noch schnell die Outlines weggechromt«, sagte Jonas.

»Warum sollte man eure Buchstaben denn nicht mehr lesen können?«

»Wir hatten ja noch 'ne Woche vor uns in Napoli und wollten ja noch total viel malen, wenn die Polizei da schon 1UP auf dem Plan hätte für etwas, das wir noch nicht mal fertig machen konnten, das wäre ja stressig«, sagte Tif.

»Dann wäre das in die Presse gegangen, und wir wollten ja auch noch total viel auf der Straße machen, da malen wir ja auch vor den Leuten, da sind die Straßen ja so voll, da kann man sich ja nicht verstecken, um zu malen«, sagte Jonas.

»Ja, gut. Da habt ihr aber schnell mitgedacht.«

Ich legte die Beine hoch und zog die Socken aus, Tif war schon die ganze Zeit barfuß.

»Gemütlich ist es bei dir. Und wie ging es dann weiter?«

»Die Polizei gab uns dann einen Namen: Babygang.«

»Ach, daher kommt das. Das heißt doch was auf Italienisch, oder? Das ist ein Name für gewalttätige Jugendbanden, glaube ich. Oder einfach nur für kindliche Sprüher?«

»Wir haben den Namen dann übernommen und ihn ein paarmal gesprüht«, sagte Jonas.

Der Gin Tonic war stark und zeigte jetzt seine Wirkung. Die Spätsommersonne schien am späten Nachmittag durch die Fenster und machte uns müde, und ich stellte mir immer noch einen Pool vor. Tif und ich schliefen auf ihrem Sofa ein. Ich war sehr entspannt.

Dann träumte ich sehr schlecht. Von dem alten Mann im Zug, der war noch hilfloser als sonst, der Zug hatte einen Unfall, und alle Fahrgäste versuchten aus ihm herauszukommen, schlugen die Fenster ein und krochen raus, nur er nicht, weil es nicht durchgesagt worden war, er wartete und war fast ganz allein im Zug, und die Durchsage kam nicht, und deswegen verließ er den Zug auch nicht. Ich wollte ihm was zurufen, ihn packen und rauszerren, notfalls ihm wehtun, auf jeden Fall ihn da rausholen, sein Leben retten, und gleichzeitig war ich total wütend, dass er das alles nicht kapierte, dass er sich nicht rührte.

Ich fuhr hoch, Tif wachte meinetwegen auf. Dann stand der Redner im Wohnzimmer, die Paella sei gleich fertig, die anderen kämen auch. Jonas schien mit seinen Schlössern fertig zu sein und räumte den Tisch frei.

»Oh, Paella«, rief ich jetzt wieder freudig.

Tif war ebenfalls gut gelaunt. Ricky, Lars und ein paar andere kamen, der Redner holte ältere Weinflaschen hervor, die irgendwo vom Lastwagen gefallen waren, und Tif ließ die Korken knallen. Es war ein sehr schöner Abend. Als ich ging, gab mir der Redner noch einen zusammengerollten Hefter mit.

»Wegen Scampia«, sagte er.

Ich nahm den Hefter, zusammengerollt war er handlich, und versprach, ihn zu lesen.

Berlin, Dönerladen

»Heute lese ich mir diese Heftrolle durch, *Scampia – Die Rezeption eines Diskurses durch die BewohnerInnen des Viertels*«, sagte ich und winkte damit in die Luft.

»Was ist das?«

»Eine Bachelorarbeit von jemandem, der in Scampia gearbeitet und dort mit den Leuten gesprochen hat.«

»Aha.«

»Ich nehme auch was zu essen. Was gibt es denn heute?«

»Döner.«

»Dann nehme ich den«, sagte ich zum Dönerchef.

»Warst du schon mal da?«, fragte er mich.

»Nein, darum muss ich ja so viel lesen.«

Der Dönerchef bereitete mir einen großen Salat mit Petersilie und roter Beete vor. Dazu gab es Reis, viel Joghurtsoße und Dönerfleisch. Ich aß mit großem Hunger, Lesen macht Hunger, und las dabei.

»Schau mal, wie literarisch gewieft meine Sätze sind«, sagte ich zum Dönerchef und zeigte ihm mein Blatt, wo draufstand: Ich aß mit großem Hunger, Lesen macht Hunger, und las dabei.

Der Dönerchef lachte.

In seiner Bachelorarbeit schreibt Paul Schweizer über den italienischen Sensationsjournalismus, der Scampia zu einer Hölle erklärt, in der Sodom und Gomorra herrschen.[54] Ich rührte auf meinem Teller alles gut zusammen und konnte dann, ohne hinzuschauen, essen und mich ganz auf meine Lektüre konzentrieren. Es ging um das Stigma, dass Drogenhandel und blutige Gewalt die Kultur dieses Ortes definierten. Und die Kultur der Bewohner sei dadurch definiert, dass sie Blut und Schießereien in ihren Alltag integrierten. Tatsächlich zitierte Paul einen Jugendlichen, mit dem er dort Zeit verbracht hatte und befreundet war, aber der ihm immer gerne auch ein bisschen Angst machen wollte, aus Spaß, und darüber sprach, anderen in den Kopf zu schießen, wenn sie ihm, seinem Freund, etwas tun würden. Die Medien schrieben über die Wut der väterlosen Söhne, die erlebt hatten, dass ihre Väter erschossen wurden, und die Rache schworen. Ihre Wut machte also weiterhin Angst, nur eben in die Zukunft gerichtet. Die Ghettokultur sei eine moralisch-defizitäre Kultur. Scampia sei ein

Gegenort, eine Gegenkultur. Sie seien die anderen. So wird es dargestellt, so wird es auch von den Jugendlichen verinnerlicht. Paul schrieb über seine eigenen Erfahrungen und Gespräche dort, über die verschiedenen Menschen, ihre Sorgen und darüber, dass der Staat sie vernachlässige. Er zitierte auch diese Aussage: »Wenn es hier so viele Straßenfeger und Müllmänner wie Polizisten gäbe, wäre hier alles blitzblank!«

»Was sagst du denn dazu?«, fragte ich den Dönerchef.

»Medien!«, sagte er.

»Ja, ja«, sagte ich. »Und was sagst du noch dazu?«

»Eine Stadt macht, wer du bist. Sie macht, wie du schläfst, sie macht, wie du gehst, wie du guckst, wie du sitzt.«

»Ja«, sagte ich.

»In Scampia ist es heute nicht mehr so wie vor zehn Jahren. Es gibt viele Organisationen, es gibt viele Initiativen. Manche tun nur so, manche machen wirklich was«, las ich ihm eine jüngere WhatsApp-Nachricht von Paul vor.

Der Dönerchef musste ein paar Kunden bedienen. Danach kam er wieder an meinen Tisch.

»Es gab zu Berlin mal eine Untersuchung, welche Suchbegriffe hier am meisten mit Berlin gegoogelt wurden.«

»Kunst? Karriere? Sex? Wohnungen? Merkel?«, riet ich.

»Melancholie, Faulheit, Kultur.«

»Ach. Aber Berlin steht doch für so viel. Gebrandet, ja genau, Berlin wurde doch schon so oft gebrandet. Das fing doch 2004 an, mit der Kampagne *Mir geht's Berlin*. Da sollte man sich so Berlin fühlen. Und dann ging's weiter mit *be Berlin!* Sei Berlin! Ja, auch so 'n Quatsch. Und dann sagte Klaus Wowereit, aber das war schon vorher, der sagte ja, Berlin sei arm, aber sexy. Das wurde ja dann was, das war ja der Slogan, der hat funktioniert. Da dachte jeder auch an Kreativität, ja, dass man dann hier Karriere machen kann. Die Kreativwirtschaft kam ja dann.«

Der Dönerchef hobelte Fleisch und rollte mit den Augen.

»Ich habe noch nie gesehen, dass du mit den Augen rollst. Das ist merkwürdig, wenn du das machst.«

»Diese Sätze, die musst du dir doch gar nicht erst merken.«

»Dafür geht nicht viel Platz verloren.«

»Die Immoheinis wollen die Sushiboxen wiederhaben.«

»Siehst du.«

»Mach ich aber nicht. Aber dafür haben wir jetzt was Neues. Dönersmoothie.«

»Ui.«

»Für die Immoheinis. Wird extra teuer für die.«

»Klar.«

»Affen.«

»Darf ich mir noch mal die Postkarten angucken? Und auch ein paar umdrehen?«

»Klar.«

Ich nahm eine Karte aus Dänemark, und sie war wieder von Rudi Dutschke:

»Hier steht, dass es mit den so geliebten Kindern hin und wieder Krach gebe, sie machen von sich aus die Haus- und Schülerarbeiten nicht. Rudi will nachhelfen, ist aber nicht immer zurückhaltend dabei, und dann entstehe bei den Kindern eine antiautoritäre Rebellion. Sie würden vom Bett aus gegen die Wände trommeln, und voller Genuss rufen sie, dass Rudi doof sei. Er gehe dann zu ihnen, ziehe den Schwanz ein, oder er halte kritisch-solidarisch durch, aber dann gehe es noch eine Zeit lang weiter. Er hofft, dass sie auch lernen, gegenüber anderen Erwachsenen Widerstandskraft zu entwickeln. Das könne man ja nicht per se erwarten.[55] Hat dein Vater eigentlich auch geantwortet?«

»Natürlich. Briefe, lange Briefe. Und Kuchen und Kekse geschickt. Und Bücher.«

Er nahm eine andere Postkarte von der Wand.

»Hier schrieb er, dass sie ja nie genügend reflektiert hätten, warum Bachmann ihn im April ’68 zusammengeschossen habe, welche Interessen sich real und konkret bestimmbar dahinter verbergen würden.«[56]

»Oh«, sagte ich.

Der Dönerchef war traurig.

Etwas später schrieb Rudi noch, dass er Geld verdienen solle, es ihm aber nicht ganz klar sei, wodurch.[57] Dann erzählte er noch etwas von seiner Narbe, dass sie noch einen Zacken habe von der Sonne, die seinem Kopf nicht guttat.[58]

»Etwa ein Jahr nach dem Attentat, da schrieb er auch von Depressionen, von völliger Angst vor einer Arbeits- und Lernunfähigkeit.«[59]

»Lernunfähigkeit. Die meisten Menschen wissen gar nicht, dass Lernfähigkeit sie noch betrifft«, sagte ich.

»Ja.«

»Diese ganzen Karten sind ja wirklich schön«, sagte ich, um ihn aufzumuntern.

»Ja«, sagte er wieder.

Wir tranken noch einen Pfefferminztee und schwiegen vor uns hin.

Berlin, Strandbad Weißensee

So unterschiedliche Menschen wie Anwälte, Arbeitslose, Bordellbetreiber, Doktoranden, Obdachlose, Grundschullehrer, Medienleute, Köche, Künstler, Ärzte, Aktivisten, Fußballfans, Verkäufer, Schüler, Deutsche-Bahn-Angestellte, Galeristen, Arme, Reiche, 14-Jährige, 50-Jährige, Romantiker, Machos, Feministinnen, Freigeister, Einzelgänger, Mannschaftstypen und viele andere mehr sprühen Graffiti. Manche nur als Hobby, manche als Mittel zum Zweck, manche nur ein paar Jahre lang, manche ihr ganzes Leben, als Hauptberuf oder als Lebensinhalt, manche verdienen damit Geld, andere bleiben dadurch finanziell mittellos. Eine »Szene« gibt es nicht, wie Moses sagte, als er mal angefragt wurde, etwas über »*die* Szene« zu schreiben, und er den Text viel zu lange aufschob, weil die Fragestellung eigentlich von vornherein unsinnig war. Die Charaktere sind darin genauso verschieden wie in anderen Berufsgruppen auch, so verschieden wie die Fahrgäste eines Busses.

Auch die Motivationen sind vielfältig und wurden schon von vielen Protagonisten in Interviews erklärt. Einige sprayen aus politischen Gründen, zum Beispiel Sprüche, Slogans oder Symbole. Da geht es um einen gesellschaftlichen Inhalt und um Botschaften. Für manche ist auch das Markieren im öffentlichen Raum durch abstrakte Zeichen oder durch den Namen schon eine politische Handlung. Und in weniger demokratischen Ländern bzw. Diktaturen kann der Akt des Sprühens an sich natürlich schon Aktivismus bedeuten.

Diejenigen, bei denen das Politische nicht im Vordergrund steht, überhaupt nicht existiert oder nur am Rande eine Rolle spielt, haben natürlich trotzdem eine breite Palette von Motivationen und Gründen. Auch wenn »nur« ein Name gesprüht wird, geht es dabei natürlich um sehr viel. Bekanntheit, also Fame, ist eine wichtige Triebkraft. Auch kulturell-psychologische Aspekte der Ich-Spur, des Existenz-Produktions-Beweises und der menschliche Ausdruckswille sind Gründe. Aus dieser Perspektive kann man bis in die Höhle von Lascaux zurückblicken. Andere Motivationen sind künstlerischer Natur, egal, welcher Stil und welche Ästhetik individuell präferiert werden. Auch das Spiel bzw. das Abenteuer, das Risiko, der Wettbewerb, die Performance, der sportliche Aspekt oder Freundschaften treiben an.

Manche halten sich damit körperlich fit, andere geistig. Manche ersetzen Drogen, Depressionen oder Spielsüchte durch das Sprayen, andere nehmen es als Grund, mehr Sport zu treiben, wieder andere brauchen es als Balance zu einem stressigen Berufsleben. Die hauptberuflichen Sprüher haben es als Teil ihrer Persönlichkeit und ihres Lebens verinnerlicht, nicht anders als ein Musiker, Unternehmer oder Tennisprofi.

Sachbeschädigung und Vandalismus sind dann die größeren Kategorien für das Malen. Vandalismus wird zu einer Berufsbranche. Professioneller Vandalismus. Oder ist das schon Postvandalismus? Vandalismus kommt auch in der Kunstgeschichte vor. Zum Beispiel wenn Fluxus-Künstler ihre Klaviere zerschlugen oder wenn Pipilotti Rist Autofenster zertrümmerte. Übrigens nur die kleinen, nicht die großen Fenster, weil die zu teuer waren. Sie musste sie ja nachher wieder ersetzen. Da sind Kleinkinder ehrgeiziger, wenn sie ihren vandalischen Instinkten folgen. Tiere übrigens auch. Es scheint aber doch etwas sehr Menschliches zu sein. Auch mal das zu müssen, was man nicht darf. Fremdes Eigentum umzugestalten. Biber bauen ungefragt Staudämme. Der Förster lässt sie ungefragt explodieren. Sachbeschädigung wird letzten Endes zu einem subjektiven Begriff. Und sind die Firmenzahlungen von schwindelerregend hohen Abfindungen an Mitarbeiter nicht ein viel stärkerer Akt von Vandalismus?

So unterschiedlich wie die Motivationen des Malens sind auch die Malwerkzeuge. Für die Tags gibt es zum Beispiel Marker und Ölkreiden. Die öligen Kreiden sind sehr cremig und fettig. Stifte können verbesserte Eddings sein; schaumige Marker sind flüssiger und laufen manchmal herunter. Die beliebtesten Kreiden und Stifte sind sehr deckend und gleiten besonders gut. Der Philosoph Edmund Burke untersuchte 1757 in London Eigenschaften, die der Mensch als schön und anziehend empfindet. Für ihn zählten das Glatte und die glatten Oberflächen dazu. Ein Objekt, mag es auch sonst keine besonderen oder besonders schönen Qualitäten haben, gefällt immer besser, wenn es sich glatt anfühlt. Und bekommt eine glatte Oberfläche Risse und Erhebungen, weist also eine visuelle und haptische Rauheit auf, wirkt sie automatisch abstoßender. Die Glätte sei so tief mit dem schönen Empfinden verbunden, dass Burke erstaunt war, dass vor ihm noch kein anderer in der Ästhetikphilosophie ihr nachgegangen war.[60] Für mich kommt zur Glätte auch noch das Deckende hinzu. Wird mit einem schäumenden Marker, einer fettigen, gut gleitenden Kreide oder einer gefüllten Sprühdose ein Name geschrieben, Striche gezogen oder Flächen farbig ausgefüllt, wird die Befriedigung durch Glätte und deckende Farbe multipliziert. Denn das Deckende ähnelt dem Glatten, das Nichtdeckende dem Rauen. Durch die deckende Farbe wird ebenfalls wieder eine ununterbrochene Oberfläche hergestellt, vielleicht wird sogar etwas ausgeglättet. Wenn ein Stift auf Glas, Plastik oder anderen städtischen glatten Oberflächen elegant leicht gleitet, entstehen Befriedigung, Genugtuung und ein sensitives, siegreiches Erlebnis im Vandalismus. Wird mit einer Dose deckend auf die Glätte eines Zuges gemalt, dann kommt hier eben ganz viel zusammen.

Natürlich geht es auch genau andersherum: Im Anti-Style oder in anderen Handschriften wird auch das Nichtdeckende gewünscht. Dafür kann man besonders unbrauchbare Dosen nehmen, die nicht von Graffiti-Marken stammen, sondern aus dem Baumarkt.

Bei der Dose gibt es auch das Geräusch. Man stelle sich eine Sprühdose ohne Zischgeräusche vor. Sie wäre zur Sicherheit der Sprayer natürlich besser, aus dem Grunde würde sie auch angenommen werden, aber sie würde kein sinnliches akustisches Empfinden mehr transportieren. Das Zischen untermalt die körperliche Aufgabe, das Halten der Dose, das Drücken des Sprühkopfes, die kurze Zeit, bis sich der Farbnebel auf dem Untergrund niederschlägt, und es überbrückt die Kluft zwischen Mensch und Objekt. Das Zischen schlägt die Brücke, es füllt den Raum aus, es ist Musik, es erhöht die Kraft und beruhigt zugleich. Zusammen mit dem Geruch, obwohl es auch geruchlose Dosen gibt, und dem Farbnebel wird der Raum als Raum erlebbar gemacht, die Luft wird besetzt und territorial abgesteckt, hier herrschen Zischen und Nebel, hier gibt es einen Farbregen, hier findet Aktion für den Körper und seine bewusste Vergewisserung statt.

Eine andere Befriedigung liegt sicherlich darin, wenn die Dose die gewünschte Effizienz einhält. Ihre Reichweite ist gut und vergrößert den körperlichen Radius, wirkt also quasi wie eine Prothese. Der Nebel ist dann ebenfalls effizient, wenn er sich steuern lässt, so wie die Hand den Druckknopf bedient, die Kontrolle da ist und die gewünschte Farbmenge wirklich zur Deckung führt.

Ich rief March an.

»Warum sind Dosen besser als Pinsel? Also, von der Befriedigung her?«

»Mensch, Larissa!«

»Hi.«

»Ich finde, man verbindet mit der Dose auch immer was Industrielles. Und somit auch mit dem Untergrund und der Straße. Die Dose ist zuverlässiger als der Pinsel, den man immer wieder in einen Becher tunken müsste, und sie ist schneller präziser und ... yo, der Pinsel ist eben nur etwas, was man mit ruhiger Malerei verbindet.«

»Und was verbindest du mit der Dose?«

»Ich kenne Dosen ja schon seit meiner Kindheit. Mein älterer Bruder hat bei uns in der Garage immer sprühen dürfen, um zu üben. Und ich finde den Geruch von Aerosolen einfach klasse. Und das hält ja für ewig. Bei dem Pinsel ja nicht. Wir haben damals in Heidelberg die ersten weiterentwickelten Montana-Dosen getestet und natürlich Verbesserungsvorschläge abgegeben.«

»Und worum ging es da?«

»Um den Druck hauptsächlich. Dass es halt für jeden ging, aber auch für die Profis.«

»Danke, March!«

»Wie schön, dass du über Dosen schreibst!«

Nach dem Telefonat notierte ich rasch das Gesagte. Wer March ist, das weiß ich eigentlich gar nicht. Ich kannte ihn nur von Instagram.

Dann rief ich noch den Redner an und fragte ihn dasselbe. Er findet Dosen gar nicht unbedingt besser. Ich fragte ihn, ob die Dose nicht eine tolle Prothese sei. Er meinte, die Teleskopstange sei auch eine sehr armverlängernde Prothese. Da kann der Arm drei Meter oder länger werden. Und beim Feuerlöscher sei es, als beame man die Farbe in die Weite.

Auch das schrieb ich auf.

Und dann gab es ja noch die Nichtkontrolle. Auch das hat seinen Reiz, zum Beispiel beim Aufstechen der Dosen, wenn die Dose explosionsartig ein Eigenleben bekommt, ein wildes Tier, das der Sprayer halb bändigt und das ihn halb mitzieht. (Bei den sogenannten Splashs werden Dosen aufgestochen, um damit abstrakte Bilder zu »malen«, wobei »malen« es nicht wirklich trifft – vielmehr werden Farbexplosionen initiiert und bedingt geführt.)

Den Sinneszustand beim Malen eines Splashs hat Taps einmal wie folgt beschrieben:

Flash! Clash of scissors and can. Flash! Zzsh! The color explodes. It's surrounding me. Flash! Blinded in the moment. I see nothing. Lost control. Flash! The color follows no order. Flash! Pink! It runs, drips and splashes. Flash! Fast, next can. Blue! Next. Purple! Flash! The color reacts, blends … Flash … runs down the train. Here is nothing like it should be and yet everything is right. Flash! Red! Flash! Black! Flash! Green! A universe creates itself. Color becomes alive. Flash! Adrenaline. I'm not alone out here. Flash! Orange! The moment is frozen, but the color isn't holding back. Flash! Nothing is nice. Everything raw and pure. Flash! Yellow! Glare. I'm blinded by color. Flash! White! Color takes control.[61]

Die Stimmung erinnert an eine Disconacht, an Techno, an Drogen und Rausch und an spirituelle Zustände, im 18. Jahrhundert wäre es eine Gewitternacht gewesen, und man hätte über die Erhabenheit sinniert, die man dabei empfindet. Daher kommt ja auch das Berghain. Da sind ja ähnliche Gefühle im Spiel. Eine Überstimulation der Sinne durch Licht, Farbe, Dunkel, Geräusch und Körper wird dann zum Overkill, zum Beispiel des Zuges, nicht nur einer Oberfläche, sondern eines Raumes, mit dem Davor, Dahinter, Daneben und Darunter und sich selbst darin.

Aber auch im Gegenteil, im Konturenziehen, liegt eine Befriedigung, genauso wie es in der Malerei auch der Fall ist. Im Expressionismus, vor über 100 Jahren, fingen die Künstler an, dicke dunkle Konturen zu malen, die oft schon Teil der Fläche und der einzelnen Formen wurden. Die Kontur erlebte hier einen Höhepunkt, ihr saftiges Ziehen war lustvoll. Auch im Graffiti, in bestimmten Stilen spielen die Konturen eine wichtige Rolle. Die Kontur entsteht oft am Ende, bei Pieces und Throw-ups nach dem Vorzeichnen und Ausmalen. Durch sie bekommen die Farbflächen plötzlich Sinn, die formale Begrenzung eröffnet die Bedeutung und veredelt die Buchstaben wie eine letzte Politur. Sie zeigt aber auch dem Sprüher, dass seine Flächen und Formen richtig waren und die Proportionen stimmten, sie sind also die erfolgreiche Beweiserbringung der vorherigen Arbeit und der eigenen visuellen Einschätzung. Die Kontur ist also auch Selbstbestätigung der vorherigen Wahrnehmung und objektive Bestätigung der Ausführung einer inneren Vorstellung.

Ich legte meine Notizen neben mich und mich zurück auf das Handtuch. Bis fünf Uhr morgens war ich draußen gewesen, um Verschiedenes auszuprobieren. In den vergangenen drei Tagen hauptsächlich Tags – aber mit unterschiedlichen Werkzeugen: Kreiden, Markern, Dosen, Fatcaps und Ultra-Wide-Dosen, mit denen ich fast fünf Meter hohe Buchstaben hinbekam. Ich fing klein an, mit Stiften auf Stromkästen und Laternenpfählen, dann auf Türen, dann mit Dosen auf Türen und Hausfassaden und Garagentoren und dann auf alle wandartigen Oberflächen, die ich fand. Das habe ich allein gemacht, so hatte ich meine Ruhe. Es ging mir nur um Studien, um Recherche. Den Suchtfaktor verstand ich sehr gut, die anderen Befriedigungsgefühle auch. Der Duden beschreibt Befriedigung mit Erfüllung, Sättigung, Zufriedenstellung, Behagen und Genugtuung. Das kann ich alles so unterschreiben, besonders Sättigung und Genugtuung finde ich spannend. Die Sättigung lässt sich ja auch wiederum ganz physisch verstehen, eben durch die schäumenden Marker, durch die dicke Streichfarbe, durch das Glätten und Füllen der Oberflächen, durch die Deckung der Farben, den Nebel, der den Raum ausfüllt. Die Sättigung spricht viele Sinne an, aber auch den Trieb.

Jetzt wollte ich ein bisschen schlafen, aber es kamen viele Enten vorbei, die beschlossen zu schnattern. Also ging ich erst mal mit meiner Schnorchelmaske schwimmen. Zu sehen gab es nichts, nur trübes Wasser und Algen. Als ich zurückkam, waren die Enten woanders. Irgendwie auch schade.

3. Teil

Berlin, in einer U-Bahn-Station

Ich saß allein und mitten auf der Bank. Es war sechs Uhr morgens. Ich wollte nicht U-Bahn fahren, ich wollte nirgends einsteigen. Ich wollte Christoph Schlingensief lesen und an ihn denken. U-Bahn-Stationen sind beruhigend. Da geht das Leben immer weiter. Wenn man Angst vor Stillstand hat oder davor, dass eine Phase niemals vorbeigeht, dann hilft die U-Bahn-Station. Ein Ersatz für Ebbe und Flut. Immer geht alles weiter.

Christoph Schlingensief hat in der Berliner U-Bahn Nummer 7 eine Fernsehshow für MTV gedreht. »U3000« hieß die. Im Jahr 2000. Eigentlich war das total Graffiti. Es gab zwar keines, dafür jede Menge Unruhe, Aufregung, Geschrei, Rempeleien, Prügeleien, laute Musik und Unerhörtes. Schlingensief eben, als Regisseur, Moderator und Schauspieler und als er selbst.

Es hieß, dass MTV davon nicht begeistert gewesen sei. Die Berliner Verkehrsbetriebe wohl auch nicht, als sie mitbekamen, wofür sie da ihren Verkehrsbetrieb zur Verfügung stellten. Schlingensief moderierte als Overkill, ließ fast keinen ausreden, auch sich selbst nicht, machte extra und in vollem Schwung alle nur denkbaren Fehler einer Moderation, ohne diese zu verstecken, sprang hin und her, körperlich wie inhaltlich, und versetzte alle in Schwindel.

Schlingensief erzählte dazu, dass ihn Nomadenzelte interessierten. Die seien zerstörbar wie ein guter Gedanke. Ein guter Gedanke sei zerstörbar, ein schlechter nicht, der stehe blöd herum. Er zog dann die Parallele zu seiner U-Bahn-Show, die von einer Station zur anderen fuhr, und zu seinen Gästen, die von einer Hitparade in die nächste gingen. Die Off-Stimme im Making-of fragte, ob es im Vorfeld Probleme mit der BVG gegeben habe. Der Vertrag sei einen Tag vor Drehbeginn gekommen, mittags um zwölf, sagte Schlingensief, mit vielen Klauseln drin, die wollten Mitspracherecht haben. Aber es ging dann erst mal, und dann gab es eine Szene, da habe er einen nackten Mann rausgeschickt aus dem Zug, in die Station, und habe ihm Möhren hinten reingesteckt, und da meinten andere schon, dass das die BVG nicht auf sich sitzen lassen würde. Die Telefone liefen gerade heiß, erzählte Christoph, aber das mit den Möhren sei ja ein Zitat des Künstlers Matthew Barney gewesen. Die BVG habe aber schon gut mitgemacht, die Mitarbeit sei exzellent. Der Direktor sagte wohl zu ihm, dass die BVG sein Wohnzimmer sei, und in sein Wohnzimmer ließe er ihn, Christoph Schlingensief, nicht rein. Christoph Schlingensief sagte, dass er das gut verstehen könne. Er würde ihn aber hineinlassen, er ließe ihn in sein Wohnzimmer hinein. Würde er wirklich gerne, er würde ihn gerne in seinem Wohnzimmer beherbergen.[62]

In der Show gab es auch eine Außenwette, da trat eine arme Familie gegen den angeblichen Kultursenator von Berlin an. Der Senator musste nachts in der kalten Spree schwimmen, der Familienvater musste auf einem Schrottplatz mit einem Baseballschläger auf sein Auto einschlagen. Wer am längsten durchhält, konnte 1000 DM gewinnen. Der Senator kam immer sehr schnell wieder aus dem Wasser. Die Armen gewannen gegen die Kultur. Aber der Sieg half ihnen auch nicht.

Schlingensief hielt sich an keine Regeln, an keinen Anstand, niemandem gegenüber, dekonstruierte alle Ratschläge, die zu einer Moderation oder einer Fernsehshow normalerweise dazugehörten. Er stellte nach, wie man eine Katze aufschneiden könnte. Mit Kunstblut und Plüschtier. Bei den Geschlechtsteilen fing er an und machte bei den Eingeweiden weiter. Dabei rief er: Achtung, das sei ein Filmzitat. Das Kunstblut wuselte er sich dann ins Gesicht, setzte sich neben seine Showgäste Cindy und Bert, das große deutsche Schlagerduo der Elterngeneration, und unterhielt sich mit ihnen, ohne sie zu Wort kommen zu lassen. Christoph lärmte, dass der Vatikan nicht mehr funktioniere. Er sei letztens in Rom gewesen. Und er wollte durch das Tor gehen, das die Sünden vergebe, und er musste feststellen, dass das Tor Öffnungszeiten habe. Er sei um sieben Uhr dort gewesen, und das Tor hatte geschlossen. Seine Sünden seien also immer noch da, er sei sehr froh, da müsse er nicht bei null anfangen. Und er glaube, das sei auch ihre Qualität. Also, die von Cindy und Bert. Sie hätten einen unheimlichen Dreck schon im Kopf, einen unheimlichen Dreck schon in der Seele. Im Körper. Die beiden wollten widersprechen, wurden aber direkt von Christoph unterbrochen. Der sagte, sie sollten das doch einfach mal sagen, es sei ja nichts Schlechtes. Die Leute würden doch immer, die Leute würden immer dazu erzogen, dass sie jetzt neue Missionen bräuchten, dass man an die Börse gehe, dass etwas völlig Neues passiere, man habe eine neue Idee, er habe eine neue Idee, aber ja? Welche denn? Man mache eine große Verpackung, aber was sei da drin? Nichts, schreit Christoph, da sei nichts drin. Man müsse einfach mal sagen, dass wir Gescheiterte seien, dass wir viele Probleme hätten, viel Dreck, viel Schlamm, viel Mist. Und auch ein Kranker dürfe mal lachen. Aber wenn er in Deutschland lache, dann kriege er sofort kein Geld mehr, weil einer vom Amt ankomme. Der sage dann, dass der Kranke einmal gelacht habe, dass er das gesehen habe, Ferngläser und so, obwohl er krank sei, würde er lachen.

Und dann sprang Christoph zu den nächsten Gästen.[63] Er wütete in der U-Bahn wie kein anderer, er besetzte und machte großartiges Theater. Jahre später, als seine Krebserkrankung schon diagnostiziert war, schrieb er über sein Leben, dass es nach »U3000« dann auch erst mal vorbei gewesen sei mit irgendwelchen Einladungen aus der Hochkultur.[64] Das war einer meiner Lieblingssätze von Schlingensief. Mit Augenzwinkern steht er in seinen letzten Schriften. Seine Eltern waren immer wieder Thema in seinen letzten beiden tagebuchartigen Büchern, die er in den letzten Jahren vor seinem Tod schrieb.

Als es um »U3000« ging, schrieb er, dass das alles für seine Eltern sehr schwer gewesen sei, sie bekamen in Oberhausen viel Kritik, schlechte Post, Beschimpfungen. Da hieß es jahrelang in Oberhausen, was aus dem Christoph nur geworden sei. Das sei doch alles Mist, was er mache. Er habe dann immer wieder versucht, die Dinge bei seinen Eltern geradezubiegen, zu erklären, was er da eigentlich mache, damit sie ihn ein bisschen besser verstehen könnten.

Er habe ja gewollt, dass sie ihn verstehen, dass sie stolz sein können auf ihren Sohn. Und seine Eltern seien auch extrem lieb gewesen und hätten ihm immer wieder gesagt, dass sie es verstünden, dass er weitermachen, bei seinen Sachen bleiben solle. Das sei ihr größtes Ziel gewesen, dass er nicht umkippe.[65]

Das waren wunderschöne Stellen in seinen Schriften. Christoph Schlingensief nahm auch öfter auf Rudi Dutschke Bezug. In »U3000« widmete er ihm eine ganze Folge. Da ging es um Revolution, um Herbert Marcuse und eben immer wieder um Dutschke. Schlingensief zitierte Marcuse in Textauszügen, die er seinen Zuschauern nachreichte. Darin hieß es, dass der höchsten Stufe der kapitalistischen Entwicklung in den fortgeschrittenen kapitalistischen Ländern ein Tiefstand revolutionären Potenzials entspreche.[66]

Ich überlegte, was ihn an Dutschke wohl persönlich interessiert hatte. Vielleicht war es die Art zu reden, Dutschkes Vorträge, die so viele Studenten begeistert hatten. Oder war es das Megafon, das Schlingensief und auch Dutschke benutzten? Beides zusammen? Rudi Dutschke wollte eigentlich Sportmoderator werden. Als Jugendlicher übte er das. Sein Biograf Ulrich Chaussy berichtet, dass die Familie Dutschke ab 1956 ein Fernsehgerät besaß und Rudi jede Sportsendung verfolgte. Vor seinen Brüdern trainierte er dann als Rundfunkreporter.[67]

Das Sprechen verband beide, Schlingensief und Dutschke, eine bestimmte Art und Weise zu sprechen, laut zu sein und Leute zu bewegen, sie zu überzeugen. Was beide noch verband, waren die Gedanken an ihre Eltern, die sie nicht verstanden, aber deren Schatten sie immer zu begleiten schienen. Dutschke schrieb am 14. Juli 1969 in sein Tagebuch, dass er einen Brief von seinem Vater erhalten habe. Dieser habe offensichtlich die Zeit genutzt, um noch einmal das familienfeindliche Treiben des geliebten Sohnes zu reflektieren. Dabei standen familienfeindliches Treiben und geliebter Sohn in Anführungsstrichen. Er, Rudi, könne ihn gut verstehen, die Zeiten seiner Anerkennung und Berühmtheit, auch diese zwei Worte schrieb er in Anführungsstrichen, seien schließlich vorbei. Noch immer habe der Sohn keine sichere Stellung, das Studium nicht beendet, aber als ob man es je beenden würde. Rudi wollte ihn trotzdem einladen, es sei klar, auch wenn der Vater kein Mitglied der SED werden würde. Aber vielleicht ja die Brüder, überall müssten revolutionäre Zellen aufgebaut werden.[68]

In der »U3000«-Rudi-Dutschke-Folge lud Christoph wieder eine arme Familie ein, »die keine Inhalte mehr hat« und die er dazu ausfragte, in welcher Sackgasse sie sich denn gerade befänden. Vorher führte er noch etwas über Dutschke auf. Er rief, was denn war mit Rudi Dutschke? Dem habe man in den Kopf geschossen. Er wolle jetzt den Tod von Rudi Dutschke rekonstruieren. Dem Mann habe man in den Kopf geschossen, da sei eine ganze Gehirnhälfte weg. Und seine letzten Worte seien gewesen, dass er zum Friseur wolle. Er will zum Friseur! Ja. Haha, aber das stimme. Rudi Dutschke habe das wirklich gerufen, dass er zum Friseur wolle. Und dann habe dieser Mann alle Begriffe neu lernen müssen. Er musste sie von der kaputten Gehirnhälfte rübersortieren. Die Reste, die Bruchstücke, die Splitterstücke. Er musste sie rübersortieren auf die andere Gehirnhälfte. Und Christoph stellte die Frage, ob dann die Begriffe noch dieselben Begriffe seien. Hätten sie noch denselben Inhalt? Er bezweifle das nämlich. Auch wenn er die ganzen gecoverten Versionen, auch wenn er MTV höre.[69]

Am 11. April 1968 wurde Rudi Dutschke von einem rechtsextremen Attentäter zweimal in den Kopf geschossen. Rudolf Wagner war damals Reporter und machte sich auf zum Unfallort. Ein Zeuge erzählte ihm, dass er zuerst gedacht habe, dass hier auf Tauben geschossen werde. Dann sei er näher gekommen und habe Rudi Dutschke gesehen. Rudi Dutschke sei aufgestanden und habe nach Mutter und Vater geschrien und dass er zum Friseur müsse, er müsse zum Friseur.

Nachdem ihn die Schüsse getroffen hatten, zog sich Dutschke die Schuhe aus. Warum, das weiß nur sein Gehirn mit den Kugeln darin. Dann sank er zu Boden.[70]

Christoph Schlingensief spielte das Attentat mit Kunstblut in der U-Bahn nach. Dann ließ er Dutschke noch einmal aufstehen, eine Dornenkrone und ein Kreuz tragen, auf dem Bahnsteig, in den nächsten U-Bahn-Wagen hinein, da wurde Jesus Dutschke dann auf dem Boden ans Kreuz genagelt.

Rudi Dutschke nannte in seinem Tagebuch Jesus Christus einmal den weltgrößten Revolutionär.[71] Dutschke überlebte das Attentat mehr als zehn Jahre. 1979, an Heiligabend, starb er an den Spätfolgen. Am Christusfest, in der Badewanne.

Inzwischen sind bestimmt 17 U-Bahnen an mir vorbeigefahren. Ebbe und Flut.

Ich bin entspannt. Neben mir sitzen Rudi Dutschke und Christoph Schlingensief. Beide reden miteinander, sie rufen sich lautstark zu, ziehen ihre Megafone, moderieren ein Wettrennen. Da oben lachen sie bestimmt lauthals. Auf ihrer Wolke.

Berlin, Tempelhofer Feld

»Warum hast du eine so lange Pause vom Graffiti gemacht?«

Michael hatte mal angedeutet, dass er mit 24 Jahren aufgehört hatte. Aber mehr hatte er nicht gesagt. Ich musste noch mal nachfragen. Wir hatten wieder Getränke für die Wiese dabei, Bienen flogen hoch und ab.

»Da hatte ich zu hohe Schulden. Sieben Jahre habe ich nicht gesprayt.«

»Woher kamen denn die Schulden?«

»Von meiner WG damals. Ich war der Hauptmieter und halt verantwortlich, und mein Mitbewohner hat damals nicht gezahlt. Das wusste ich aber lange nicht, weil er eigentlich das Geld direkt dem Vermieter überweisen sollte. Über ein Jahr hat er nicht bezahlt, dann hat der Vermieter mich kontaktiert.«

»Und der Mitbewohner?«

»Der ist abgehauen.«

»Oh.«

»Ich habe dann immer mehr Mahnungen, Drohungen und Zwangsvollstreckungen bekommen. Und irgendwie musste ich mir ja selbst helfen. Also habe ich Gras angebaut und das verkauft. Damals war das Gras in Berlin noch echt schlecht, da waren Haarspray und Vogelsand drin. Ich habe dann das gute Gras gemacht. Auf meinem ehemaligen Hochbett habe ich das angebaut. Damit habe ich die Schulden in drei Jahren abbezahlt und hatte noch Geld zum Leben nebenher.«

»Und fürs Sprayen blieb dann keine Zeit mehr?«

»Das war schon viel zu tun.«

»Und danach?«

»Ich habe ja auch meine Ausbildung gemacht und wollte in dem Job gut werden.«

»Dachdecker.«

»Ja, das macht wirklich Spaß.«

»Das glaube ich dir, gerade hier in Berlin ist das bestimmt toll. Mit der Aussicht.«

»Es gab aber auch noch einen anderen Grund für die Pause.«

»Ja?«

»Es gab damals so viel Gewalt. Ein Freund von mir, mit dem ich sprayen war, der wurde mit einem Messer gestochen. In die Lunge. Der blutete so heftig. Zufällig war da aber schon ein Krankenwagen, der vorbeikam. Hätten wir erst noch einen rufen müssen und gewartet, dann hätte er das nicht überlebt. Das haben die Ärzte später gesagt. Da war also gerade dieser Krankenwagen.«

»Was für ein Zufall.«

»Der wurde wohl vorher schon gerufen, weil nicht weit entfernt jemand eine Flasche über den Kopf bekommen hatte.«

»Und dein Freund hat also überlebt?«

»Ja, so gerade. Weil die Notoperation so schnell kam. Aber da wollte ich nichts mehr mit Graffiti zu tun haben. So was wollte ich nie mehr erleben.«

»Das verstehe ich.«

Wir tranken Radler und blickten über die Wiese. Ein paar Jongleure warfen in der Ferne Kegel in die Luft. Woanders ertönte leise Technomusik.

»Aber dann hast du ja wieder angefangen.«

»Zwar nicht mehr so viel wie vorher, ich habe ja jetzt meinen Beruf, aber hin und wieder.«

»Warum hast du es wieder angefangen?«

»Ich habe Depressionen bekommen.«

»Aber dein Job hat dir doch viel gegeben, oder?«

»Schon, aber es fehlte halt was. Wenn ich da oben auf den Dächern war, dann ertappte ich mich dabei, wie mir gute Wände auffielen, wie ich die Züge beobachtete und die Takte zählte. Das kam ganz unbewusst. Und in meinem Leben musste ich irgendwas ändern. Ich rief einen alten Freund aus der Crew an, wir waren zuerst nur Kaffee trinken und danach malen. Und dabei kam irgendwie wieder Freude ins Leben. Die Situation in Berlin hatte sich auch entspannt, die Leute waren cooler, so viel Gewalt gab es nicht mehr.«

»Und das hat dir geholfen?«

»Ja, Graffiti ist mein Antidepressivum.«

»Das freut mich für dich. Also, dass du das gefunden hast. Du hättest ja auch ganz woanders hinkommen können, Drogen oder Spielsucht. Irgendein anderer Ersatz, der Hormone und gutes Adrenalin ausschüttet. Da ist Graffiti ja recht gesund.«

»Es hat mich sehr ausgeglichen gemacht. Die Balance ist sehr gut. Mit meinem Job und ab und zu Malen mit Freunden. In der Gruppe bin ich so ein Auswechselspieler. Kein Hauptspieler mehr. Das ist okay für mich.«

»Das hilft.«

»Ja.«

»Ich habe einige ehemalige Sprayer kennengelernt, die sich irgendwann gesagt haben, dass sie mal aufhören müssen. Und dann kam die große Leere. Die große Depression. Und sie fanden nichts anderes als diese Leere.«

»Solche kenne ich auch.«

»Da ist es doch besser, wie du es gelöst hast. Sich einen Ausgleich zu schaffen, fit zu bleiben, Graffiti da einzusetzen, wo es einem selbst hilft. Es ist ja nicht schlimm, das auch noch mit 50 Jahren zu machen. Oder mit 55.«

Der Jongleur kam jetzt näher, die Bienen flogen große Kreise um ihn, aber hielten Abstand.

Wenn die Gehirnchemie einmal auf etwas eingestellt ist, gerade wenn es im Jugendalter anfängt, ist es schwer, sie wieder umzuprogrammieren. Leistungssportler hören ja auch nicht abrupt auf, sie machen auch nach ihrer Hauptkarriere noch Sport. Weniger, aber sie brauchen es doch auch, glaubte ich. Das Gehirn braucht es.

Wir warfen Geld in seinen Hut.

Berlin, Förderschule

»Ich muss eben noch den Stundenplan laminieren«, sagte Susie Superwoman.

Sie zeigte mir die Karten mit den Wochentagen und zusätzlichen Spalten für das Fehlen von Hausaufgaben, für Extrakomplimente und für den Tafelputzdienst.

»Willst du mitkommen?«

»Ähm, ja, okay.«

Ich folgte Susie Superwoman durch die Flure ins Sekretariat, wo sie die Laminiermaschine anstellte.

»Jetzt muss ich gleich nur noch die Namensschilder an die Fächer kleben, die habe ich alle selber am Computer gemacht. Es ist gerade viel zu tun.«

Sie zeigte mir die Namensschilder, neben jedem war ein anderes Tier abgebildet.

Ich wurde langsam etwas ungeduldig, versuchte es nicht zu zeigen. Wann würden wir endlich zu den Zuggeschichten kommen?

An diesem Morgen war ich im Wedding an einer Straßenbahnhaltestelle ausgestiegen und musste eine Förderschule suchen, um eine der (für mich) besten Zugsprayerinnen des Landes zu treffen. Nach einigem Zickzack durch Straßen und Waldwege fand ich das Schulgelände und stand vor dem Tor. Susie kam mir von der anderen Seite entgegen, sie hielt ein Schlüsselbund in der Hand, das schepperte. Daran hat man schon immer die Lehrer erkannt, Schlüsselbünde haben nur die Lehrer. Sie freute sich sehr, dass ich hergekommen war, und zeigte mir den Pausenhof. Susie trug Jeans und ein weißes T-Shirt, ein guter Lehrerlook, die Kinder redeten begeistert mit ihr, sie begrüßten auch mich und fragten, wer ich sei.

»Eine Freundin, die sich mal die Schule angucken wollte.«

Die Laminiermaschine war jetzt warmgelaufen, und Susie legte die Karten ein.

»Wir gehen gleich hoch in mein Klassenzimmer, dann können wir reden.«

»Geht das denn auch? Kannst du da frei reden?«

»Ja, klar. Aber lass uns vorher noch eine rauchen.«

Sie steckte die Karten unter den Arm, und wir gingen raus auf den Parkplatz in die hinterste Ecke, zwischen zwei Autos. Die Kinder sollten sie nicht rauchen sehen. Dort standen wir wie zwei Teenager in der Schulpause. Schade, dass wir nicht auf derselben Schule waren.

»Was willst du denn genau wissen?«

»Wir können ja über Hongkong sprechen.«

»Ach so, ja, klar, wie soll ich das denn erzählen?«

»Einfach irgendwie, ich schreibe dann mit.«

Wir holten uns Cola und gingen hoch in ihren Raum. Seit einer Woche dekorierte sie den für den Schulstart ihrer neuen Klasse nach den Sommerferien.

»Ich hänge eben noch die Sachen hier an die Tafel, du kannst dich ja schon mal irgendwo hinsetzen.«

Ich setzte mich an einen winzigen Tisch auf einen winzigen Stuhl und sah Susie dabei zu, wie sie Bilder mit Strichmännchen und Wörtern an die Tafel hängte, dabei holte ich schon mal meinen Notizblock heraus, um die Stimmung auf das eigentliche Ziel unseres Treffens zu lenken. Susie gehörte zu den Sprayerinnen, die ihre Anfänge allein gemeistert haben. Sie fuhr damals mit ihrer Freundin Redy nächtelang durch Berlin, besonders in Lichtenberg waren sie stundenlang unterwegs, um auszukundschaften, wie man am besten an die Bahnen herankommt. Das war vor neun Jahren. Klar sprayten damals schon viele vor ihnen hier, aber sie fragte nicht, hockte lieber fünf oder sechs Stunden im Winter bei minus 20 Grad im Gebüsch und guckte selbst, wie das alles lief mit den Yards, dem Rangieren der Züge und den Securitys. Ihr Graffiti-Stil ist eine Mischung aus der frühen Anfangszeit aus New York und Art Brut. Mir gefällt er sehr, vordergründig naiv, aber in Wirklichkeit sehr dreist und lässig. Oft schreibt sie noch kurze Botschaften daneben, es geht um Kings und Hip-Hop-Jargon, sie macht »auf dicke Hose«, wie sie mir später lachend sagte.

Für *Kunstforum* hatte ich mal einen kurzen Artikel über sie geschrieben, damals kannten wir uns noch nicht persönlich:

Sie malt meistens einfache Outlines in Schwarz oder einer hellen Farbe, die den Buchstaben mal direkt berühren oder in einem kurzen Abstand um ihm schweben. Drum herum setzt sie einfache Wolken, um die Schrift vom Untergrund abzuheben. Die Buchstaben selbst füllt sie mit Zeichen, mal sind es Sterne, mal Tropfen, Kreise, Punkte oder Linien. Dieses »Schmücken« erlangt einen sehr spielerischen Touch, so als würde eine Torte nach der Glasur nach Lust und Laune mit Verzierungen versorgt werden. Dabei scheint sie unsauber, schnell und spontan vorzugehen, was das lustvolle Spielerische, ohne festen Plan, unterstreicht. Als Kontrast fungieren ihre Statements und Kampfansagen, die sie oft seitlich daneben schreibt. Sie bezeichnet sich selbst als King: »To all the kings, we are all unforgettable«, stellt fest, dass sie nicht nach (Graffiti-)Regeln spielt: »I don't play by rulez!!«, und tritt selbstbewusst in den Wettbewerb mit anderen Sprayern: »I wanted to yo you but I didn't want to write loser on my panel!!!« Susie verkörpert die ambivalente Mischung aus Spielfreude mit naiven Zeichen und dem selbstbewussten Straßenkampf des Zugmalens unter Kings.[72]

Jetzt setzte sich Susie endlich zu mir, ebenfalls auf einen winzigen Stuhl.

»Tut mir leid, dass du so lange warten musstest.«

»Ach, nicht schlimm«, sagte ich und hatte direkt ein schlechtes Gewissen wegen meiner vorherigen Ungeduld.

»Also Hongkong, ja?«

»Ja, wie kam es denn zu dieser Reise?«

»Ich bin da allein hingeflogen. Redy war aber schon in Hongkong, zu der bin ich hin. Und im Flugzeug war zufällig noch eine andere Sprayerin. Wir haben uns direkt erkannt. Das hat mir die Zeit während des Flugs gerettet. Wir haben dann auch zusammen in diesem bekannten Hotel gewohnt.«

Sie sagte mir den Namen, aber ich wusste nicht, wie man ihn richtig schreibt.

»Kennst du das? Da gehen viele Sprayer hin, weil das billig ist und irgendwie so 'n Ruf hat. So eine unkoschere Atmosphäre.«

»Und das bringt einen dann schon in die richtige Stimmung, ja? Und deine Freundin dort kommt aus Hongkong?«

»Genau, Localsprayer, wir haben ja schon in Berlin viele Züge zusammen gemacht und wollten dann in Hongkong die U-Bahn machen. Und da drüben ist es gut, einen Local dabeizuhaben. Um die meisten Yards sind riesige Mauern, sie kannte aber einen anderen Spot, da sind wir an der Autobahn entlanggelaufen.«

»Und dann war da keine riesige Mauer?«

»Nee, aber ein Zaun, der oben ganz krass geschliffene Spitzen hatte, und darüber noch mal NATO-Draht. Den haben wir dann aufgeschnitten. Auf dem Gelände war so ein Typ, der hat den Zug immer vor- und zurückgefahren, das war total komisch.«

»Warum hat er das gemacht?«

»Ja, das habe ich am Anfang auch nicht verstanden, es war ja total sinnlos. Aber Redy meinte, dass er es aus Langeweile mache, um in seiner Arbeitszeit halt auch zu arbeiten, auch wenn es unnötig war.«

»Aha.«

»Das ist halt eine andere Mentalität dort, hier würde das ja keiner machen. Aber dafür ist es gut, einen Local dabeizuhaben. Wir sind dann also über den Zaun und haben gemalt.«

»Wie viel Uhr war es?«

»So zwei Uhr nachts. Wir waren zu dritt, also die Sprayerin aus dem Flugzeug war auch dabei.«

»Wie lange habt ihr malen können? Hattest du eine Skizze dabei?«

»So zehn Minuten. Skizzen mache ich nie. Das mag ich nicht, ich mache das immer spontan.«

Susie zeigte mir ein Foto auf ihrem Handy von dem Zug. Die Buchstaben waren innen weiß und mit blauen Sternen berieselt, dazu schwarze Konturen.

»Hattest du keine Angst vor dem Gefängnis dort?«

»Ich habe da nur mal kurz dran gedacht. Aber ich war eh in einer destruktiven Phase zu der Zeit.«

»Würdest du das heute noch mal machen?«

»Klar, mit Redy.«

»Und was hat der Fahrertyp gemacht?«

»Der war im Zug, als wir gemalt haben, da hat er gerade Pause vom Rangieren gemacht. Aber uns nicht gesehen. Als wir dann zurückgeklettert sind, habe ich gemerkt, dass mein Bein nass war. Das war komisch, es hatte ja nicht geregnet. Und dann gucke ich runter und sehe ganz viel Blut, das hat geströmt.«

»Wie das denn?«

»Diese Spitzen. Die waren wirklich so scharf, da musste man nur einmal zart drüberstreifen, und schon war man verletzt. Ich hatte das überhaupt nicht gemerkt, aber ich hatte eine riesige Wunde.«

Susie streifte ganz leicht über meinen Arm. Ich merkte es fast gar nicht.

»So. Das reichte, mehr war das gar nicht.«

Auch von der Wunde zeigte sie mir ein Foto auf ihrem Handy. Sie lag auf einem Behandlungsstuhl. Ich sah eine wirklich tiefe und lange Fleischwunde, das Bein klaffte auseinander.

»Das sieht ja unheimlich aus.«

»Ich habe dann so viel Blut verloren, dass ich halb ohnmächtig war. Redy musste mich an der Autobahn entlangschleifen und in ein Taxi bringen. Sie ist dann mit mir in eine Notaufnahme gefahren.«

»Oh Gott.«

»Und da wollten sie mich dann nicht annehmen, sie meinten, dass sie nur Chinesen behandeln würden und ich in ein anderes Krankenhaus müsse. Da habe ich die Nerven verloren und angefangen rumzuschreien. Dann haben sie mich aufgenommen.«

»Das mussten sie doch auch, oder? Und dann?«

»Die haben mich genäht, dann ging es mir auch wieder besser.«

»Haben sie dir Antibiotika gegeben?«

»Nee. Wir sind dann morgens auch direkt wieder zurück und wollten Fotos machen.«

»Du bist dann da direkt wieder hin?« Ich hatte immer noch das Bild von dem offenen Bein im Kopf.

»Ja, halt gehumpelt, mit Verband und so. Wir wollten um sechs direkt die Fotos machen, bevor der Zug aus dem Yard fährt. Aber er war nicht mehr da.«

»Wie schade.«

»Dein Blut war bestimmt noch da.«

»Aber wir hatten die Fotos aus der Nacht mit Blitzlicht.«

»Und dein Bein?«

»Das ging. Ich habe trotzdem noch viel gemalt und bin geklettert. Halt humpelnd. Aber es ging.«

»Vielleicht war es gar nicht so selbstdestruktiv. Vielleicht kamen da eher die Überlebensgeister zurück. Zumindest nach dem Nähen.«

Es klopfte an der Tür, eine Frau trat ein und fragte, ob Susie noch Sicherheitswesten brauche.

Brauchte sie nicht, sie hatte schon alle abgeholt.

»Für den nächsten Schulausflug, sie sind so neonfarbig, damit man die Kinder auf der Straße auch gut sieht«, erklärte sie mir, als ich etwas verwirrt von meinen Notizen hochschaute.

»Ach so, ja, klar«, sagte ich.

Die Kollegin verabschiedete sich freundlich und wünschte Susie einen guten Schulstart.

»Wo waren wir?«, fragte sie mich.

»Nach der Fleischwunde.«

»Ja, stimmt. Aber ich habe dort auch einige Wände gemalt. Das hier zum Beispiel.«

Sie zeigte mir ein neues Foto auf ihrem Handy. Es war ein typischer Susie-Stil.

»Das Lustige war, dass eine Boyband das für ihr Albumcover genommen hat. Die haben davor posiert. Das hat Redy später gesehen und mir geschickt.«

»Denen hat es wohl sehr gefallen. So ein Misch aus USA und Europa, aber irgendwie frischer und durch das Unperfekte auch jünger und cooler.«

»Ja, vielleicht. Die Graffitis in Hongkong sehen auch nicht so aus. Die sind anders.«

»Aber lustig mit der Boyband.«

»Hatte ich dir erzählt, dass ich mal bei der *Bravo*-Lovestory mitgemacht habe?«

»Nein«, sagte ich erfreut. »Was hast du denn da gemacht?«

»Als Teenager habe ich da mitgespielt. In diesen Fotostorys, da habe ich das Mädchen gespielt, was den Typen nicht gekriegt hat«, sagte sie lachend.

»*Bravo* und Boyband, das ist ja super«, sagte ich grinsend.

Motiviert schrieb ich beides auf.

»Und wie ging es nach Hongkong weiter?«

»Ich bin dann erst mal nach Moskau weitergeflogen.«

»Und da?«

»Zwei Wochen lang nur essen, trinken und sprayen. Nur das. War super. Hat alles geklappt, bis auf einen Zug. Da war ich mit ein paar Russen unterwegs, und wir wollten durch so einen Schacht und durch einen Tunnel kriechen, um an den Zug zu kommen. Der Tunnel war aber echt klein, auf allen vieren hätten wir da durchgemusst, 40 Minuten lang kriechen im Dunkeln.«

»Oje.«

»Wir hätten zwar Stirnlampen gehabt, aber man weiß ja nie. Ich dachte schon so, was ist, wenn dann plötzlich Wasser kommt? Oder wenn einer

’ne Panikattacke hat? Wie hätten wir den dann da wieder schnell rausbekommen?«

»Und?«

»Ja, haben wir nicht gemacht, beim Reinklettern hat uns so ’n Typ aus dem Restaurant daneben gesehen und sich total aufgeregt. Ich bin dann noch weggelaufen, aber die anderen haben sich geschlagen. Die Polizei kam dann und hat den Schacht zugeschweißt.«

»Und ihr seid dann weg?«

»Wir mussten ja wiederkommen, weil einer von uns schon im Schacht war.«

»In dem zugeschweißten Schacht?«

»Ja, eben. Dann mussten wir das wieder aufbrechen und den da rausholen. Ein Local hat dafür so ’n Typen angerufen, der dann mit seinem ganzen Werkzeug ankam. Und mit ’nem Baseballschläger.«

»Wegen der Restaurantleute?«

»Keine Ahnung. Hab ich auch nicht verstanden, warum der den dabeihatte. Er wirkte ziemlich grimmig. Aber sein Auto war bestens ausgerüstet. Im Kofferraum nur Werkzeuge für alles Mögliche. Ein paar Monate später hat er mich dann in Berlin besucht und einen Kuchen mitgebracht. Das war echt lustig, ich hätte den kaum wiedererkannt. Da war der plötzlich ganz höflich.«

»Und der aus dem Schacht?«

»Der war froh, als er wieder raus war.«

»Mann.«

Wir waren jetzt hungrig. Ich legte meine vollgeschriebenen Blätter zufrieden übereinander.

Susie schlug vor, zusammen zu essen, sie müsse hier eben noch kurz was fertig machen.

»Mach du, ich warte«, sagte ich entspannt.

Nach einer kurzen Aufräumaktion schloss sie das Klassenzimmer ab, steckte den Schlüsselbund in die Tasche, und wir gingen über einen kleinen Waldweg zur Straßenbahn. Als wir saßen, fragte ich, wie sie zur Förderschule gekommen sei. Susie hatte wohl viel Zeit in ihrem Leben vor allem mit dem Sprayen verbracht und vor ein paar Jahren entschieden, das Studium wieder aufzunehmen. Sie wollte etwas Sinnvolles machen, irgendwo wirklich gebraucht werden. Jetzt war sie zufrieden.

»Und das Sprayen?«

»Das geht jetzt nur noch in den Schulferien. Ich muss ja jeden Morgen den Unterricht beginnen.«

»Wirst du eigentlich verbeamtet?«

»Das weiß ich noch nicht, aber wäre gut.«

»Ich hoffe, es klappt.«

Susie ist bestimmt eine tolle Lehrerin. Als Brennpunktviertel würden viele den Ort ihrer Schule bezeichnen. Das Lesen, Schreiben und Rechnen würden nur ungefähr 20 Prozent des Unterrichts ausmachen, erzählte Susie mir, die meiste Arbeit sei die pädagogische Erziehung.

Ich glaube, dass sie dafür gut geeignet ist. Geduldig, emphatisch, aber auch tonangebend.

Wir gingen Döner essen.

Düsseldorf

Peter Michalski hatte Käsekuchen und Kaffee vorbereitet. Als ich ankam, drehte er fröhlich pfeifend an den Dosen in seinen Regalen. Teller und Gäbelchen lagen auf der Theke bereit, Peter lobte den Kuchen, den er vom Café nebenan geholt hatte. Er schmeckte wirklich sehr fluffig. Dann interessierte mich sein neues Buch *Selfies*.

»Warum heißt das denn *Selfies*? Hast du die ganzen Züge darin selber bemalt?«

Peter sagte etwas, aber mit vollem Mund verstand ich ihn nicht. Wiederholen wollte ich die Frage dann auch nicht. Peter wusste aber viel über den Künstler darin, der ganze Waggons mit schwarzer oder weißer Farbe grundiert hatte, um dann darauf leuchtende, abstrakte Linien zu malen.

»Die weißen mussten zweimal grundiert werden«, erzählte Peter, »und um das ganze Buch mit Zügen zu füllen, musste der Künstler durch ganz Deutschland fahren.«

»Glaubst du, der war allein?«

»Ich glaube, ja, meistens zumindest. Der Künstler ist vielleicht nicht mehr 40 und seine Freunde dann auch entsprechend nicht mehr. Aber ich kann mir vorstellen, dass er noch sehr schnell rennen kann. Schneller als die anderen in seinem Alter. Darum malt er bestimmt besser allein.«

»Und meinst du, dass er auch mal abbrechen musste? Und dann weglaufen?«

»Ich glaube nicht.«

»Warum?«

»Er ist gut organisiert.«

Wir aßen den Kuchen weiter, und Peter verkaufte zwischendurch Farbdosen und Cappys.

Dann signierte er mir noch sein Buch, »Peter« sei ihm aber am schlechtesten gelungen, meinte er nachdenklich, mit dem T sei er irgendwie unzufrieden.

Ich mochte seine Tags sehr und nahm das neue Sammlerstück jetzt an mich.

Wieder kamen junge Kunden in den Laden, kramten stolz ihr Taschengeld heraus und kauften davon zwei Dosen. Peter beriet. Das Gespräch dauerte länger, die Jungs hatten Fragen.

Ich las währenddessen in *Selfies.*

Zum einen entspricht diese Kunst dem Freiheitsdrang des hier spezifisch dargestellten künstlerischen Individuums. Nachts, wahrscheinlich illegal, also unter erschwerten Umständen, ohne zunächst offensichtliche finanzielle Absicht und mutmaßlich allein sowie ohne zensorisches Publikum zu arbeiten, ist in diesem Bereich schon das in westlich orientierten Demokratien erreichbare Maximum an persönlicher Freiheit. Es ist in diesem Zusammenhang auch ein beruhigendes Zeichen für die allgemeine Liberalität in diesen Demokratien, dass sie nicht kollabieren, wenn jemand die Grenzüberschreitung zur künstlerischen Illegalität begeht. Ein bemalter Zug ist nach ein paar Tagen wieder gesäubert im Verkehr, und die staatlichen Gewalten lassen zumeist die Kirche im Dorf.[73]

»Ein schöner Absatz«, sagte ich zu Peter und zeigte auf die Stelle im Buch.

Dann gingen wir rüber in die Galerie, gerade hing Jakob Traxlmayr dort. Die Arbeiten waren schön ausgewählt, Jakob machte etwas, um Graffitis von Transportern und Zügen abzudrucken, also auf große Papierbahnen zu frottieren. Ein bisschen Chemie brauchte man noch dazu. Wir blieben dort und redeten weiter. Als ich ging, fragte ich ihn noch, ob er wisse, wo hier neue NEUs seien, ich würde gerne noch fotografieren.

Peter sagte etwas, aber in diesem Moment fuhr draußen ein sehr lauter LKW vorbei, und ich verstand ihn wieder nicht.

»Kommst du noch mit zur Vernissage bei Ruttkowski?«

»Ich habe leider noch ganz viel zu tun heute Abend.«

»Schade, dann beim nächsten Mal!«

Auf dem Weg in das angrenzende Viertel entdeckte ich dann selbst viele neue NEUs. Ich durfte mich aber nicht zu sehr von meiner Route abbringen lassen, damit ich Nils' Galerie nicht verfehlte. Der hatte mich zur Eröffnung eingeladen, aber von wem, hatte ich wieder vergessen.

Als ich dort ankam, war schon alles voll. Die Barmänner schenkten fleißig Wein aus. Die Leute standen draußen in großen Trauben. Nils war mittendrin, natürlich sah er wieder mal so aus, als wäre er nicht umgezogen, als käme er gerade aus dem Hobbykeller, wo er noch schnell was mit der Laubsäge reparieren musste. Aber natürlich was das alles der Look, war das alles wahrscheinlich richtig durchdacht. Nils gab mir zu trinken und führte mich durch die Ausstellung. Alle Bilder waren klein und auf Papier gezeichnet. Und zwar randvoll, ganz kleine, dicht gedrängte Figuren, Formen, Schlangen- und Wirbellinien. Wimmelbilder waren das.

»Toll«, sagte ich zu Nils und beugte mich ganz nah vor eine Zeichnung, da ich meine Brille nicht dabeihatte.

»Ja, ne? Ich finde die auch ganz toll.«

»Wer ist das noch mal?«

»Guck mal, das ist alles echt, also, ich meine, das ist nicht nachgemacht oder so. Susan Te Kahurangi King heißt die. Seit Jahren will ich mit der schon was machen, aber sie hat wirklich sehr, sehr lange überlegt.«

»Und jetzt hat es geklappt.«

»Heute wollen ja ganz viele so malen wie die Outsider, die machen das ja alle nach, so naiv und verrückt versuchen die ja schon an den Kunsthochschulen zu malen.«

»Ja, Art Brut wollen viele Akademiker machen.«

»Eben. Und das hier ist Original. Fantastisch, oder?«

»Ja.«

»Sie ist selbst Autistin.«

»Ach, darum ist sie heute auch nicht auf der Vernissage?«

»Ja, und weil sie in Neuseeland wohnt. Und beim Zeichnen braucht sie Assistenten, aber eher damit sie beruhigt ist, zeichnen tut sie dann ganz allein. Aber halt in ihrem Rhythmus.«

»Das Papier sieht auch ganz alt aus.«

»Sie ist schon 71 Jahre alt.«

»Sieht man am Papier.«

Nils freute sich.

»Ich find's gut, dass du nicht nur junge Künstler hast. Und die passt doch super in dein Programm. Hat doch auch was von Tags und wilder Straße.«

Ich erinnerte mich an mein letztes Interview mit Nils. Wir sprachen darüber, wie er die Künstler auswählt.

Ich bin halt nicht der 10.000ste Galerist, der nur auf Rundgängen in Akademien unterwegs ist und den Studenten seine Karte gibt. Das ist ja überhaupt nicht mein Ding. Akademie ist ja okay, aber wenn du da bist und dich selbst nicht gefunden hast, dann bringt dir die Akademie auch nichts. Es gibt Menschen, die brauchen das nicht, die wissen, wer sie sind, und da kann so ein Studium auch ein Stein im Weg sein, wenn man dann plötzlich nur noch so malen will wie der Professor.[74]

»Ich finde auch, dass die gut bei dir reinpasst«, sagte ich ihm.

Wir verbrachten den Abend draußen auf dem Platz vor seiner Galerie. Dort sind übrigens auch die Museen und anderen großen Ausstellungshallen von Düsseldorf. Und Nils hat da jetzt auch einen riesigen White Cube. Ich weiß nicht, wie er das finanzieren kann. Er hat ja auch noch große Räume in Köln und in Paris. Das ist ja alles superteuer. Wie viel muss er dafür verkaufen? Und das jeden Monat? Nils scheint es irgendwie zu schaffen. Unter Druck arbeite er immer gut, sagte er mir. Wir tranken draußen und guckten mit ein paar seiner Sprayerfreunde ein paar Hunde an.

Auf dem Rückweg zur Bahn sah ich noch weitere NEUs. Oben waren die Buchstaben schön ausgeschwungen, NEU hob sich ab, wiederholte sich oft, kam selten allein, nahm Platz ein. Wie macht NEU das in der Stadt? Da, wo mehr los ist als an den Autobahnen. Raucht er Pfeife dabei? Ist er so ein eleganter Flaneur mit langem Mantel und anständigem Abendhut? Der genau diesen Hut zieht, wenn er Menschen auf der Straße gut gelaunt grüßt? Pfeift er vielleicht sogar beim Sprühen? Ist NEU so einer?

Berlin, Prenzlauer Berg

Der Prenzlauer Berg ist anders geworden. Das wissen alle. Hier fing die Gentrifikation von Berlin an. Der frühe Morgen gibt Auskunft über den Fortschritt der Veränderung. Es fehlen die Bäckereien. Üppige Bäckereien mit 50 belegten Brötchen, Mett- und Rühreihälften, rotem Couscoussalat im Plastikbecher, dicken Muffins mit Smarties, Tageszeitungen und einfachem Filterkaffee im braun geriffelten Instantbecher. Da saßen früher die Arbeiter, die früh aufstehen mussten, und die älteren Leute und alle normalen Leute, die nicht reich waren. Jetzt gibt es hier anstelle der Bäckereien Cafés mit Brunchkarten, die ausgeschlafen um zehn Uhr ihre Terrassen mit Blumenstengeln eindecken. Diese Cafés wollen natürlich keine Arbeiter, bekommen sie auch nicht, dafür sorgen ihre Preise, ihre Öffnungszeiten und ihre Karte. Wen sie haben wollen und natürlich auch bekommen, sind die kreativen Selbstständigen, die sich zum Brainstormingbrunch verabreden.

Einige alte Bäckereien haben sich noch gehalten, auf der Danziger Straße und ein paar in der Nähe der S-Bahn Schönhauser Allee. In Neukölln gibt es sie noch überall, hier kann man beruhigt frühmorgens mit leerem Magen auf die Straße gehen.

In Prenzlauer Berg ist es schwieriger geworden, von der Straße aus zu erkennen, um welches Geschäft es sich handelt. Ich ging durch das Viertel und vertat mich oft. Was ich für eine Konzeptgalerie hielt, war ein Verkauf von Frozen Joghurt. Was nach einem Showroom für minimale Designerküchen aussah, war ein Nudelimbiss. Wo ich Bücher kaufen wollte, gab es silberne Regenjacken. Prenzlauer Berg ist verwirrend. Was man direkt erkennt, sind die Yogastudios und die Schilder von Therapeuten und Coaches, die wahrscheinlich nicht über die Kasse abrechnen.

Gott sei Dank sind hier noch Tagger unterwegs. Das macht alles wieder gemütlich. Auch wenn viele Fassaden schnell wieder überstrichen werden, lassen sie sich nicht verschrecken. Die Buchstabenknäule machen alles wieder wohnlicher, wieder schöner. Kritzelspuren, schnelle Zeichengesten, gewundene Buchstaben wie Fischgerippe, die die ordentlich gentrifizierten Straßen wieder mit Energie versorgen. Es können ruhig noch mehr werden, jeder, der taggt, sollte hier vorbeikommen. Sie retten das gesamte Viertel vor kreativer Lähmung. Ganz früher gab es hier noch Galerien und

Projekträume, es scheint, als wären seitdem 100 Jahre vergangen. Sind es aber nicht.

Natürlich ist der Prenzlauer Berg immer noch eines der schönsten Viertel. Es wäre ja albern, das nicht zuzugeben. Sein größter Vorteil liegt in den guten Konditionen für Sprayer. Hier ist die Nacht dunkel, weil die Bürgersteige so breit sind und die Bäume und Büsche überall das Licht abfangen. Wer an der Hauswand steht, fällt kaum auf. Die Straßenlaternen scheinen schwach in Gelb. Nichts, was den Tagger störte. Außerdem gibt es viele Parks und Kinderspielplätze mit angrenzenden Hauswänden ohne viele Fenster. Auch die Wände haben durch die Parkbepflanzung einen guten Sichtschutz. Prenzlauer Berg ist ein graffitifreundliches Viertel. Zumindest das kann so weitergehen.

Berlin, Bar

Dort sollte es Drinks geben. Nicht nur Bier. Der Redner war durstig, und wir gingen auf eine etwas urige Terrasse mit einem alten Steingemäuer, das mit Efeuranken bewachsen war, in der Nähe des Senefelder Platzes. Dort gab es Aperol Spritz, und zwar in riesigen Gläsern, bis oben hin gefüllt. Der Redner schlürfte zufrieden an seinem Glas.

Es war kurz nach 23 Uhr, an dem Tag war die Hitze noch größer gewesen, jetzt wurde es langsam besser. Ich nippte an meinem vollen Glas und fragte den Redner, wie das mit Tuffi war.

»Was willst du denn da wissen?«

»Wie kamt ihr denn zu Tuffi?«

»Ich wollte damals unbedingt die Schwebebahn machen.«

»Warum?«

»Die Stadtansicht ist doch schön. Wuppertal hat so alte Häuser, wenn die Schwebebahn da vorbeifährt, gefällt mir das. Also fuhren wir da alle hin.«

Ich mochte, was 1UP dort gemacht hat. Neben ihr Piece schrieben sie »Rache für Tuffi«. Tuffi war ein Elefant, den Zoodirektoren dort in die Schwebebahn steckten und dachten, dass das eine tolle Werbeidee sei. Der Elefant wurde aber panisch und sprang in der Absicht, sich zu retten, in die Wupper.

»Auf dem Weg im Auto haben wir dann überlegt, was wir machen wollen. Und einer hat dann von Tuffi erzählt.«

»Weißt du noch, wer?«

»Ich glaube, das war Ricky.«

»Ricky. Das passt ja.«

»Er hat den Spruch dann auch danebengeschrieben, also ›Rache für Tuffi‹.«

»Und wie lief das Malen?«

»Gut. Nur die Nacht vorher wollten wir was machen, das hat nicht geklappt. Die Schwebebahn haben wir dann vormittags gemacht, als Backjump. Da haben wir die in der Station von hinten, also die Rückseite der Bahn, angemalt, das war wegen des Fotos nachher besser. Und dann sind wir direkt auf die Autobahn und zurückgefahren.«

»Direkt danach?«

»War besser, dann sofort abzuhauen.«

Wir tranken das erste Glas aus. Ein zweites kam.

»Und wie geht es dir gerade so?«, fragte ich ihn.

»Geht so. Ich hab totalen Stress.«

Er schaute sich den Efeu an.

»Ich bin jetzt vorbestraft.«

»Oh.«

»Die hatten 33 Sachen, die sie mir versucht haben anzuhängen.«

»Genau 33?«

»Ja. Aber ich wurde nur wegen dreien verurteilt.«

»Durch elf geteilt! Und dann vorbestraft? Und das stresst dich jetzt, ja?«

»Nee, das nicht. Ich habe immer irgendwelche Verfahren, seit ich 18 bin. Also, das stresst mich nicht.«

Wir betrachteten eine Ratte, die im Efeu spielte.

»Wenn es das nicht ist, dann was anderes?«

»Meine Doktorarbeit.«

»Ach so.«

»Die muss jetzt fertig werden, ich muss ein Paper schreiben und noch eines korrigieren. Und das jetzt alles bald.«

Wir redeten also etwas über die Probleme beim Schreiben, über die Kommentare von Professoren und Überarbeitungen. Es schien ihn wirklich zu stressen, ich wusste ja bereits, dass er endlich fertig werden wollte, um danach schnell der Universität den Rücken zu kehren und nur noch zu malen und zu feiern. Und bio zu essen. Aber das machte er ja jetzt schon. Das sind seine drei Säulen für ein gesundes und zufriedenes Leben: Sprayen, Feiern, bio. Mehr brauchte er nicht, mehr wollte er auch gar nicht. Damit fühlte er sich gut, davon wollte er auch mich überzeugen. Bei mir waren bio und Feiern eher manchmal und Sprayen eher noch nicht. Oft versuchte mich der Redner zu missionieren, zwar mit Humor, aber auch mit Nachdruck. Doch dieses Mal war er abgelenkt, er kam wieder auf die Arbeit zu sprechen, was noch zu tun wäre, dass die Untersuchungen, die er auswerten müsse, langweilig seien und nichts Erkenntnisreiches aussagen würden. Um ihn danach wieder auf andere Gedanken zu bringen und auch weil es mich selbst interessierte, fragte ich noch mal nach Wuppertal.

»Wie war das da genau?«

»Das weiß ich gar nicht mehr. Aber es gibt ein Video auf YouTube. Brauchst du dir aber eigentlich auch gar nicht anzugucken, denk dir doch was aus. Das ist doch viel besser.«

»Mhm, einfach was ausdenken?«

»Ja, klar. Ich find's viel besser, wenn du auch so fiktive Sachen schreibst.«

»Mache ich ja eigentlich nicht, nur hin und wieder etwas verfremden, damit es keine zu klaren Spuren gibt, aber ich überlege mal.«

Beim dritten Glas erzählte er mir noch kurz, dass er am nächsten Tag mit jemandem von König telefonieren würde, von deren Messe dort, irgendwie geht es um Prints, die sie dort verkaufen könnten.

»Das ist doch gut für eure Urlaubskasse. Oder Anwaltskasse.«

»Genau, mal gucken, was die so sagen.«

»Wie kamen die auf euch?«

»Die haben uns angeschrieben, das war nach der Ausstellung bei Peter Michalski.«

»Vielleicht kam es auch durch unser *Monopol*-Interview.«

»Kann auch sein.«

»Woher kommst du eigentlich?«

»Aus Stuttgart. Da hatte ich aber auch andere Namen.«

»Soll ich mir die auch ausdenken?«

»Ja, klar.«

Ich ging gegen zwei Uhr nachts nach Hause mit neuen Denkaufgaben.

Zuerst recherchierte ich zu Tuffi und machte eine Flasche Orangensaft auf. Ich hatte plötzlich Durst nach Obst. Tuffi war wohl eine asiatische Elefantenkuh des Zirkus Althoff. Am 21. Juli 1950 sprang sie aus der Bahn. Genau soll es um 10:30 Uhr im Wagen 13 passiert sein. Der Zug war wohl zu voll, zu viele Journalisten, zu viele Organisatoren und Mitfahrer. Tuffi brauchte Platz, wollte raus und sprang zehn Meter tief. Unten fiel sie Gott sei Dank auf Schlamm. Sie kam mit ein paar Schrammen davon. Die ganzen Fotos, die es von diesem Ereignis gibt, sind in Wirklichkeit nur ein Foto, immer dasselbe, und dieses ist auch gar nicht echt, sondern eine Collage. Im Schock hat nämlich kein Journalist mehr an seine Kamera gedacht, niemand hat also ein reales Foto von Tuffis Sprung. Die Elefantenkuh lebte danach noch 39 Jahre weiter und starb in Paris.

Ich fand sogar noch einen originalen Artikel von 1950. Da schrieb der *Welt*-Autor erschrockene Zeilen über den Vandalismus, der sich in der

Schwebebahn abgespielt hatte. Die Rede war von Zertrümmerung des Inventars. Der Elefant habe mit dem Rüssel um sich geschlagen, einem Kameramann der Wochenschau die Filmapparatur zertrümmert und einen Teil der Wände der Schwebebahn nach außen gedrückt.[75]

Dann entdeckte ich auch einen Artikel über die 1UP-Aktion. Darin nannte die *Wuppertaler Rundschau* am 7. Oktober 2019 die Rache für Tuffi eine »Graffiti-Attacke auf die Schwebebahn«.[76] Aber soll ich mir jetzt wirklich was ausdenken? Alle im Elefantenkostüm?

Dabei das Lied von Coldplay *Paradise*? In dem Clip dazu ist auch ein Elefant auf der Flucht, vor dem Zoogefängnis. Hatten die 1UPler wenigstens eine Elefantenmaske an? Nahmen sie einen Fluchtweg über den Zoo? Vielleicht machten sie dabei noch ein paar Vogelkäfige auf? Oder streichelten eine Ziege?

Ich recherchierte noch, dass die Schwebebahn offiziell 1901 eingeweiht wurde. Ihre Strecke ist 13,3 Kilometer lang, und sie hat 20 Stationen. Vielleicht war die Aktion ja auch ein Auftrag? Eine Idee von Greenpeace oder WWF? Das wäre auch eine Geschäftsidee. Anstatt Auftragskiller wäre man Auftragssprayer. Aber eben illegal. Legale Auftragssprayer gibt es ja zuhauf. Aber illegale auch? Da würde man für strafrechtlich relevante Aktionen angeheuert, schriebe nicht seinen eigenen Namen, sondern die Botschaft des Auftraggebers und müsste halt selbst darauf achten, dass man nicht gefasst wird. Es wäre sicherlich gut bezahlt. Ich weiß ja, dass einige von 1UP auch bei Aktionen von anderen geholfen haben, ohne dass jemand es weiß, ohne dass ihr Name vorkommt. Das waren Aktionen von politischen, sozialen Organisationen, Aktivisten oder Künstlern. Das Ganze wäre auszuweiten. Teams mit speziellen Fähigkeiten, zum Beispiel Klettern und Abseilen, U-Bahn-Kenntnisse, Schlösserkenntnisse, Drohnenflüge und Technik, Sprayen, verkehrt herum von Dächern malen, Einbrüche. Und wenn man diese Ressourcen mieten könnte? Natürlich nur für gute Zwecke. Gebündelte Kraft, professionalisiertes Wissen, bereit für jede gute Sache? Deutschlandweit? Europaweit? Oder gibt es das alles schon? Vielleicht ist meine Idee längst Realität. Ich ging schlafen.

Hamburg, Eimsbüttel

Moses stand in Eimsbüttel und wollte wieder weg. Um ihn herum Wohnungen mit Lichtergirlanden in den Fenstern und Weinlokale, die so aussahen, als würden sie sich jeden ihrer Gäste einzeln aussuchen. Moses schaute verächtlich auf eine schwarze Schiefertafel, auf der in Schreibschrift stand: »Hase, Erbse, Wildkraut«. Seit Neuestem schrieben die Restaurants in Eimsbüttel ihre Speisen nur noch in der Einzahl auf. Als Nachtisch gab es dort Lavendeleiskugel auf Riegel.

»Vielleicht gibt es noch Knolle, Wurzel, Linse«, versuchte ich ihn aufzumuntern.

Wir setzten uns auf eine Parkbank vor einem Kiosk und verpflegten uns erst mal aus dessen Sortiment.

»Es gab da doch diese Wipperliese, oder? Was war das?«, fragte ich.

»Eine gemütliche kleine Bahnlinie in Sachsen-Anhalt mit einem besonderen Zug darauf. Die Linie sollte stillgelegt werden.«

»Was war denn so besonders an diesem Zug?«

»Es war ein Esslinger. Ein Dieseltriebwagen, der nur bei wenigen Privatbahnen zum Einsatz kam. Wobei ich eigentlich ja keine privaten Bahnen bemale, besonders keine, die ehrenamtlich betrieben werden.«

»Gar nicht?«

»Zumindest versuche ich, das zu vermeiden. Aber in der Not frisst der Teufel ja Fliegen, und ich könnte bestimmt argumentieren, warum das im Einzelfall dann doch okay wäre.«

»Und die Wipperliese?«

»Die fuhr im Auftrag der Deutschen Bahn und hatte vorne ein DB-Logo drauf, damit war das für mich eh zu verantworten«, sagte Moses.

Die Wipperliese fährt samstags stolz im Zweistundentakt. Eigentlich sollte sie eingestellt, aussortiert, abgeschafft werden. Ein weiterer Zug weniger. Als Moses hörte, dass sie stillgelegt werden soll, gefiel ihm das nicht. Aus beruflichen Gründen hat er ein reges Interesse daran, dass möglichst viele Bahnen im Betrieb bleiben. Die kleine Bahn hat eine eigene Homepage. Da steht drauf, was sie ist. Seit 1920 fährt sie auf der Nebenbahnstrecke Klostermansfeld–Wippra. Ihre Strecke ist 20 Kilometer lang.

»Also sind Taps und ich dorthin. Die Bahn stand in einer kleinen Halle.«

»Wie bist du da reingekommen?«

»Relativ einfach übers Hallendach. Fenster aufmachen, dann auf das Dach des Zugs runterlassen. Hallentür von innen aufmachen, Taps reinlassen. Und dann mit Taschenlampen malen, während der Wachmann draußen seine Runden dreht und nicht im Traum daran denkt, was hinter dem Tor gerade passiert.«

Moses schaute sich beim Reden immer wieder um, ob wir nicht unerwünschte Zuhörer hatten. Aber alle Fußgänger liefen an uns vorbei.

»Ich habe ja natürlich ein reges Interesse daran, dass diese Bahn weiterfährt.«

»Je mehr Züge fahren, umso besser?«

»Je mehr Züge fahren, umso mehr Züge kann man auch bemalen, klar.«

»Du bist ja schon so ein Zugnerd, oder?«

»Na ja, es schadet ja nicht, wenn man nicht nur seine Bilder, sondern auch deren Träger mag.«

»Und dann?«

»Taps malte noch eine Sprechblase mit ›Rettet die Wipperliese‹ neben unser Bild. Ich bin währenddessen in den Zug gegangen. Dort lag dann eine Unterschriftenliste für den Erhalt der Wipperliese. Da musste ich natürlich unterschreiben!«

»Mit welchem Namen?«

»Mit Alias. Wohnort: ›Bei Mutter‹.«

»Engagement ist wichtig«, pflichtete ich ihm bei.

Am Tag nach Moses' und Taps' Besuch bekam Wolfram Bahn von der *Mitteldeutschen Zeitung* den Auftrag, einen Artikel über die nächtliche Sachbeschädigung zu schreiben. »Da hat es wohl ein Graffiti-Sprayer zu gut gemeint«, entschuldigte Wolfram die Sache. Doch auch er hing an der Liese und schrieb fleißig über die drohende Stilllegung und die Protestaktionen der Liese-Fans. Er ließ es sich auch nicht nehmen, ein Foto von der Unterschriftenliste und der Alias-Signatur abzudrucken. Am Ende wurde sie nicht stillgelegt und fährt noch heute.

»Da habt ihr ja die Bahn gerettet.«

Moses grinste. Imageaufwertung, Rettung durch Alias. Bundesweite Aufmerksamkeit für Benndorf.

Die Kioskgetränke waren aufgebraucht, der Hunger kam zurück.

»Vielleicht finden wir hier noch ein normales Restaurant«, sagte ich.

Wir versuchten es noch einmal, gingen etwas herum, die drei Leute, die auf der Parkbank neben uns saßen und wieder still zugehört hatten, erhoben sich und liefen mit uns. Zwischendurch redeten sie kurz mit Moses, ich verstand nicht, was, fragte aber auch nicht nach. Wir fanden einen Inder, der verwelkte Luftballons im Fenster hängen hatte, und setzten uns zu fünft an einen Tisch auf der Terrasse.

»Dieser neue Zug, von dir und Rache, der ist gut geworden«, sagte ich zu ihm.

Es war ein weiß grundierter Wholecar eines Intercitys, die Namen standen übereinander, Moses in Blau, Rache in Rot, halbtransparent, bei den Überschneidungen wurde die Farbe dunkelbraun. Wäre es ein Spielzeug, könnte man den Waggon kippen, und je nach Lichteinstrahlung würde mal der eine Name aufleuchten, mal der andere.

»Der erste Versuch dieses Konzepts ist ja erbärmlich gescheitert.«

Wir bestellten Essen, wieder Gerichte für alle, zum Teilen, von allem etwas.

»Ja? Wie war das denn?«

»Ich hab eine Skizze am Computer gemacht, und Rache hat dann die Schablonen aus Karton von ’nem Kumpel plotten lassen.«

»Dann seid ihr mit riesigen Schablonen zum Zug?«

»Ja, mit riesigen Schablonen und 40 Dosen Transparenzlack. Schon auf dem Weg zum Yard fing es an zu regnen, und genau da hätten wir umdrehen sollen. Aber bis dahin waren wir schon 150 Kilometer unterwegs gewesen. Am Zug angekommen, kam dann noch der Wind hinzu. Wir standen da mit unseren durchnässten Riesenschablonen, 1,80 mal 1,80 pro Buchstabe, und fühlten uns wie Segler auf stürmischer See.«

»Oh.«

»Wir haben noch versucht, die Schablonen irgendwie an den Zug zu drücken, aber irgendwann hat der Wind die nassen Lumpen komplett zerrissen, und die Einzelteile flogen uns um die Ohren.«

»Hach.«

»Wir probierten dann, frei Hand die Buchstaben auf den Zug zu skizzieren, was grundsätzlich kein Problem wäre. Das Ding mit den Transparenzfarben ist aber, dass, wenn man mit ihnen die Konturen der Buchstaben vorzieht und diese füllt, man keinen gleichmäßigen Farbauftrag mehr hinbekommt. Auf dem nassen Zug schon gar nicht. Es sah schlicht scheiße aus. Rache und ich guckten uns nur hoffnungslos an und wussten, das wird nichts mehr. Unfertig stehen lassen und unsere Namen durchs Land fahren lassen wollten wir aber auch nicht, und so mussten wir alles wieder übermalen. Das war echt frustrierend.«

»Und dann?«

»Dann sind wir in den Speisewagen geklettert und haben uns ein paar Fläschchen Rotkäppchen-Sekt stibitzt. Und ein paar Snacks gab es noch dazu. Wir waren mit Hiper und Zak dort, die sich weniger störanfälligen Bildern gewidmet hatten. Hinter den beiden haben wir uns dann aufs nasse Gleis gesetzt, uns unseren Schaumwein genehmigt und uns irgendwann darüber gefreut, dass wir unsere Missgeburt zu Grabe getragen hatten.«

»Und beim zweiten Versuch hat es dann geklappt?«

»Ja, wir hatten das Konzept ein bisschen gestrafft und uns auf zwei Grundfarben plus eine für die Überlappung beschränkt. Dafür sollte es jetzt aber ein Wholecar werden. Schablonen und Transparenzlacke blieben zu Hause.«

»Wie habt ihr das denn dann gemacht?«

»Erst mal musste komplett grundiert werden, inklusive Dach. Dazu hatten wir 42 Dosen Montana Ultra Wide Weiß und zwölf normale. Einmal überall Weiß, dann fünf Minuten trocknen lassen, dann noch mal Weiß, wieder trocknen lassen. Insgesamt fünf Schichten. Doppelhändig. Die Ultra-Wide-Dosen sind allerdings unangenehm laut, und man muss gut gucken, dass man sich damit nicht verrät. Danach hat Rache alle Buchstaben vorgezogen.«

»Auch deine?«

»Auch meine, klar. Die müssen ja aus einem Guss kommen. Einer trägt die Verantwortung – viele Köche verderben den Brei. Man muss sich auch mal unterordnen können, und mal ist das auch ganz schön, sein Gehirn ausschalten zu können. Es ist dann eben nur wichtig, seine Position als Füllknecht auch zu akzeptieren und nicht anzufangen, sich da dann zwanghaft künstlerisch ausleben zu wollen; sinnlos, noch ein paar Sternchen, Drips, Kreise reinzumalen, nur damit man was gemacht hat.«

»Das ist ja auch wie bei der klassischen Malerei auf Leinwand. Das Schwierigste ist immer auch zu wissen, wann man aufhören muss.«

»Ja. Wobei du beim Zugmalen ja auch durch viel Gestaltung zeigen willst, was du für ein toller Hecht bist. Wie lange du es wagst, dich an deinem Bild aufzuhalten.«

»Ich habe gestern ein Interview mit einem belgischen Maler gesehen. Walter Swennen heißt der. Und der hatte oft so Problembilder im Atelier, da wusste er nicht mehr weiter, auch nicht, ob die jetzt fertig waren oder nicht. Und dann hat er einen Freund eingeladen, immer wenn er selbst nicht im Atelier war. Und der ist dann allein da rumgegangen und hat Post-its verteilt. Da stand dann ›Nicht mehr berühren‹ drauf bei den Bildern, die er für fertig hielt. Das hat dem Maler geholfen. Vielleicht gibt es Bahnfahrer oder Putzer, die sagen können, wann ein Bild fertig ist oder nicht?«

»Na ja, wenn's nach denen geht, ist das Bild wohl direkt vor dem Anfangen am besten.«

»Die dritte Person, der außenstehende Blick, ist wichtig für die Kunst.«

»Beim Zugmalen bin ich jedenfalls über jeden Blick von Außenstehenden, der mir erspart bleibt, dankbar. Begegnungen mit Kunstkritikern dann gerne außerhalb der Yards.«

»Wem begegnest du denn so in den Yards?«

Das indische Essen war mittlerweile da, der Tisch hatte kaum genug Platz für die ganzen Teller und zischenden Steintöpfe. Wir nahmen uns alle reichlich und waren guter Dinge.

»Am ehesten Fahrern. Übrigens auch ein Trugschluss, dass die Fahrer per se gegen Graffiti sind. Viele sind da eher auf ›nix gesehen, nix gehört‹ unterwegs oder kommentieren kurz aus der Entfernung.«

»Und wie ist so ein Kommentar?«

»Letztens stand ich wieder einem gegenüber. Ich schlich im Yard rum, und plötzlich stand er vor mir. Der fand das weniger schlimm als ich. Ich hab mich richtig ertappt gefühlt. Ohne lange nachzudenken, hab ich ihn gefragt, was er da mache.«

»Das hast du ihn gefragt, nicht umgekehrt?«

»Na ja, was ich da maskiert nachts um zwei zwischen den Zügen mache, konnte er sich wohl denken. Aber ich war tatsächlich verwundert, denn eigentlich gibt es für ihn um die Zeit ja keinen Zug zu bewegen. Er hat mir dann auf seinem Diensttablet seinen Auftrag gezeigt, dass er da Züge für den nächsten Morgen zusammenstellen musste.«

»Okay.«

»Ich habe ihn noch gefragt, ob er Securitys gesehen habe. Er meinte, am Bahnhof sei ein Dicker. Das stimmte tatsächlich, den hatte ich zuvor auch schon gesehen, er hat also die Wahrheit gesagt.«

»Und dann?«

»Der hat von sich aus gesagt, dass er jetzt Pause mache, bis drei Uhr. Er würde auch in den Pausenraum gehen und nicht in einen der Züge. In der Zwischenzeit könne ich malen. Er bat aber um etwas ›Schönes‹.«

»Wie nett.«

»Jeder hat sein Wort gehalten, er kam erst um drei Uhr wieder, und ich habe ihm ein schönes Moses gemacht«, sagte Moses.

»Es gibt viel zu wenige Menschen, die ihr Wort halten. Früher war das wirklich eine Tugend.«

»Viele Fahrer drücken wohl vor allem auch deswegen mal ein Auge zu, weil das für die ja auch mit viel Aufwand verbunden ist, die Polizei zu rufen, dann auf die zu warten, dann da noch mal in ihrer Freizeit aufs Revier zu gehen, nur um auszusagen, dass sie eigentlich nichts Richtiges gesehen haben. Das kostet die ja alles Lebenszeit.«

»Ja, klar, die wollen ja auch mal Feierabend haben.«

»Eben.«

Wir nahmen uns nach, machten alle Töpfe leer, tranken den Wein.

»Einmal hockte ich im Gebüsch vor einem Zug, und als ich den Kopf hochstreckte, sah ich direkt in die Augen von zwei Sicherheitsdienstmitarbeitern. Die haben mich auch sofort enttarnt.«

»Was haben sie gesagt?«

»Die sprachen erst mal untereinander: Da hockt einer. Und die andere: Ja, ich sehe ihn auch. Zwei richtige Adleraugen. Ich war ja auch keine zehn Meter weg. Die haben mich dann gefragt, was ich dort machte. Ich sagte denen, dass ich sie beobachte. Sie fragte dann, warum. Ich sagte, weil ich den Zug anmalen will, vor dem sie stehen. Und dann habe ich gefragt, was wir jetzt machen.«

»Und?«

»Der eine hat laut mit seiner Kollegin überlegt, jetzt die Leitstelle anzurufen. Ich meinte dann aber, nee, lass mal, das bringt euch nur Ärger, dann wird hier der Betrieb eingestellt, der Strom abgeschaltet, hundert Leute kommen zu spät nach Hause, und wir sind währenddessen eh schon über alle Berge. Davon habt ihr doch auch nichts.«

»Stimmt, das muss überlegt sein.«

»Ich meinte dann, dass wir jetzt nach Hause gehen und heute auch nicht mehr wiederkommen. Eine ruhige Nachtschicht sei ihnen garantiert. Und sie haben sich darauf eingelassen.«

»Eine Lösung.«

»Die waren echt nett. Da habe ich mich gefreut, dass es so nette Menschen auf der anderen Seite gibt. Da war es dann auch nicht schlimm, mal nicht zu malen.«

»Viel zu oft fehlt das Menschliche.«

»Ja, man kann ja über alles reden.«

Nachdem wir bezahlt hatten, gingen wir noch in eine alte Hamburger Eckkneipe mit alten Holztischen und Holzstühlen. Nicht nur die drei stummen Typen waren dabei, sondern es gesellten sich auch noch mehr Freunde von Moses dazu. Die Stummen waren jetzt auch nicht mehr stumm, sondern plauderten mit ihren Bierkrügen in der Hand plötzlich los. Die Kneipe war hafenmäßig, die Chefin eine ehemalige Prostituierte. Im Nebenraum stapelten sich Kartons mit Farbdosen und Handschuhen, ein Zwischenlager in Freundschaft mit der Chefin.

Wir waren angetrunken, als plötzlich zwei Frauen zu uns an den Tisch kamen. Sie brauchten Hilfe, hätten sich ausgeschlossen, ob nicht einer das Schloss knacken könne. Die Jungs überlegten kurz, gerade wurde neues Bier gebracht, dann ging einer mit und knackte ihnen ihr Türschloss. Die Frauen freuten sich. Es gab sie also doch noch, die Gentlemen.

Irgendwann ging ich nach Hause. Die anderen blieben noch.

Hamburg, Moses' Atelier

Über die Wände in einer Stadt sollten nicht nur die Besitzenden entscheiden, das war klar. Moses sagte, dass er sich zwar auch nicht besonders für Urban Gardening interessiere, trotzdem sollte das doch auch möglich sein, ohne dass das Grünflächenamt die Tomaten wieder ausreißt. Moses fing also an, Wände zu zeichnen, Wände aus Holzlatten und aus Steinen. Dann guckte er sich wieder eine S-Bahn-Tür an und zeichnete die Wand einfach in die Tür. Gar nicht so schwer. Er beförderte die Wand zur Mauer, und eine Mauer besteht traditionell aus Steinen. Er fing an auszumessen, gedanklich, die 474-Baureihe hat verschiedene Türbreiten. 60 Prozent davon sind größere Türen, also plante er auf diese hin, die Steine zur Not noch zu beschneiden, ging immer. Gasbetonsteine sind gut, die haben alle optischen Steinkriterien und lassen sich sägen. Außerdem sind es geläufige Baustellensteine, über die sich keiner wundert, wenn die mal ein paar Tage irgendwo neben den Gleisen herumliegen.

Ich fragte extra nach, als ich wieder bei Moses im Atelier auf seinen Bahnsesseln saß. Die Mauerarbeit ist eines meiner Lieblingswerke von Moses und Taps. Ich wollte die Geschichte ganz genau hören und schenkte ihm neuen Apfelsaft ein.

Moses wollte also gerade los, um sich in den Baumärkten die Auswahl anzusehen, als er dachte, dass das vielleicht doch keine gute Idee sei. Wenn er später gesucht würde, erinnerte sich vielleicht eine Kassiererin an ihn. Dann fiel ihm ein, dass nicht weit weg gerade ein neues Polizeirevier gebaut wurde, vielleicht könnte er die Steine ja da mitnehmen? Doch er wollte die Aktion nicht durch eine andere davor gefährden. Also schickte er einen Freund los, der auch nicht alle Steine im gleichen Markt kaufen durfte, sondern kleinere Mengen in mehreren Märkten. Sie verwahrten die Steine direkt an der S-Bahn-Linie, ordentlich auf Paletten gestapelt, so als wäre das Baumaterial ganz offiziell da. Kaputtgehen sollte es ja auch nicht. Für das Video taten sie dann so, als würden sie die Steine alle an diesem Tag anschleppen.

»Spontaner Aktionismus kommt immer gut, ist in Wahrheit aber nicht meine Sache«, sagte Moses.

Als Bauarbeiter verkleidet, stiegen sie in die S-Bahn ein, sie war wie immer unverschlossen, dann machten sie die Türen hinter sich zu. Drinnen mussten der Mörtel angemischt und die Steine in Form gesägt werden, die Tür war doch die schmalere Variante. Das verursachte mehr Staub, als er dachte. So konnte er das nicht lassen, seine Mauer war zu schön, der Dreck auf dem Boden lenkte nur von ihr ab. Also machte er am Ende sauber, wischte mit seinen Handschuhen so lange über den Boden der Bahn, bis das meiste sich verflüchtigt hatte.

»Und wenn die S-Bahn nicht auf gewesen wäre?«, fragte ich wieder.

»Dann hätte ich sie aufgeschlossen«, meinte Moses.

Moses' und Taps' Mauer ist mittlerweile ein Klassiker für verschiedene Wortneuschöpfungen aller möglichen Autoren, auch von mir: zeitgenössisches Graffiti, Konzept-Graffiti, Post-Vandalismus, Konzept-Vandalismus oder Post-Graffiti-Art. Die Einordnung interessiert Moses aber nicht allzu sehr. Im Endeffekt ist sie auch mir jetzt egal. Wir schauten uns das Video an, wie die S-Bahn in die verschiedenen Bahnhöfe einfährt, die Fahrgäste warten, sich die Türen öffnen und dann die Mauer dasteht. Alle am Einsteigen hindert, die Leute noch nicht mal groß Fragen stellen, das einfach so hinnehmen, sie noch nicht mal anfassen und dann zur nächsten Tür gehen und einsteigen. Eine wunderschöne Arbeit. Eine Arbeit, die so viel über die Gesellschaft aussagt. Vielleicht gerade über die Deutschen. Wenn die Mauer da steht, dann muss es wohl so sein, da fragt man nicht, da klopft man nicht dran, da macht man, was die Mauer anweist. Da steigt man halt woanders ein. *The Wall* ist eine der besten Graffiti-Arbeiten, die ich kenne. Sie ist natürlich totales Graffiti. Und zugleich Gegenwartskunst, die man kennen sollte. Ich kehrte aus meinen Gedanken zurück und drehte mich zu den anderen besetzten Plätzen um. Sie waren leer.

»Wo sind denn die Stummen?«, fragte ich Moses.

»Die sind bestimmt draußen beim Gemüse.«

»Gehen wir noch was essen?«

»Klar.«

»Was gibt's?«

»Chinesisch.«

Wir schlossen das Atelier ab und fanden die anderen tatsächlich beim Gemüse. Gemeinsam liefen wir zu Moses' Lieblingschinesen.

Die Ente ähnelte Hackfleisch. Erst beim genaueren Kauen schmeckte man sie heraus. Dann kam die Schärfe, und das nicht zu knapp. Zur Abkühlung standen ein paar Gurken in der Mitte des Tisches. Es schmeckte wunderbar.

Der Kellner, der an den Tisch kam, war zugleich der Besitzer des Ladens. Er stellte eine Karaffe Weißwein vor uns hin, uringelb und ziemlich süß. Er grinste sehr breit und schlug Moses auf die Schulter.

»Geht aufs Haus«, sagte er.

Moses' Handy klingelte.

»Ja, Digga … Warum? … Nee … Was soll ich denn mit so 'ner losen Tür? … Da identifiziere ich mich nicht mit … Nee, nicht mit der Berliner U-Bahn … Echt nicht … Klar, hab ich die auch gemacht, wer nicht … Ja, ja … Weil ich mit so 'ner Tür aus Berlin nichts anfangen kann! … Ja, danke dir aber fürs Angebot. Tschüss, Diggi.«

»Was wollte der?«, fragte einer.

»Mir 'ne U-Bahn-Tür andrehen. Aus Berlin. Weil ich darauf ja was malen könnte.«

»Was ist denn mit der Tür?«, fragte ich und nahm eine Gurke.

»Nichts ist mit der Tür, das ist einfach so 'ne lose Tür. Aber was soll ich denn mit 'ner Tür aus Berlin?«

Moses sah das nicht. Ja, er hat schon U-Bahnen dort gemalt. Aber er ist halt nicht Berlin.

»Ist nicht seine Stadt«, sagte einer.

»Das können andere authentischer«, sagte er.

Moses probierte den Wein und prostete dem Chinesen zu.

Moses ist Hamburg, und Hamburg ist auch irgendwie Moses. Eine Stadt erobert man von unten heraus, aus den Schächten, den Tunneln, den Gleisen, allen Gleisen, und klar kann man auch auf die Dächer, aber Dächer sind Entspannung, das geht, aber nur wenn man die Wege geschaffen hat, wenn man aus dem Gebüsch heraus übernimmt, wenn man die Gleise hat. Man arbeitet sich da durch, man schließt alles nach dem anderen auf, man sucht kein Netzwerk, man wird das Netzwerk. Und dann wird man die Stadt, die man mag, die man hat, mit der man dann etwas anfangen kann.

»Berlin ist zu trendy für ihn«, sagte einer.

»Nee, nicht zu trendy, das in Teilen bestimmt auch, aber vor allem hab ich mit der U-Bahn da doch nichts zu tun.«

»Häh, mach doch!«

»Nee.«

»Du machst doch auch Fenster.«

»Ja, Fenster von Zügen, zu denen ich 'ne Bindung hab!«

»Taps fährt manchmal nach Berlin«, sagte einer zu mir.

»Ja, ich fahre auch manchmal nach Berlin und meine Mutter auch. In Berlin sollen ja sogar Leute wohnen, die die U-Bahn da seit Jahrzehnten anmalen. Und dann sollten es doch auch diese Leute sein, die sich an dieser Tür abarbeiten dürfen.«

»Verstehst du dich gut mit dem Chinesen?«, fragte ich.

»Normal, warum?«, sagte Moses.

»Der scheint dich zu mögen«, sagte ich. Moses guckte hinüber, der Chinese brachte uns Reisschnaps an den Tisch. Es waren die Art von Gläschen, die nackte Frauen und Männer auf dem Boden zeigen, solange der Schnaps noch nicht ausgetrunken ist.

»Dass es die überhaupt noch gibt«, sagte ich, als ich das Glas hochhielt.

»Ich hab hier meinen letzten Geburtstag gefeiert«, sagte Moses. »Siehst du die drei Skulpturen da vorne am Tresen?«

Ich sah drei Figuren, die wohl irgendwelche Götter darstellten.

»Die ganz links da, die hatte einer mitgenommen.«

»Auf deinem Geburtstag?«, fragte ich.

»Das waren halt alles meine Gäste an dem Abend. Fällt dann alles auf mich zurück. Ich geh hier schon seit Jahren hin. Als ich am nächsten Tag kam, um die Rechnung zu bezahlen, da war der Chef total fertig. Ich hab dann rumtelefoniert, die Skulptur war schon in Barcelona. Kam dann aber wieder zurück.«

»Und wer war das?«, fragte ich.

»Ist ja egal«, sagte Moses, »steht doch wieder hier.«

Wir tranken mehr Reisschnaps.

»Taps hat mir eine Geschichte von einem roten Pulli erzählt«, sagte ich.

»Ja? Hilf mir auf die Sprünge!«

»Also, er hat sie so erzählt, oder ich habe sie mir zumindest so gemerkt: Das Problem war die Stelle, wo der Zug stand. Sie war zwar gut geschützt, außer von der Straße aus, die über die Gleise führte. Wenn dort ein Autofahrer nach rechts schaute, hätte er euch sehen und die Bullen rufen können. Ihr habt euch die Szenerie ratlos angeguckt. Sprühen wolltet ihr auf jeden Fall. Taps meinte, dass vielleicht gar keiner gucken würde. Aber du wolltest das hier nicht so offenlassen. Ihr gingt auf die Straße und schautet nach rechts auf die Gleise. Freie Sicht. Dazu noch das gelbe Licht der Laterne. Zuerst hattet ihr die Idee, da etwas als Sichtschutz hinzubauen.

Aber es gab kein Material, keine Mülltonnen, keine Baustelle, keine Bretter, keine Bäume. Du hast dann angefangen, an einem Gebüsch zu zerren.«

»Ach ja?«, fragte Moses.

»Ja. Taps fiel dann ein, dass er einen roten Pullover trug. Er machte die Jacke auf. Der ist gut, hast du gesagt und das Gebüsch losgelassen. Es war nun entzweit, die eine Hälfte hing etwas kahl hinunter, die andere aber hielt sich wacker in der Höhe.

Taps lief auf die Straße und legte den Pullover links davon an den Rand. Die Autofahrer, die jetzt vorbeifuhren, würden nur auf den roten Pullover gucken, aber nicht auf die andere Seite, entlang den Gleisen zu euch. Und es hat funktioniert. Ihr habt in aller Ruhe 30 Minuten lang gemalt.«

»Daran erinnere ich mich gar nicht mehr genau.«

»So habe ich es mir gemerkt.«

»Frag besser noch mal Taps. Ist ja seine Geschichte.«

Der Chef kam wieder an unseren Tisch und stellte uns Obstsalat und Obsteis hin. Das tat gut nach dem ganzen Schnaps. Die Stummen redeten über eine neue Brücke in der Stadt und wie man Kredite von der Bank bekomme.

»Wie heißt du eigentlich?«, fragte ich den Ersten.

»Alias«, sagte der.

»Und du?«, fragte ich den Zweiten.

»Alias«, sagte er.

»Und du?« Ich schaute den Dritten an.

»Alias.«

»Okay. Gute Namen.«

Sie prosteten mir zu.

Wir pickten mit langen Gabeln die Früchte aus dem Obstsalat, der zwischen uns stand.

»Willst du eigentlich immer weitermachen?«, fragte ich Moses.

»Zumindest, solange ich Bock hab. Und zur Not, bis es nicht mehr geht.«

»So wie OZ?«

»Der hat das zumindest richtig gemacht. Jedenfalls bis er unter die Räder gekommen ist.«

OZ war ein Hamburger Graffiti-Künstler, der trotz Gefängnis, Schulden und Verfahren nie aufgehört hat. Wenn es eine Graffiti-Art-Brut gäbe, dann wäre OZ ein authentischer Hauptvertreter der Outsider. Psychologisch vielleicht etwas besonders, malte er verrückte, abstrakte Gebilde in die ganze Stadt. Wirklich toll. Er starb vor ein paar Jahren auf den Gleisen.

»In der Erzählung ein fast romantischer Tod, oder?«, meinte Moses.

»Aber vielleicht ist es wirklich am schönsten, dort aufzuhören, wo man angefangen hat.«

»In Freiheit.«

»Ja.«

Wir redeten alle noch lange weiter, irgendwann kam der Praktikant und holte Moses ab. Es gab wohl noch etwas zu tun.

Hamburg, Dach

Wir saßen auf einem Dach mit guter Aussicht auf den ICE-Verkehr. Die drei anderen saßen auf der anderen Seite neben Moses. Wir tranken etwas und guckten den Zügen nach.

»Und, was hast du in der letzten Zeit gemacht?«, fragte ich Moses.

»Ich habe einen ICE gefahren.«

»Echt?«

»Ja, erst normal mit Passagieren und zum Abschluss dann in die Abstellanlage. Fast zwei Stunden lang.«

»Und wie ging das?«

»Eine Freundin von mir ist Fahrerin in Bayern, die hat mich im Führerstand mitgenommen, und irgendwann hat sie mir angeboten, die Plätze zu tauschen. Da war mir schon ein bisschen mulmig, aber es hat alles geklappt. Sie ist aber auch direkt neben mir stehen geblieben, das war beruhigend.«

»Und die Fahrgäste?«

»Denen hab ich den Fahrerwechsel natürlich nicht durch den Lautsprecher angekündigt. Aber wir kamen zumindest pünktlich an.«

»Woher wusstest du denn, wie man einen ICE fährt?«

»Das wusste ich nicht. Ohne die Freundin wäre der Zug mit mir keinen Meter gefahren!«

»Da hast du dich aber gefreut.«

»Ja. Ich hab mir über meine Träume nie Gedanken gemacht, aber als ich das Ding gefahren bin, wusste ich, hier geht gerade einer in Erfüllung.«

Am Morgen

Seitdem ich an diesem Buch schreibe, hat sich vieles geändert. Ich kann nachts besser schlafen. Wie könnte ich mir in der Zukunft noch eine Kunstbetrachtung vorstellen, die ausschließlich legale Kunst einschließt? Das wird nie mehr passieren. Wie konnte man so lange aus der Kunstgeschichte, aus der Gegenwartskunst die illegale Kunst ausschließen? Die meisten Museen machen es, die meisten Kunstmagazine, die meisten Feuilletons, die meisten Institutionen. Was sie alles verpassen! Was da alles nicht verstanden wird. Warum schlafe ich jetzt besser? Um es mit Freuds Worten zu sagen: Das Unbehagen in der Kultur hat sich gelöst. Die legale Kultur allein funktionierte einfach nicht für mich. Wie kann ich noch die Geschichte von Konzeptkunst betrachten, ohne *The Wall* von Moses und Taps hinzuzuzählen? Wie kann ich noch politische Installationen auf der Art Basel mit ihren entsprechenden Preisen betrachten oder Künstlerkooperationen mit Markenunternehmen, wenn ich weiß, dass gerade einer auf einem Dach entlangschleicht, sich abseilt und kopfüber einen Protestaufruf gegen die Gentrifikation schreibt? Nichts ist mehr wie vorher, meine innere Unruhe, die manchmal aufkommenden Ängste werden seltener. Innerer Frieden kehrt dann ein, wenn ich weiß, dass da draußen Leute herumschleichen, die Systeme unterwandern können. Die Regeln und Grenzen überschreiten, die motiviert sind weiterzumachen.

Berlin, im Dönerladen

»Wie heißen Sie eigentlich?«, fragte ich den Dönerchef.

»Warum?«

»In meinen Notizen nenne ich Sie immer nur ›Dönerchef‹.«

»Och, dann lass das doch so.«

»Okay.«

»Hier, mit extra viel Pfefferminze«, sagte der Dönerchef zu uns, als er die kleinen, randvoll gefüllten Tassen neben das Gebäck stellte.

Lars und ich bedankten uns und rührten im grünen Gestrüpp, damit es noch intensiver roch.

»Was passiert denn gerade so?«, fragte ich Lars.

»Den Bau vom Amazon Tower an der Spree hast du ja schon gesehen.«

»Ja, leider, sieht erschreckend aus.«

»Und das RAW-Gelände steht immer noch kurz vor der Räumung, da soll auch ein neuer Tower hin.«

»Und die Urban Spree Galerie«, sagte der Dönerchef und setzte sich an unseren Tisch.

»Die gibt es dann ja auch nicht mehr«, sagte Lars, »so was gibt es ja sonst nicht in Berlin, eine Galerie, die so nah an den Künstlern dran ist, wo man hingehen und einfach so seine Sachen zeigen konnte und nach einer Ausstellung fragen.«

»Nein, so was gibt es sonst nicht.«

Die Urban Spree Galerie zeigt viele Künstler, die aus dem Graffiti kommen. Schon das ist selten. Es gibt natürlich hippe Verkaufsboutiquen, die sich Street Art auf die Stirn schreiben, da blinken die bunten Lichter überall auf, riesige Räume, voll mit Mickymaus, Albert Einstein, Marilyn Monroe und Comicfiguren. Sie nennen sich Galerie, aber eher so wie Galeria Kaufhof eine Galerie ist.

»Das ist ja auf einfache Weise zugänglich für die Künstler«, sagte der Dönerchef.

»Ja, die gucken sich gerne jeden an«, meinte auch Lars.

»Eigentlich ja ein totales Tabu bei allen Galerien, da darf ja keiner mehr hingehen und seine Arbeiten zeigen. Und wenn da doch mal einer an der Tür steht, dann muss ihn ein Assistent höflich abwimmeln. Aber eigentlich weiß auch jeder Künstler, dass er das wirklich nicht machen darf, dann ist er direkt durchgefallen«, sagte ich.

»Warum?«, fragte der Dönerchef.

»Die Galeristen wollen ja selbst entdecken, jagen, sich vorher durch irgendwen kennenlernen und so. Wer da einfach hinkommt, ist seltsam. Da wird nie was draus.«

»Ist doch total blöd, oder?«

»Ja, für die Künstler ist das schwierig. Es geht meistens nur über Drittkontakte.«

»Das ist bei der Urban Spree anders.«

»Ja.«

»Und am Treptower Park wird auch gebaut, direkt am Wasser, das wird auch privat«, sagte Lars.

»Was kommt dahin?«, fragte ich und biss in etwas sehr Süßes.

»So 'n Aquazirkus«, meinte der Dönerchef.

»Irgendwas mit Coral World oder so«, sagte Lars.

Der Dönerchef griff hinter sich in das Regal und zog einen Ordner heraus, der vorne drauf die Kreidefelsen von Rügen zeigte. Zwei Möwen mit Sonnenbrille flogen darüber.

»Hier«, sagte er und gab mir einen ausgedruckten Artikel von rbb24.

»Coral World entpuppt sich als großer Hotelkomplex mit Museum«,[77] las ich die Überschrift vor.

»Und hier, du musst dir mal Florian Schmidt durchlesen«, sagte der Dönerchef zu mir und reichte mir das Buch mit verschiedenen Seitenmarkierungen, die in Neongelb daraus hervorstanden.

»Der ist bei den Grünen und Bezirksstadtrat für F'hain und Kreuzberg. Seit einigen Jahren. Der hat echt versucht, die Viertel irgendwie noch zu retten«, sagte er.

Ich schlug eine Seite mit Markierung auf.

»Da, wo er schreibt, dass eine urbane Revolution notwendig sei.«

»Okay, er schreibt, dass er das absichtlich so formuliert, weil es wohl um radikale gesellschaftliche Veränderungen gehe. Eine urbane Revolution brauche einen Zeitraum von mindestens 20 Jahren. Sie sei friedlich und breche Tabus. Sie stelle die Eigentumsfrage und die Frage, wie das Leben in den Städten in Zukunft organisiert werden könnte. Und sie könne die Gesellschaft wieder zusammenführen. Bausteine seien: Rebellion und

Selbstorganisation als Lebensstil, mehr nachbarschaftlicher Austausch und Zusammenhalt, kollektives Eigentum und Selbstverwaltung«,[78] las ich ein paar unterstrichene Stellen vor.

Ich blätterte vor zur nächsten Stelle. Er schrieb, dass die Menschen mit geringem Einkommen, geringen Mieten und niedrigem Wohnstandard gern als Kulisse für ein urbanes Stadtleben bei der Vermarktung herangezogen würden. Gleichzeitig entstehe bei den Menschen, die finanziell schlechter gestellt sind und sich auch kulturell nicht in die neuen Szenequartiere einfügen, das Gefühl, unerwünscht zu sein. Weil die Angebote des alltäglichen Bedarfs für sie zunehmend durch Angebote für die Gewinnerklasse ersetzt würden,[79] ich legte das Buch weg.

»Hier, nimm das mit, ich habe noch ein paar«, sagte der Dönerchef und zeigte auf einen Buchkarton im unteren Fach des Regals.

»Das ist ja toll, danke! Und du verteilst die hier, ja?«

Der Dönerchef trank seinen Tee.

»Das passt ja auch genau zu *Reclaim Your City*, oder?«, fragte ich Lars.

»Der bräuchte mehr Verbündete, der steht noch zu oft allein da in der Politik«, sagte der.

»Berlin im Arsch. Das hat schon der Frank Dudda Anfang der 2000er auf seine Zeichnungen geschrieben«, sagte der Dönerchef.

»Wer ist das?«

»Ein Künstler, der war auch obdachlos und hat seinen kalten Entzug im Gefängnis gemacht.«

»Der ist mit 60 Jahren gestorben, alte Freunde betreuen jetzt sein Werk«, sagte Lars.

»Das ist doch ein guter Satz«, meinte ich.

»Hol noch eine Postkarte von der Wand«, sagte der Dönerchef und holte neue Süßigkeiten.

Nur zu gern ging ich zu seiner Urlaubskartensammlung und zog eine hervor.

»Am 1. Mai 1977 schrieb Rudi Dutschke aus Dänemark, dass er schon lange nicht mehr bei einer längeren Demo dabei gewesen sei. Die Kinder, Gretchen und er machten sich auf, gegen Mittag. Der Ho aber wollte zuerst nicht, er hatte immer noch eine gewisse Ängstlichkeit vor großen politischen Demonstrationen. Aber zu Fußballveranstaltungen gehe er völlig entspannt.«[80]

»Ho ist sein Sohn«, sagte der Dönerchef.

»Ja, ich weiß, mittlerweile lese ich auch endlich mal seine Biografie.«

»Er hat immer sehr viel über seine Kinder geschrieben. Ein Vater. Immer viel über die Kinder nachgedacht. Und Revolution. Immer diese beiden Themen. Revolution. Kinder«, sagte er.

»Hier sind immer so viele Stimmen«, sagte ich.

»Das ist schön.«

Der frühe Abend näherte sich, und neue Gäste kamen herein, der Dönerchef musste wieder an die Arbeit gehen. Auf dem Tisch von mir und Lars lagen noch eine Menge Notizzettel, Zeitungsartikel und der Rügenordner.

»Wie geht es dir denn so?«, fragte ich Lars, als ich die Postkarte zurückgehängt hatte.

»Och jo.«

»Nicht so?«, fragte ich.

»Das mit meinem Rücken hat echt lange gedauert.«

»Was war denn mit deinem Rücken?«

»Das kommt ja noch von Brüssel. Hatte ich das nicht erzählt?«

»Nein.«

»Da habe ich gemalt, gar nichts Großes, nur ein paar Tags. Und dann kam so ein Anwohner raus, so ein Bodybuilder, und verfolgte mich mit seinem Auto. Ich bin zu Fuß weggerannt, und der hat mich dann eingeholt und gegen eine Wand gehauen.«

»Boah.«

»Ich bin dann hingefallen, aber meine Kumpels waren noch da und kamen dazu.«

»Und der Typ?«

»Der ist wieder weggefahren, als er die anderen gesehen hat.«

»Und da bist du auf den Rücken gefallen?«

»Ich war halt im Laufen, und das ging alles sehr schnell und war heftig. Der Kiefer hatte auch was, das hat auch lange gedauert.«

»Oje.«

»Und dann gab's ja noch 'ne Sache in Brüssel. Da hab ich auch getaggt, und dann kam da 'ne ganze Gruppe an Typen an. Mit Messern und Eisenstangen.«

»Oh Gott!«

»Einer hat mich in den Schwitzkasten genommen, und da sah ich die alle um mich rumstehen mit den Messern, und die haben versucht, mich in einen Keller zu zerren.«

»Das ist ja krass.«

»Ja, ich dachte auch, was machen die dann in dem Keller mit mir? Gott sei Dank kam kurz vorher die Polizei, da war ich echt froh, die zu sehen, da habe ich mich sehr gerne wegen der Tags gestellt.«

»Was hätten die mit dir in dem Keller gemacht?«

»Tja. Keine Ahnung.«

»Und die Polizei?«

»Als die kam, haben die Typen dann aufgehört und meinten zur Polizei: ›Hier haben wir den Verbrecher.‹ Und ich dachte, das kann ja nicht wahr sein, die haben Messer und Eisenstangen und wollten mich in einen Keller zerren, und ich hatte nur eine Farbdose, aber war der Verbrecher.«

»Das ist ja verrückt.«

»Da habe ich die Welt nicht mehr verstanden. Man hat plötzlich ein Messer vor sich, weil man malt.«

Der Dönerchef stellte uns zwei Biere auf den Tisch und machte sie für uns auf. Dann musste er wieder seine Kundschaft bedienen.

Wir stießen an und prosteten ihm mit einem Dank zu.

»Und du warst ja schon bei echt vielen Sachen dabei, Demos, Besetzungen und Aktionen und so und immer für die Stadt.«

»Ich hatte ja schon diese romantische Vorstellung. Stadt für alle.«

»Hast du die jetzt nicht mehr?«

»Doch, klar habe ich die noch. Aber es war stressig. Und auch ernüchternd.«

»Es sind mehr Fronten geworden.«

»Unerwartete Fronten.«

»Brüssel ist auch stressiger als Berlin, oder?«, fragte ich.

»Ja.«

Wir schwiegen.

»Aber die Ziele ändern sich ja nicht. Es bleibt ja so. Stadt für alle. Alternativen gibt es ja nicht«, sagte ich.

»Nein, die gibt es nicht.«

Wir tranken Bier und guckten aus dem Fenster. Draußen regnete es jetzt in Strömen. Die Leute kamen nass herein, der Dönerchef hatte viel zu tun. Wir redeten eine Zeit lang nicht, guckten nur zu. Das tat gut.

»Es ist eine verrückte Zeit gerade.«

»So viel Gewalt, wie ich in den letzten sechs Monaten erlebt habe … Ich weiß auch nicht, als ob die 90er zurück wären. Da war auch viel mehr Gewalt.«

»Und dann wurde es besser?«

»Ja.«

»Sollen wir was essen?«

»Ja.«

Wir bestellten Salat, Reis und Dönerfleisch, Weinblätter und Käsestangen.

Alles schmeckte noch viel besser als sonst, wir wärmten uns an den vertrauten Speisen und an den aufmerksam zurechtgemachten Tellern.

Der Dönerchef kam an unseren Tisch und legte von hinten seine Hände auf Lars' Schultern, er machte ein paar Massagebewegungen und lächelte mir aufmunternd zu.

»Ne, Junge?!«, sagte er und wuschelte ihm kurz über die Haare, bevor er wieder hinter den Tresen ging.

Lars lächelte jetzt endlich wieder etwas.

»Ich war oft hier in der letzten Zeit«, sagte er.

»Ist ja auch schön hier.«

Wir aßen unsere Teller bis auf den letzten Soßenfleck leer.

»Können wir noch etwas Tee haben?«, fragte ich.

Der Dönerchef kam mit einer ganzen Kanne und setzte sich wieder zu uns.

»Hat super geschmeckt. Wirklich«, sagte ich.

Der Dönerchef war zufrieden.

»Und ich hab gehört, hier in Berlin gab's auch ein bisschen Stress? Mit der Polizei? Oder mit einer anderen Gruppe?«

»Beides.«

»Mhm.«

»Und einer von uns hat geredet.«

»Mit der Polizei?«

»Ja. Hat alles erzählt.«

»Das auch noch.«

»Wir dachten, er sei ein Freund.«

»Kenne ich den?«

»Nee.«

»Und jetzt?«

»Mal gucken. Richtige Beweise hatte er ja nicht. Aber das alles hat die letzte Zeit etwas gedrückt.«

»Habt ihr deswegen weniger gemalt?«

»Ja. Auch wegen des Stresses mit der anderen Gruppe. Aber das hat sich jetzt etwas gelegt. Und Ricky war ja auch lange verletzt. Den musst du unbedingt mal sprechen. Der hatte ja auch einen Prozess.«

»Ich rufe ihn später noch an.«

»Mach das mal.«

»Und wie geht es jetzt weiter?«

»Ihr hattet doch eure Gruppensitzung«, sagte der Dönerchef.

»Die war auch echt gut. Das war so eine Supervision, mit einem Coach.«

»Ach«, sagte ich grinsend.

»Ja, da werden jetzt bestimmt viele Leute drüber lachen. Aber ich finde, das kann man ruhig erzählen.«

»Ihr seid ja auch so viele. Und so viele Verschiedene.«

»Es ist halt gut, wenn wir alle mal zusammen darüber sprechen, wo es hingehen soll. Wenn jeder mal erzählen kann, wie er das so für sich sieht.«

»Und was kam dabei heraus?«

»Wir sind noch dabei. Aber es war gut, das mal so klar auszusprechen. Wenn einer ganz klar sagt, dass er gerne mal Werbung für Nike machen will, ist das gut, wenn das mal auf dem Tisch ist. Dann weiß man es halt. Aber ich könnte ja gar nicht mehr schlafen, wenn wir Werbung für Nike machen würden.«

»Und andere wollen ja auch gerne Kunstausstellungen machen. Und wieder andere sind mehr politisch unterwegs«, sagte ich.

»Ja«, sagte Lars.

»Große Gruppe«, sagte der Dönerchef. »Supervision ist doch gut. Hätte der SDS auch gebraucht.«

Der SDS war der Sozialistische Deutsche Studentenbund, in dem Rudi Dutschke Mitglied war. Da gab es Streit, andere Ansichten, gemeinsamen Zusammenhalt und wieder Auseinandersetzungen. Das hatte ich gerade in der Biografie gelesen.

»Finde ich auch gut, wir machen das noch ein zweites Mal. Andere würden das bestimmt als Schwäche auslegen, oh, 1UP mal nicht vereint, aber in Wirklichkeit bringt uns das ja näher, vereint sind wir ja trotzdem, auch mit unterschiedlichen Meinungen.«

»Vielleicht geht ja auch manches parallel. Kommerziell verdientes Geld könnte man ja wieder in Aktivismus stecken?«

»Kommt drauf an, wie das Geld verdient ist«, meinte Lars.

»Aber viele wollen ja weiterhin draußen illegal malen?«

»Klar.«

Wir tranken Tee.

»Aber auch das ist ja gerade etwas schwierig, wegen des Typen, der geredet hat. Gestern haben mich die von PMS angerufen und gefragt, ob ich mitwill.«

»Wer ist PMS?«

»Diese Frauengruppe, kennst du die nicht? Hier …« Lars zeigte mir ihre Sachen auf Instagram.

»Sieht gut aus, muss ich mir mal genauer anschauen. Und hast du mit denen gemalt?«

»Nee. Ich hätte ja gerne. Und war schon dabei zuzusagen, und dann dachte ich mir, dass ich ja erst noch meine ganze Wohnung vorher aufräumen muss.«

»Für den Fall, dass sie dich geschnappt hätten und dann direkt eine Hausdurchsuchung käme?«

»Ja. Dann hätte ich wieder alles wegschaffen müssen vorher. Und dazu war ich an dem Abend irgendwie zu müde.«

»Manchmal ist man ja auch einfach müde.«

»Aber schade war's.«

»Du hättest ja kein 1UP malen müssen.«

»Das ist ja eh so eine Frage. Eigentlich ist das ja genau unser Ding, das wir alle immer nur 1UP malen. Aber wie geht das weiter?«

»Wie denn?«

»Ich habe ja schon überlegt, was man machen könnte. Ich meine, die, die abstrakt malen, die haben das Problem so nicht.«

»Ja.«

»Weder mit anderen Gruppen, die dann stressen, und auch nicht mit der Polizei, die dann wieder alles zuordnen will.«

»Stimmt.«

»Das abstrakte Malen hat da wirklich Vorteile.«

Lars zählte auf: »Das hilft auch bei Werbeanfragen. Die fallen dann aus, denn die wollen ja auch nur, dass irgendwo 1UP dabeisteht. Und stell dir mal die Datenbanken von den Sokos vor und der Polizei. Die müssen ja jedes Graffiti beschreiben, meistens geht das ja einfach, also der Name oder eine Figur. Aber wenn die jetzt anfangen müssten, abstrakte Malerei zu beschreiben …«

Ich lachte.

»Das wäre kunstwissenschaftlich aber auch total spannend!«

»Das finde ich auch, das würde ich so gerne mal lesen. Es fahren ja hier in Berlin auch manchmal abstrakte Züge, wie beschreibt die Polizei das?«

»Ja, stimmt. Die Diamonds malen auch abstrakte Züge.«

»Die sind toll, gefallen mir total.«

»Und was sagen die anderen dazu? Hast du das denn schon mit denen beredet?«

»Nee, noch nicht, mache ich mal.«

»Abstrakte Malerei ist die Freiheit hinter der Tarnung«, sagte ich.

Wir tranken die Kanne Pfefferminztee auf.

»Kann ich zum Abschied noch eine Postkarte ziehen?«, fragte ich.

»Klar«, sagte der Dönerchef.

»Rudi, 10. November 1974, Aarhus, dass Ulrike Meinhof, Baader usw. den Hungerstreik fortsetzen wollten, wollten den Tod nun voll riskieren, also nicht einmal mehr Wasser trinken – um die Isolationshaft zu durchbrechen oder zu sterben. Unabhängige Ärzte seien ihnen erstmalig zugestanden worden, scheine ihnen nicht zu reichen. Sie hielten ihr richtiges Ziel konsequent durch, hätten es im Knast aber völlig verlernt, proletarische Politik nicht mit existenzialistischen Ambitionen und Gefühlen zu verwechseln.«[81]

Am Rand von Berlin

Ich traf mich mit Ricky dort, wo die Berliner U-Bahn ausläuft. Es war eine der letzten Stationen und führte in ein Viertel aus Eigenheimen und Gärten. Dort gab es eine Kirche und ein bürgerliches Restaurant, das erst um 19 Uhr aufmachte. Jetzt war es mitten am Nachmittag. Direkt neben der Station spielten Senioren auf einem sauberen, sandigen Platz Boccia. Ich sah Ricky von Weitem, er trug ein unauffälliges T-Shirt, ausgewaschen wie immer, das Fahrradschloss hing auch wieder um seinen Hals, die Cappy war aber neu. Er stand neben seinem Fahrrad und guckte amüsiert in die Luft. Eine Seniorin mit silbernem Kurzhaarschnitt lächelte in seine Richtung. Das kleine Headset in seinem Ohr sah sie nicht. Ricky lächelte, als er auf seinem rechten Ohr das beruhigende Zischen hörte.

Ich rief ihm ein Hallo zu und winkte.

»Unten ist alles fein«, begrüßte er mich fröhlich.

»Wer ist da?«

»Freunde aus Italien.«

Ricky meinte, wir sollten mal die Straße ablaufen, die Notausgänge beobachten, ob da alles frei sei. Also gingen wir an der Seniorengruppe vorbei und spazierten auf dem aufgeräumten Bürgersteig entlang. Ricky schob sein Fahrrad, wir redeten über die letzte Zeit, die Straße war ruhig.

»Alle Ausgänge sind frei«, sagte er vor sich hin.

»Und du malst nicht mit?«

»Nee, seit meiner Fuß-OP nicht mehr gemalt in Berlin. Seit sechs Monaten schon nicht mehr.«

»Wie geht es deinem Fuß?«

»Ach, eigentlich okay, aber ganz fit ist er noch nicht, letztens in Paris ist er noch mal stark angeschwollen.«

»Hast du da gemalt?«

»Ja, in Paris geht das ja. Oder woanders. Aber für Berlin ist der noch nicht fit.«

»Warum geht es denn woanders?«

»Da ist es ja nicht so schlimm, wenn ich erwischt werde. Das bleibt dann ja da. Also bei der Polizei dort und kommt nicht nach Deutschland. Aber hier müsste ich auf jeden Fall weglaufen.«

»Verstehe. Lars hat erzählt, dass du deinen Prozess hattest. Die wollten eine halbe Million Euro von dir?«

»Haha, ja, das stand im ersten Brief.«

»Warst du da nicht geschockt?«

»Nee, ich weiß ja, wie das läuft. Wenn du von der BVG so eine Summe bekommst, dann kannst du die erst mal durch zehn teilen.«

»Wie durch zehn teilen?«

»Also, das ist dann die realere Summe, die du am Ende zahlen musst.«

»Echt? Aber das wäre ja immer noch einiges.«

»Die Staatsanwaltschaft hat 101 Graffitis vorgeschlagen.«

»Nicht hundert?«

»Genau 101. Das waren aber alles nur Zuordnungen.«

»Also Namenszuordnungen.«

»Ja, aber das funktioniert eigentlich nie. Mein Anwalt hat dann zwei Sachen daraus gemacht.«

»Das ist ja nett von ihm.«

»Das sind nur die Sachen, wo sie mich wirklich erwischt haben. Das kostet dann ein paar Tausend Euro.«

»Also war das gar nicht stressig.«

»Nee. Aber vorbestraft bin ich jetzt halt.«

»Hast du deswegen auch nicht gemalt in der letzten Zeit?«

»Nicht deswegen, nur wegen des Fußes. Aber ich mache Training, bald geht's wieder.«

»Und dann malst du weiter? Auch mit der Vorstrafe?«

»Klar. Aber halt andere Namen.«

»Ich hatte mal eine OP am Knie, da habe ich Quark draufgetan, wenn es angeschwollen ist. Das hat geholfen.«

»Ach, so was Esoterisches!«, sagte er lachend.

»Das hat mir sogar mein Chirurg empfohlen.«

»Ich mache lieber Training. In ein paar Wochen geht es bestimmt wieder. Aber ich habe die letzten Monate auch viel gearbeitet, mit dem neuen Job, da will ich mir auch viel Mühe geben.«

Rickys Arbeitgeber durfte ich weiterhin nicht erwähnen. Aber das Logo war auf seiner neuen Cappy eingestickt. Da war er jetzt in einer neuen Projektgruppe, die sich mit einem Weltkonzern beschäftigt und diesen etwas ärgern wird. Dafür brauchten sie Verbündete und müssen motivieren. Ricky machte das. Ich freute mich für ihn.

»Und, checkst du viel?«

»Ja, geht, nee, manchmal halt. Für gute Freunde.«

»Fehlt dir das Malen?«

»Ja, klar. Bald fahre ich nach Prag.«

»Ah, zur Eiscremefrau?«

»Ja, genau.« Ricky grinste.

»Malt ihr zusammen?«

»Ja, klar.«

Wir gingen weiter die Straße entlang.

»Und was hast du so gemacht?«

»Ich habe gestern das Atelier von Jenny Brosinski besucht.«

»Wer ist das?«

»Eine Freundin, sie malt abstrakt, ein bisschen minimal, so gestisch expressiv, aber reduziert. Sie ist von der Ruttkowski;68-Galerie. Es gibt Flecken und Kritzel und Linien.«

»Ach ja, deine Kritzel.«

»Sie sprüht auch ein bisschen auf die Bilder. Als ich da war, hing gerade eines an der Wand, das noch nicht fertig war. Darauf waren ein hellblauer und ein rosa Fleck, also nicht richtig Flecken, eher so, als wäre der Pinsel ein Pferd, das sich in einer Sandgrube wälzt. Also so ein Fleck als Schauplatz oder als Tatort, da ist etwas passiert. Mit Bewegung. Na ja, und dieses Bild hing da so als Querformat, und Jenny war nicht zufrieden, und dann haben wir das wieder umgedreht, als Hochformat, und dann sah man plötzlich zwei neonorange Sprühspuren.«

»Warum sah man die plötzlich?«

»Also, die waren auch schon vorher da, aber so im Landschaftsformat fielen die in der unteren Bildhälfte nicht so auf. Und beim gedrehten Bild waren die plötzlich präsent.«

»Wie heißt die noch mal?«

»Jenny Brosinski.«

»Gucke ich mir mal an. Und du schreibst über die?«

»Ja, genau. Wir machen einen Katalog zusammen. Sie macht auch Skulpturen, die sind aber nicht abstrakt, meine Lieblingsskulptur ist ein kotzender Delfin. Der Kotzstrahl ist so richtig dick, fast wie ein Baumstamm.«

»Sind die dann auch bekritzelt?«

»Manche sind besprüht, glaube ich.«

Dann guckte Ricky plötzlich wieder in die Luft und drehte den Kopf in die Richtung seines Ohres.

»Was ist los?«, fragte ich.

»Weiß ich auch nicht, irgendwie Hektik. Die laufen.«

Bei uns hier oben hörte man ein paar Vögel zwitschern, ab und zu das zarte Klatschen von zwei Bocciakugeln, die mit der zurückhaltenden Kraft eines Seniors geworfen wurden.

»Der andere Checker hat wohl Securitys gesehen, die laufen, es rauscht.«

Ricky versuchte mit ihnen zu reden, fragte nach, wiederholte seine Fragen, hörte hin.

»Die antworten nicht«, sagte er.

»Was ist da wohl los?«

»Die haben abgebrochen.«

»Sagen die gar nichts mehr?«

»Nee, die antworten nicht mehr, ich höre Laufen. Lass uns mal zurück zur Station gehen, ob da Polizei ist.«

Wir liefen zurück, nicht schnell, gemütlich, aber zielstrebig. Wir fielen nicht auf, wir gingen herum, die Gärten waren schön.

Dann kamen wir wieder bei der Seniorengruppe vorbei, die flirtende Frau hatte offensichtlich einen guten Wurf gemacht, sie freute sich.

»Die sagen, dass sie rauskommen.«

»Wo?«

»Am Notausgang.«

»Wo ist der?«

»Die sind hier überall, da sind wir doch gerade dran vorbeigelaufen, an allen dreien.«

»Habe ich gar nicht gesehen.«

Ricky zeigte vor der Seniorengruppe mit dem Finger auf die Gitter am Boden, die auf dem Mittelstreifen neben der grünen Bepflanzung verteilt waren.

»Die habe ich gar nicht gesehen.«

»Die meinen, die sind schon draußen.«

»Siehst du sie?«

»Nee, du?«

»Nein. Komisch.«

Ricky fragte nach, wo sie seien, was los sei. Er bekam keine Antwort.

Zwei Vögel zwitscherten sich an, vielleicht stritten sie sich, es dauerte nicht lange. Man hörte Flügelschlagen. Idylle. Man vergaß Berlin hier draußen, die Hauptstadt. Das Restaurant war immer noch verschlossen, Kirchenglocken läuteten pünktlich.

»Die laufen.«

»Aber wo denn?«

»Die Verbindung ist abgebrochen.«

»Echt?«

»Ja, die haben aufgelegt.«

»Warum?«

»Keine Ahnung.«

Wir hielten weiter Ausschau, gingen aber nicht schneller.

»Die Notausgänge sind noch alle zu.«

»Vielleicht haben die sie wieder zugemacht?«, fragte ich.

»Es macht doch keiner den Notausgang wieder zu, wenn er wegläuft.«

»Nein? Der bleibt dann offen?«

»Du hast doch keine Zeit mehr, den zuzumachen.«

»Okay.«

Wir sahen den anderen Checker und liefen in seine Richtung. Ricky pfiff. Der andere hörte ihn nicht. Ricky stieg auf sein Rad und sagte mir, dass er mal eben vorfahre.

»Soll ich hier warten?«

»Nee, komm mit, ich will ihn nur einholen.«

Ricky fuhr, und ich versuchte schneller zu gehen, ohne dass man es mir ansah. Es klappte aber nicht, also ging ich mal schneller und dann wieder normal und dann wieder schneller. Meine schwarze Stofftasche hatte ich umgedreht. In Groß war da das Logo von der Hood Company drauf, dem Graffiti-Laden von Peter und Andi. Im Moment vielleicht besser, wenn man es nicht sah. Ich stellte mir einen Stoffbeutel mit dem Aufdruck »Graffiti-Checker« vor. Den würden dann alle Hipster tragen, und dann gäbe es so viele, dass man dann wieder damit checken gehen könnte.

Als ich sie eingeholt hatte, fuhr Ricky gerade Kreise um den anderen Checker. Der drehte sich zu mir um und wusste nicht, wie er reagieren sollte. Ricky stellte mich mit Larissa vor. Das reichte. Er vertraute Ricky.

»Weißt du, was los ist?«, fragte ich ihn.

Der Checker war noch sehr jung, Anfang 20, und hatte das bestimmt noch nicht oft gemacht.

»Nee, die Verbindung war weg.«

Dann hörte er sie wieder, sie seien raus, weg, hockten hinter einem Gebüsch und tränken Bier.

»Lass uns zu Rewe gehen«, schlug Ricky vor.

Wir liefen alle zu Rewe, der andere Checker war auch Italiener und guckte immer zu Ricky. Der nächste Rewe war zwei Ecken weiter, wir holten drinnen Bier und setzten uns vor den Eingang auf die kniehohen, schmalen Steine der Baumbepflanzung. Zigaretten wurden gedreht, das Bier aufgemacht. Wir entspannten uns.

»Und du schreibst ein Buch?«, fragte mich der Checker auf Englisch.

Ricky hatte ihm wohl vorher von mir erzählt.

»Ja, über Ricky und seine Gruppe und auch über andere. Es sind so viele Kurzgeschichten, eher eine Art Reisebericht. Seit zwei Jahren recherchiere ich, treffe Ricky und die anderen und folge ihrem Leben und so.«

Wir tranken weiter, und ich fragte Ricky nach Paris und was da nicht geklappt hatte.

»Wir haben ja was gemalt, aber wir wollten da auch die Metro komplett machen, weißt du, mit dem Bild, wie sie vor dem Eiffelturm entlangfährt. Hat aber nicht geklappt.«

»Ein Wholetrain? Warum nicht?«

»Die fuhr unregelmäßig, an beiden Tagen. Am letzten Tag haben wir es dann versucht, wir waren 20 oder 30 und saßen schon in den Transportern vor der Station. Als sie einfahren sollte, gingen wir raus. Aber sie hatte Verspätung. Wir standen dann alle da, und ein Typ auf der Straße hing schon am Handy.«

»Aha?«

»Na, der fand uns komisch, und wenn der schon am Handy war und die Polizei rief, dann wäre die in ein paar Minuten da, und wir wollten drei Minuten am Zug malen, und wir hatten eine Minute Wartezeit auf den Zug, dann wäre ja die Polizei während des Malens gekommen, das wäre scheiße, also haben wir abgebrochen.«

»Warum war der Typ denn schon am Handy? Euretwegen?«

»Ja, wenn da so eine Gruppe aus 25 vermummten Personen morgens einfach so auf der Straße steht, dann sieht das schon blöd aus.«

Ich lachte. Das Bild hatte ich direkt vor mir, wie die ganzen 1UPler da ratlos auf der Straße standen und schon ihre Masken trugen und keine U-Bahn einfuhr.

Ricky musste wohl an Ähnliches denken und grinste auch.

Dann entstand wieder Kontakt, in Rickys Ohr ertönten Stimmen.

»Ich fahr mal eben zu denen rüber und gucke mal«, sagte Ricky und schwang sich auf sein Rad.

Ich blieb mit dem italienischen Checker zurück. Wir redeten etwas, er war Grafiker, hatte jetzt einen Job in Berlin gefunden, aber traute sich nicht, Bahnen zu malen, wegen seines Jobs, das wäre ihm zu viel. Er checkte lieber und machte manchmal etwas auf der Straße. Dann ertönte hinter uns eine alte deutsche Stimme:

»Ihr werdet alle beschissen!«

Ich drehte mich um, der Checker auch, obwohl er nichts verstand.

Da stand ein sehr alter Mann, viel älter als die Seniorengruppe von vorhin, er humpelte und bewegte sich stotternd. Sein Hemd steckte in der Hose, die übertrieben hoch über den Bauch gezogen war. Auf dem Hemdkragen waren trockene Milchflecken.

»Von wem denn?«, fragte ich freundlich nach.

Der alte Mann antwortete nicht. Aber er erzählte davon, wie er sich als Kind mit den anderen Kindern im Wald verstecken musste, wenn die Bomber kamen, dann mussten sie sich ganz flach auf den Bauch legen.

»Nie wieder«, sagte er.

Ich übersetzte dem Checker, dass er vom Krieg erzählte.

Der Checker drehte sich jetzt weiter um und tat so, als verstände er alles.

»Mein Vater ist ja gestorben. Und die anderen sind auch gestorben«, sagte der alte Mann.

Dann guckte er den Checker an und lächelte, und dabei verzog sich sein Mund schief.

»Sehr modern, ein sehr moderner Look«, sagte er zum Checker.

Ich übersetzte ihm das Kompliment, der Checker lächelte. Er trug kurze türkise Shorts, ein neues Nike-T-Shirt, hatte frisch geschnittene kurze Haare und war braun gebrannt.

Der alte Mann hatte nicht mitbekommen, dass der modische junge Mann kein Deutsch sprach, guckte ihn weiter erfreut an und erzählte vom Krieg. Als letzten Satz sagte er noch mal: Nie wieder. Wir hörten ihm zu, der alte Mann aß ein Croissant. Dann schimpfte er auf die Inflation, auf die Treppen hoch zu seiner Wohnung, dann wurde er traurig, sagte, dass seine Frau gestorben sei und dass er keinen Besuch mehr bekomme. Ich antwortete, so gut es ging, aber er redete weiter, wurde wieder energischer und kaute sein Croissant zu Ende, bis er sich verabschiedete. Der Checker und ich wünschten ihm alles Gute und einen schönen Tag.

Ricky kam mit den Italienern zurück. Sie waren gut gelaunt und hatten Hunger. Auch sie gingen in den Rewe, wir warteten, und als sie wieder rauskamen, wollten sie schnell woanders hingehen. Wir hatten neues Bier und zogen um, Ricky ging vor, in eine Wohnhaussiedlung, die am Rande des Randes von Berlin stand. Hier hörten die Eigenheime auf, die Gärten auch, die Hochhäuser standen auf betoniertem Boden. Wiese hatten sie nicht, aber den Rewe teilten sich alle. Steine von Baumbepflanzungen gab es auch hier, wir setzten uns wieder, und die Italiener holten ihre Beute heraus: hochwertigen Lachs, Käse, Brot und Oliven. Sie machten eine einladende Handbewegung. Ich griff freudig zum Lachs und fragte, ob sie fertig geworden seien.

»Nee, uns fehlten noch zehn Minuten. Aber eigentlich nur noch die Outlines.«

»Wie schade.«

»Machen wir morgen fertig.«

»Wie denn?«

»Der Zug steht das ganze Wochenende da. Machen wir auf jeden Fall noch.«

Die beiden Italiener schienen überzeugt.

»Das würde ich sogar noch beim Fahren fertig machen«, sagte der eine. »Immer kurz zehn Sekunden sprühen, an jeder Station, wenn er hält, das ginge zur Not auch.«

Ricky überlegte, warum da plötzlich Securitys gewesen waren, und ging in Gedanken die Kameras durch. Es schien ihm keine Ruhe zu lassen, dass sich eine unbekannte Variable eingeschlichen hatte. Zusammen mit den Italienern fand er die Lösung, es musste die eine Kamera an dieser einen Stelle gewesen sein, gut zu wissen, damit konnte man jetzt umgehen in

Zukunft, er war beruhigt. Wir aßen weiter unser Picknick. Sie sprachen jetzt über die U-Bahnen in Rom, Ricky war interessiert, der eine Italiener erzählte, dass es im Winter besser sei. Denn die U-Bahnen dort vertrugen das kalte Wetter nicht sehr gut und könnten deshalb nicht lange draußen fahren. Also gab es viel mehr Züge im Einsatz, die sich abwechselnd in den Yards aufwärmen konnten, also abgestellt wurden. Im Winter habe man also eine gute Auswahl. Ricky wollte jetzt im Winter nach Rom.

»Im November?«, fragte er.

»Besser Dezember«, sagte der Italiener.

Darauf musste er ihm sein Wort geben, dass er dann für ihn checke. Der andere Italiener wollte los, noch arbeiten, sagte er.

»Was arbeitest du?«

»Verkehrsflächenbewachung.«

Ricky lachte.

»Das ist ein gutes Wort«, sagte ich.

»Guck mal, das machen wir hier auch schon«, sagte Ricky.

Wir schauten uns um. Unser Picknick hielten wir auf einem kleinen Grünquadratmeter mitten auf einem Parkplatz zwischen den Hochhäusern ab. Außer uns war keiner hier. Nur die stillen Autos.

Die Gruppe löste sich auf, jeder ging nach Hause. Auf dem Weg zur U-Bahn verlief ich mich noch kurz zwischen den Eigenheimen.

Griebnitzsee

Es war Sommerparty bei Lou und Judy. Natürlich war auch wieder Urlaub. Gefeiert wurde aber nicht im Sommer, sondern am Ende des Sommers. Wie zur Bestätigung ließen die großen Bäume in Judys Garten ein paar goldene Blätter fallen. Ich war ein wenig wehmütig, aber gleichzeitig auch erleichtert. Den Sommer überstanden zu haben, ist für mich immer eine wichtige Etappe, danach kommt der Herbst, der gratuliert einem, dass man durchgehalten hat.

Es duftete gut, Catering mit Grill standen bereit, Unmengen an Getränken boten sich an jeder Ecke griffbereit an, und die Dachterrasse vom Bootshaus unten am See wurde ebenfalls eingeweiht. Judy begrüßte jeden mit einer Umarmung. Das machte direkt gute Laune, man fühlte sich wie in einem Club, dem Freundeskreisclub. Mit dem Ergebnis, dass die Gäste alle nett zueinander waren. Es gab keine Hierarchien mehr, niemand war arrogant, jeder redete mit jedem. Das ist auf Kunstpartys selten.

Lou hatte Kartoffelsalat gemacht, Familienrezept, er schmeckte wunderbar. Sie trug in ihrem weißen Sommerkleid das neue, zweite Baby durch die Gäste. Das Baby von meinem ersten Besuch war jetzt zu einer schlauen Abenteurerin herangewachsen, die den anderen Kindern mutig und mit Stöcken bewaffnet, das Gelände zeigte.

Zuerst entdeckte ich Titus Schade. Auf seinen Gemälden gibt es keine Menschen, nur Häuser und Straßen. »Thriller-Heimatfilme« nennt Titus seine Bilder. Vor ein paar Jahren schrieb ich mal über ihn:

Die Bühnen-Stillleben des Neo-Rauch-Schülers Titus Schade erinnern an Computerspiele im Stil deutscher Fachwerkromantik. Die Häuser, Höfe und Straßen sind geometrisch aufgeräumt, in der abendlichen, herbstlichen Stimmung erleuchten kleine Feuerstellen. Doch die Heimeligkeit der vertrauten Architektur trügt, die sterilisierte Formensprache und die futuristischen Fachwerkmaschinen wirken bedrohlich, gar menschenfeindlich. Sind die überlangen Schornsteine der Wohnhäuser in Wirklichkeit ein Zeichen dafür, dass es sich hier um geheime Fabriken handelt? Und wo sind überhaupt die Bewohner dieser Orte, die Feuermacher? Als Betrachter kann man sich diesen Fragen kaum entziehen, gerade das Weglassen der Figuren führt unmittelbar dazu, diese Räume imaginär zu bevölkern. Wie sähen die Menschen aus, die dort leben? Was würden sie tun? Mit welcher Mimik und Gestik würden sie dort umherwandeln?[82]

Die Bilder von Titus entspannen mich immer, bringen mich zur Ruhe. Sie waren auch nie Sommer, sondern immer Herbst oder Winter. Natürlich sind sie unheimlich, für mich zeigen sie auch die Gefahr von Kühle, dass es so auch nicht gehen kann wie in dieser Welt. Sie erinnern daran, dass man die Gesellschaft braucht. An manchen Hauswänden kommen auch Graffitis vor. Damals habe ich ihn nicht dazu befragt, jetzt interessierte es mich.

»Da sind ja auch Graffitis auf deinen Bildern!«, sagte ich zu ihm.

»Ja, manchmal tauchen die auf.«

»Warum?«

»Ich habe ja früher auch mal Graffiti gemacht.«

»Ach, darüber haben wir noch gar nicht gesprochen.«

Titus mixte uns neue Getränke, Cuba Libre für mich, sich und seine Begleiterin. Ich habe ihren Namen vergessen, aber sie sah sehr schick aus. Nicht nur wegen ihrer Kleidung, sie hatte auch wirklich sehr schicke und elegante Gesichtszüge. Irgendwie französisch. Sie kam aus Berlin, würde aber bald nach Paris ziehen. Das wunderte mich überhaupt nicht. Mit so einem eleganten Gesicht muss man ja in Paris leben.

»Sind das dann deine Graffiti-Namen auf den Bildern?«, fragte ich.

»Nee, das sind so ausgedachte Namen. Oder ›TS‹.«

»Was denn für ausgedachte Namen?«

»So Allerweltssprayernamen. So Namen, die für Graffiti stehen, aber ich meine keinen bestimmten Sprayer.«

»Und was war dein Name früher? Warum hast du eigentlich aufgehört? Das muss man ja gar nicht, ich finde, man kann das mit dem Graffiti auch immer dazusagen, dass man das auch gemacht hat oder macht, das muss man gar nicht ausklammern.«

Titus' Begleitung stieß einen Schrei aus und rannte weg. Titus rannte hinterher. Es sah komisch aus. Ich ging auf die Toilette.

In dem riesigen leeren Badezimmer lag die *Ostsee Zeitung* auf der Waschmaschine. Ich blätterte etwas darin herum und fand einen Artikel über Robben. Der war sehr spannend, denn es hieß, dass es in den nächsten Jahren mehr Robben an der Küste Vorpommerns geben würde. »Toll«, dachte ich. Dann gab der *Ostsee*-Reporter noch Verhaltenstipps, wenn man auf eine Robbe stoße. Man dürfe ihr auf keinen Fall den Fluchtweg versperren und sie auch auf keinen Fall berühren. Das mögen sie überhaupt nicht. Die Robbe bevorzuge einen Mindestabstand zum Menschen von 100 Metern. Das müsse respektiert werden. Außerdem müssten Hunde angeleint werden. Stören dürfe man sie natürlich auch überhaupt nicht, eine Mutter mit Jungen müsse noch viel mehr in Ruhe gelassen werden.[83] Das waren alles sehr wichtige Informationen. Ich verließ das Bad wieder und fand draußen einen Museumsdirektor, dem ich direkt erzählte, wie er sich verhalten müsse, wenn er auf eine Robbe trifft. Der Museumsdirektor war äußerst dankbar und schwenkte den Gin im Glas.

Ich ging weiter herum, runter an den See. Manchmal dachte ich mir aus, was man als Gast alles falsch machen könnte. Was wäre schlimm? Ich guckte mir die großen Bäume an, einer stand genau zwischen der Terrasse und dem See und unterbrach im rechten Winkel die Sichtachse. Was wäre, wenn hier ein Gast ein paar Tage verweilte und auf einmal frühmorgens, wenn die anderen noch schliefen, auf die Idee käme, den Baum zu fällen? Um bessere Sicht zu haben. Ja, was wäre dann? Wie würde man hinausgeworfen werden?

Dann sah ich Lou, und sie erzählte mir, dass Titus' Freundin von einer Biene in den Mund gestochen worden sei und dass beide jetzt auf dem Weg ins Krankenhaus seien. Wir hofften, dass sie nicht allergisch war. Judy kam mit einem Mann zu uns, er legte den Arm um seine Schulter und stellte uns seinen guten Freund vor. Er sei evangelischer Pfarrer.

»Das ist ja spannend«, sagte ich.

Inzwischen war es Nacht, die Sonne ging zur späten Sommerparty extra früher unter. Ein kleiner neuer Blätterregen erreichte uns.

»Komm, wir setzen uns alle«, sagte Judy.

Der Pfarrer und Judy begangen von früher zu erzählen. Judy machte damals seinen Wehrdienst in der DDR, das musste man damals irgendwie. Auf dem Kasernenhof schrieb er eines Tages den klassischen Satz an die Wand: »Macht Liebe, keinen Krieg«.

Das wäre im Westen auf einer normalen Wand sicherlich nichts Besonderes gewesen, aber im Osten auf einem Militärgelände schon. Judy wurde strafversetzt, und zwar in die Bibliothek. Waffen durfte er nicht mehr in die Hand nehmen. Dann erinnerte eine Freundin von Lou an die Sache mit dem Gitarristen von Rammstein. Alle lachten im Voraus, sie kannten die Geschichte schon. Ich noch nicht, also erzählten sie sie mir. Judy war gut mit Paul von Rammstein befreundet. Einmal machten sie zusammen Urlaub an der Ostsee. Paul hoffte, dass ihn dort keiner erkennen würde, um mal seine Ruhe zu haben. Sie saßen gerade in einem Eiscafé, als zwei Frauen plötzlich laut riefen: »Ah, ein weltbekanntes Gesicht!« Und dann kamen sie näher heran und riefen: »Judy, der Galerist!«

Alle lachten. Auch ich fand das witzig.

»Woher kennst du denn die von Rammstein?«, fragte ich neugierig.

»Der kommt ja auch aus der DDR«, sagte Judy.

Das reichte wohl, irgendwie kannte man sich da.

Dann erzählte der Pfarrer ein bisschen über das Protestantische. Die Bibel würde mehr als Literatur verstanden, sie würde interpretiert werden.

»Aber die Katholiken interpretieren heute doch auch, oder?«

»Es geht um die richtige Mischung aus Festhalten an Bestehendem und dem Hereinlassen von Neuem«, sagte der Pfarrer.

»Was denken Sie denn über den Begriff Kunstreligion? Ersetzt in der Kunstwelt die Kunst die Religion? Geht es da vielleicht zu stark um Glauben? Gerade bei der abstrakten Malerei?«

Der Pfarrer wollte länger ausholen, als seine Kinder angerannt kamen und ihm mitteilten, dass sie jetzt sehr müde seien. Der Pfarrer musste gehen.

»Wir sprechen das nächste Mal darüber«, sagte er zu mir.

»Ich komme auch gerne mal in eine Messe von Ihnen«, verabschiedete ich mich.

Mit Lou und Judy und einigen anderen trank ich noch einen Cuba Libre. Dann drehte der DJ in der Villa die Musik auf, und alle tanzten zu *Summertime Sadness*. Ich bekam eine Nachricht von Ricky. »Morgen um 9 Uhr treffen«. Er schickte mir die Koordinaten. Um da hinzukommen, musste ich über eine Stunde Fahrt einplanen. Also früh aufstehen. Ich machte mich auf den Heimweg, sehe, wie Judy Lou langsam nach rechts und nach links wiegt. Der Sommer ist vorbei. Es ist geschafft. Morgen noch. Dann bin auch ich fertig.

Berlin, an der S-Bahn beim Wald

Der Wecker klingelte um sieben Uhr. Heiß war es nicht mehr. Beim ersten Klingeln war ich wach und aufgeregt, stand sofort auf, putzte mir die Zähne, zog eine dunkle Jogginghose an, T-Shirt, Kapuzenjacke, für Kaffee keine Zeit, gibt es bestimmt da, ging los. Mit der U-Bahn musste ich lange fahren, umsteigen, fahren, aus dem Fenster gucken. Dort, wo Ricky mich hinschickte, war Berlin schon fast vorbei. 45 Minuten war ich zu früh, weil ich pünktlich sein wollte. Dort, wo ich entlanglief, waren Schrebergärten. Aufgeräumt, spärlich, aber bedacht dekoriert, in einem wehte eine Deutschlandflagge. Einen Kiosk oder eine Bäckerei gab es nicht, es gab überhaupt nichts, wo ich hätte hineingehen können. Also setzte ich mich auf den Rand des Bürgersteiges zwischen zwei geparkte Autos und guckte in die Schrebergärten. Sollte ich hier sitzen? War das klug? Waren die anderen schon da? Gegenüber stand ein großer Van geparkt. Vielleicht waren sie da drin? Sollte ich mal klopfen? Eher nicht. Ich saß weiter da. Ein Rentner kam aus seinem Gartenhäuschen an den Zaun und schaute mich skeptisch an. Der fand wohl, dass ich hier auffällig wirkte. Zu Recht. Ich wollte nichts riskieren. Der Rentner hatte bestimmt ein gutes Näschen. Also stand ich wieder auf und lief die Straße entlang. Auch dort war nichts außer ein Wald. Ich ging in den Wald. Ohne Kaffee. Sonst war ja nichts zu tun. Frühjogger und Hundehalter waren unterwegs. Ich setzte mich auf einen liegenden Baumstamm und schaute ihnen zu. Zwei Frauen in neuen Sportklamotten gingen langsam an mir vorbei.

»Das habe ich ihm auch gesagt«, sagte die eine, »warum redest du nicht mit der Bank? Ja, warum redest du nicht mit denen?«

Das »Reden« zog sie sehr lang, so als hätte das Wort mehrere e.

»Gut, dass du das gesagt hast«, sagte die andere.

Dann sah ich nur noch ihre Rücken und verstand sie nicht mehr. Ich schaute wieder in den Wald, bis ein großer Hund stehen blieb und mich anstarrte. Sein Herrchen war ein Punk in Rente, über 60 Jahre alt, die Kleidung passte gerade noch. Er sah mich nicht. Der Hund war der einzige von allen Spaziergängern, dem ich auffiel. Als das Tier weg war, guckte ich auf die Uhr. Kurz vor neun. Gut, um neun war das Treffen. Aus dem Wald wieder raus, ging ich zur Kreuzung, die Ricky mir beschrieben hatte. Dort war keiner. Doch, an der Bushaltestelle gegenüber stand ein junger Typ mit einer riesigen Kamera. Er tat so, als würde er auf den Bus warten, aber begann, emsig das Objektiv zu putzen. Der gehört bestimmt dazu, dachte ich. Und ist bestimmt nervös, das mit den Fotos nicht gut hinzukriegen. Der Typ putzte weiter, hielt die Kamera auf die Straße, guckte hindurch, versuchte ein paar Einstellungen und rieb dann wieder mit seinem T-Shirt über alles drüber. Ich musste grinsen. Zumindest hatte er auch keine bessere Tarnung als ich. 20 Minuten später kam dann endlich eine größere Fahrradgruppe heran, die frohlockend und motiviert radelte. Ich erkannte Ricky, er winkte mir zu, sie fuhren in den Wald hinein, Ricky hielt kurz an, die anderen fuhren bereits mit dem Kameratypen davon.

Ricky schob sein Fahrrad, weil ich keines dabeihatte, wir gingen wieder denselben Weg in den Wald, den ich vorher genommen hatte, nur weiter, zu einem See mit Picknickbänken. Dort warteten die anderen schon. Ricky erzählte, dass sein Fuß wieder topfit sei.

»Echt, so schnell? Das waren doch jetzt erst zwei Wochen seit unserem letzten Treffen, oder?«

»Alles wieder super«, sagte Ricky.

»Schön. Hast du den Quark probiert?«

»Quatsch«, lachte Ricky.

»Gestern Abend habe ich bestimmt die Rede vom Redner verpasst. Ich konnte ja leider nicht zu den Vorbereitungen kommen. Was passiert denn heute?«

»Wir machen einen Wholecar. 'ne Rede gab's nicht. Die gibt es nur bei Wholetrains. Nicht schlimm gestern, wir haben nur was gezeichnet für heute und sind dann auch früh ins Bett. Ey, Larissa, du sitzt im Zug, ne? Das wird lustig.«

»Ja genau, das hattest du mir ja angeboten.«

»Dann hast du eine gute Sicht.«

»Freue mich. Wie muss ich das denn machen?«

»Erkläre ich gleich alles.«

Wir kamen am See an, die anderen lehnten an ihren Fahrrädern oder an Holzbalken, die um einen Teil des Gewässers aufgestellt waren. Ich erkannte Lars, Jasin, und da waren einige, die ich noch nie gesehen hatte. Der Redner war nicht da, die anderen fragten, wo er sei. Ricky hatte eine

Nachricht von Tif bekommen, er habe gestern zu viel getrunken und könne jetzt nicht aufstehen. Er wünsche aber viel Spaß.

Ich begrüßte die anderen, stellte mich kurz zu Lars, Ricky stellte mich den Unbekannten vor, wir waren bestimmt 15 Leute. Die anderen hatten ihre Beutel vor sich stehen, zwei zogen sich Handschuhe an und fingen an zu schütteln. Ricky ging zu ihnen, jeder hatte einen kleinen Zettel in der Hand, sie beredeten etwas. Wahrscheinlich musste jetzt umgeplant werden, weil der Redner ausfiel. Der Typ mit der Kamera zeigte einem anderen seine Kamera und wechselte das Objektiv. Ich unterhielt mich in der Zeit mit einem Langhaarigen neben mir. Er erzählte, dass er eine Fahrradwerkstatt habe. Ich erzählte von meinem Buch.

»Schreibst du auch etwas Negatives?«

»Öh, weiß nicht. Erst mal nicht.«

»Ist doch auch mal spannend«, sagte er gut gelaunt.

»Überlege ich mal.«

Hinter uns schwammen ein paar Enten auf dem See. Der war mit grünem Zeugs komplett bedeckt, sodass die Bahnen der Enten das Wasser frei machten und von hier aus wie eine große Fingerzeichnung aussahen.

»Was machen wir später noch?«, fragte der Langhaarige.

»Schwimmen im See«, sagte Ricky.

»Willst du das auch filmen?«

»Ja, klar, wir springen so ins Wasser, das kommt dann direkt nach dem Weglaufen.«

»Spring doch hier rein, guck mal, wie die Bahnen von den Enten, da kannst du in groß die 1UP-Buchstaben nachschwimmen.«

Ich lachte. Zumindest hatten sie Eigenhumor.

Jasin erzählte, dass er jetzt eine Wohnung habe. Er wollte in Berlin bei seinen Freunden bleiben und drehte sich eine Zigarette. Er hatte Augenringe, aber er schien hellwach zu sein. Ricky kam wieder zu uns.

»Du gehst mit ihm gleich mit, das ist der Türtyp«, sagte Ricky und zeigte auf einen mit dunklem Sweatshirt.

»Was macht denn der Türtyp?«, fragte ich, als hinter uns eine Wandergruppe nahe vorbeikam.

Die Dosenschüttler räumten die Dosen wieder in die Beutel, Ricky rückte seine Cappy gerade, dachte sich einen Seenamen aus und stellte sich in die Mitte.

»Und dann fahren wir zu dem zweiten See, zu dem Reinickenlangsee, in diese Richtung, und da warten dann auch schon die Lunchpakete auf uns«, sagte Ricky laut. Er machte Handbewegungen und motivierte uns für den anstehenden Tagesausflug zu den Brandenburger Seen. Die Wandergruppe lächelte uns zu, wünschte uns einen schönen Ausflug, winkte unter Gleichgesinnten und ging weiter.

»Der Türtyp ist der, der nachher die Tür aufhalten wird, damit der Zug nicht fahren kann«, sagte Ricky zu mir.

»Ach so, klemmt ihr nicht wieder einen Stock da rein oder so?«

»Nee, der hält die einfach auf. Ist einfacher. Du gehst gleich vor mit ihm und bleibst dann immer bei ihm, aber mit Abstand, besser nicht zusammen gehen, wegen der Kameras, aber du steigst dann auch in denselben Wagen ein wie er.«

»Ja, mache ich.« Ich winkte dem Türtypen zu und stellte mich zu ihm, wie in der Grundschule, wenn man mit einem Partner für etwas eingeteilt wird. Wir redeten ein bisschen.

Eine Familie kam uns entgegen, ihr kleiner Junge, vielleicht drei Jahre alt, trug eine Jacke, auf der hinten »Polizei« stand. Der Junge hüpfte herum. Wir begrüßten ihn freundlich, Lars rief: »Oh, là, là – Polizei!«, und die gesamte Gruppe winkte ihm zu. Sichtlich stolz sprang der Junge weiter und entfernte sich mit seinen Eltern von uns.

»Kann ich mal den Zettel sehen?«, fragte ich Lars nach dem Zettel in seiner Hand.

Lars strich ihn auseinander. Darauf befand sich ein Teil eines Zugwaggons, auf dem etwas mit Kugelschreiber darübergezeichnet war. »U« stand da.

»Ah, du machst das U?«

»Ja, und dann am Ende mal gucken. Halt das, was noch gemacht werden muss.«

Ricky zeigte mir auch seinen Zettel, darauf war der ganze Waggon und mit Kugelschreiber »1UP« großflächig darübergezeichnet.

»Warum hast du alles da draufstehen?«

»Weil ich die Konturen mache und dann halt noch da, wo nötig.«

»Also, du leitest das heute? Bist du der Verantwortliche?«

»Na ja, leiten ist so ein komisches Wort.«

»Ja.«

Inzwischen war es zehn Uhr. Ricky verteilte alte Nokia-Handys mit Headset. Zwei Checker gingen als Erstes los. Der Türtyp bekam auch ein Handy, wir konnten also auch los. Ich sollte Jonas auf dem Laufenden halten, ihn anrufen, damit er wusste, wann er die Kamera anmachen muss, er steht an einer anderen Station, um zu filmen.

»Wir sehen uns nachher, Larissa«, rief Ricky hinterher.

»Ja, viel Spaß euch«, sagte ich noch.

Dann ging ich neben dem Türtypen und fragte, was wir jetzt machten.

»Wir gehen jetzt zur S-Bahn und fahren zwei Stationen zurück und steigen dann wieder in eine ein, die wieder hierher fährt. Wenn wir aus dem Wald raus sind, dann geh aber weiter hinter mir, bei den Schrebergärten sind nämlich bestimmt Kameras, die den Weg filmen. Ich hab extra heute Morgen 'nen anderen Weg genommen. Und an der Station sind ja eh noch mal Kameras.«

»Oh, ich habe da bei den Gärten heute Morgen schon gewartet und saß auch da und so. Ist das jetzt schlimm? Also wegen der Kameras?«

»Mhm, weiß nicht. Dann geh am besten mal auf der anderen Straßenseite. Nicht bei mir.«

»Okay.«

Der Türtyp ging die Treppen der S-Bahn-Station hoch, ich blieb zehn Meter hinter ihm, tat so, als wäre ich allein, oben auf den Gleisen stellte ich mich vor den Automaten. Ticket kaufen? Ja, bestimmt besser, nicht dass ich von einem Kontrolleur rausgeschmissen werde. Also kaufte ich ein Ticket, schielte zu ihm hinüber, stellte mich abseits und wartete. Ein Zug kam, er stellte sich sichtbar an die Gleise, sodass ich sehen konnte, dass er einsteigen wollte. Ich stieg auch ein, in denselben Wagen, ohne ihn anzugucken, setzte mich woanders hin. Zwei Stationen später stiegen wir wieder aus. Er lief am Gleis entlang, ich blieb in der Mitte stehen, tat so, als guckte ich aufs Handy, sah, wie er in sein Headset sprach. Er telefonierte mit Ricky, ging dann nach draußen auf die Straße, ich folgte ihm. Oben begegneten wir uns scheinbar zufällig, beim Aneinandervorbeigehen sagte er mir, dass ich Jonas anrufen solle, dass es noch etwas dauerte, dann ging er weiter. Ich antwortete nicht, nicht zu viel reden, und rief Jonas an.

»Hi Larissa, guten Morgen!«, begrüßte Jonas mich fröhlich.

»Hey, geht's dir gut? Wir warten hier noch, sind erst mal aus der Station raus.«

»Ah, warum?«

»Keine Ahnung, aber wir sind jetzt erst mal wieder auf der Straße.«

»Okay, gut, sag Bescheid, wenn ihr wieder reingeht.«

»Ja, mache ich, bis gleich.«

Der Türtyp setzte sich auf die Absperrung eines Baumes. Ich setzte mich an eine Bushaltestelle daneben, von hier aus konnte ich ihn gut sehen. Er hatte seine Kapuze an und guckte auf die Straße. Ich guckte auch auf die Straße. Die Sonne kam zurück, die Haltestelle wärmte sich auf, es war jetzt elf Uhr. Neben mir zog ein grauhaariger Araber in Hemd und Anzug ein Taschentuch hervor und bückte sich. Ich sah, dass er eine tote Ratte aus dem Grünstreifen aufhob und in eine Mülltonne schmiss. Dann setzte er sich neben mich an die Haltestelle. Ich bekam Hunger, traute mich aber nicht, in die Bäckerei direkt hinter mir zu gehen, ich musste auf den Türtypen aufpassen und ihm folgen, wenn er wieder losging. Also warteten wir, er telefonierte manchmal und wartete in aller Ruhe beim Nichtstun. Viele Busse kamen, wir waren die Einzigen, die in keinen einstiegen. Eine halbe Stunde später stand der Türtyp auf und drehte sich um, suchte kurz meinen Blick, ging wieder in die Station, ich ihm nach. Er lief gemütlich herum, mal in die eine Richtung, mal in die andere, ich blieb beim großen Stadtplan stehen und tat so, als würde ich etwas suchen. Vielleicht den Reinickenlangsee. Der Türtyp stellte sich einen Meter neben mich und tat so, als würde er sich die Fahrpläne anschauen. Ohne dass wir uns anguckten, sagte er:

»Ruf noch mal Jonas an, das verspätet sich hier alles, die Maler waren noch nicht bereit.«

»Ja, mach ich.«

Dann lief der Türtyp wieder herum.

Ich rief Jonas an, der war völlig entspannt und freute sich, dass es bald losging.

Ich blieb beim Stadtplan stehen, für den Fall, dass wir noch so eine Art der Unterhaltungstarnung brauchten. Zehn Minuten später kam er wieder, guckte wieder die Fahrpläne an.

»Es geht gleich los, wir steigen in den vorletzten Wagen ein.«

»Okay, ich steige in denselben ein wie du, ja?«

»Ja, aber setz dich woanders hin, verpasse das nicht, ja? Guck genau, wann ich einsteige.«

»Klar.«

»In den vorletzten Wagen.«

»Ja.«

Ich freute mich, endlich ging es los.

Nicht die nächste S-Bahn, aber die übernächste nahmen wir. Ich rief Jonas an und sagte ihm Bescheid, während ich in denselben Wagen einstieg, und machte es mir auf einem Fensterplatz gemütlich. Der Türtyp blieb am Ende des Wagens. Ich sah, wie er gemächlich seine Kapuze abnahm, auch die Cappy, die er darunter trug, und sich eine Stirnkamera aufsetzte. Keiner guckte zu ihm. Dann setzte er die Cappy wieder auf, aber falsch herum, sodass der Schirm nicht den Kamerawinkel stören konnte. Er setzte sich wieder hin, drehte den Fahrgästen vorsichtshalber doch den halben Rücken zu und guckte an die hintere Wand des Wagens. Wir fuhren zwei Stationen zurück.

Ich fühlte mich wieder wie in der Oper, wie damals bei dem Wholetrain, erste Reihe, Luxusplätze, gleich kommt der Hauptteil, die Entladung, die emotionale Reinigung, alles würde strahlen. Hoffentlich würde alles gut gehen.

Die S-Bahn hielt an der Station, an der ich am selben Morgen um kurz nach acht ausgestiegen war.

Der Türtyp stand langsam auf, ließ die Fahrgäste aussteigen, die anderen einsteigen. Als das Klingeln ertönte, das normalerweise das Schließen der Türen einleitete, stellte er sich dazwischen, blieb aber im Zug, streckte beide Arme von sich und hielt die Tür auf. Der Zug versuchte sie zu schließen, mehrmals hörte man den Mechanismus vergeblich, der Zug versuchte die Türen auszufahren, es ging nicht, Hände, Arme, ein Körper war dazwischen. Der Mechanismus gab auf. Zur gleichen Zeit sprang plötzlich eine vermummte Gruppe auf das Gleis, woher kamen sie, es ging schnell, ich wusste es nicht, Zischen, sie hatten Dosen in der Hand, Beutel lagen in der Mitte, sekundenschnell fingen sie an, Outlines, Hintergrund, Innenflächen, beidhändig, einhändig. Ich erkannte Ricky, Konturen, auf und ab, nach rechts und links. Der Zug hielt still, ein älterer Fahrgast verstand nicht, warum, dann sah er draußen die Sprayer.

»Jemand muss die Polizei rufen«, sagte er aufgebracht zu mir.

»Was passiert denn hier?«, fragte er immer wieder verwirrt.

Der Türtyp drehte seinen Kopf zu ihm, ohne seine Arme zu bewegen.

»Dauert nur drei Minuten«, sagte er beschwichtigend zu dem Alten.

Der wusste nun überhaupt nicht mehr, wie ihm geschah, fand die Stimme des Typen aber anscheinend beruhigend, wollte sich schon wieder setzen, zögerte, stand dann doch wieder auf, warum stand da einer in der Tür?

»Jemand muss doch die Polizei rufen«, versuchte er es noch einmal.

»Geht gleich weiter«, sagte ich zu ihm.

Er setzte sich wieder und war ratlos.

Ich guckte aus dem Fenster. Die Sprayer waren voll dabei, liefen zwischendurch zu ihren Beuteln, wechselten Dosen, sprangen wieder zum Zug, tauschten die Plätze, machten da weiter, wo der andere aufgehört hatte, eine Choreografie, geschlossen, gemeinsam, ehrlicher hätte ein Schauspiel nicht sein können. Es roch jetzt stark nach Farbe, es zischte, man hörte ihre Stimmen, nicht im Einzelnen, aber in der Farbwolke nachhallen. Fast waren die drei Minuten um, der alte Mann sah auf seine Uhr, wusste wahrscheinlich auch nicht, warum er die drei Minuten akzeptiert hatte.

Ich sah, dass sie fast fertig waren. Einer stellte sich noch vor den Zug, machte ein Selfie, so viel Zeit musste sein, dann sprangen sie wieder zu ihren Beuteln, schmissen die Dosen hinein. Alles hatte sich gelohnt, das Warten, das Zu-früh-da-Sein, das erneute Warten. Diese drei Minuten waren unbezahlbar. Wenn solche Eingriffe passieren, wenn diese Interventionen möglich sind, dann gesundet das System, dann darf die Demokratie aufatmen. Sie bringen frische Luft zum Atmen hinein, eine Bluttransfusion mit gutem Ergebnis. Dann geht die Angst weg, das Unbehagen, dann wird alles wieder ins Gleichgewicht gebracht. Eine Lockerungsübung für das System, Muskeldehnung, um keinen Muskelkater zu riskieren.

Die Maler rannten weg, ich sah nicht genau, wo sie hinsprangen, sie waren einige Sekunden später nicht mehr zu sehen. Der Türtyp war ebenfalls weg, er musste mit ihnen zusammen gelaufen sein. Ich war nun allein in diesem Setting, als Einzige, die mehr wusste. Die Türen schlossen sich, der Zug fuhr eine Station weiter, dann gab es eine Durchsage des Fahrers, wir sollten alle aussteigen »wegen diesen Arschlöchern«. Zum ersten Mal konnte ich das Bild im Ganzen sehen. Ein großes 1UP in Blautönen mit türkisen und blauen Blasen. Das Thema war wohl Wasser, passend zum Abspann am See. Sie waren fertig geworden. Ich sah Jonas, der filmte, und störte ihn erst mal nicht. Ich filmte auch mit meinem Handy. Eine Frau schimpfte und übernahm den Wortschatz des Fahrers. »Solche Arschlöcher hier, haben die nichts anderes zu tun?«, sagte sie zu mir. Gott sei Dank nicht, dachte ich mir. Ohne eine Antwort abzuwarten, ging sie zu anderen Passanten, um sich auch vor denen aufzuregen.

Ansonsten blieb alles ruhig. Die Leute schauten sich den Zug an, unterhielten sich über andere Dinge und aßen Butterbrote, die sie aus ihren Taschen hervorholten. Ich war hochzufrieden.

Der Zug machte noch einmal seine Türen auf, und ein alter Mann mit Putzkittel und Putzwagen stieg aus. Er musste wohl zufällig drin gewesen sein, langsam rollte er den Wagen auf den Bahnsteig, guckte sich das 1UP an, schien alles normal zu finden und verbrachte seine Wartezeit damit, etwas über den Bahnsteig zu wischen. Ohne großen Plan bewegte er den Mopp über den staubigen Boden, eher verträumt als ernsthaft. Kurz überlegte ich, ob er zur Gruppe gehörte.

Dann fuhr der Zug wieder ab. Jonas filmte noch die letzten Sekunden, dann kam er zu mir.

»Ey, Larissa.«

»Echt schön geworden, das war super zuzugucken«, sagte ich zu ihm.

»Das freut mich«, strahlte Jonas.

»Hast du alles gut filmen können von hier aus?«

»Ja, total, wie er einfuhr, anhielt und alles und wieder abfuhr.«

»Und sind die anderen gut weggekommen?«

»Ich glaube schon.«

Jonas hatte ebenfalls ein Headset im Ohr. Ricky fragte gerade, ob Polizei da sei.

Wir schauten uns um. Nein, keine Polizei.

»Guck mal, immer noch keine Polizei hier, das ist jetzt bestimmt schon 'ne Viertelstunde her«, sagte Jonas zu mir.

»Ja, stimmt, vielleicht sind die an der anderen Station, wo gemalt wurde?«

»Das hätten wir bestimmt gehört, wenn die hier vorbeigefahren wären. Aber lass mal zurückfahren und da gucken.«

Wir stiegen in die nächste S-Bahn ein und fuhren eine Station zurück. Dort, am Tatort, war einiges an blauer Farbe auf dem Bahnsteig. Polizei war aber auch hier nicht.

»Hier ist auch keine Polizei«, sagte Jonas zu Ricky.

»Die sind gut weggekommen«, sagte er zu mir.

»Toll.«

»Gehen wir 'nen Kaffee trinken?«, fragte mich Jonas.

»Oh ja, gerne.«

Wir fuhren wieder ein paar Stationen und fanden eine Eisdiele. Mit Schirmchen und Lametta waren die Eiskaffees geschmückt. Darin türmten sich Vanille- und Pistazienkugeln.

»Warum habt ihr eigentlich genau diese Station ausgewählt?«

»Weil da Seen in der Nähe sind, wir grillen da gleich noch. Der Weg ist dann nicht so weit. Und Ricky und die anderen wollen ja noch ins Wasser springen. Mit der GoPro auf dem Kopf.«

Wir schauten uns seine Filmaufnahmen an und löffelten das geschmolzene Eis.

»Da im P, da fehlt das Innenleben, echt schade«, sagte Jonas.

»Ach, kann ja extra so sein«, meinte ich.

Ricky rief wieder an. Wir sollten zum See kommen.

Also fuhren wir noch weiter hinaus, gingen ein Stück zu Fuß und standen an einem kleinen Kieselstrand vor einem großen See. Ricky und die anderen verteilten die Sachen, die sie in einem randvollen Einkaufswagen herbeigekarrt hatten. Viele Getränke, darunter auch Wein, ein Grill, Fleisch, Gemüse, Chips, Soßen und alles, was man sonst noch brauchte.

»Seid ihr schon ins Wasser gesprungen?«, fragte ich.

»Ja, klar, direkt als Erstes.«

»Und das Innenleben vom P?«

»Da ging gerade die Tür auf, und wir haben sie nicht schnell genug wieder zubekommen. Aber egal, was willst du trinken?«

»Gerne Wein.«

»Wein, klar.«

Ricky machte eine Flasche auf und verteilte die Gläser.

Wir stießen alle an, Jasin und Lars machten den Grill an.

»Warum hat das denn eigentlich so lange gedauert, bis ihr angefangen habt?«, fragte ich.

»Ach, das ist normal, immer besser, etwas länger zu warten. Die ganzen Fahrräder da in der Kleingartensiedlung, die haben wir ja alle da abgestellt, das erregt schon Aufsehen, da haben wir erst mal gewartet, ob da einer kommt oder was passiert.«

»Und wo habt ihr dann auf den Zug gewartet? Ich habe gar nicht gesehen, wo ihr plötzlich herkamt am Gleis. Aus dem Gebüsch dahinter?«

»Nee, wir standen am Gleis.«

»Echt?«

»Ja. Ganz normal. Wir saßen da etwas rum und haben auf das richtige Modell gewartet, es sollte ja 'ne ältere S-Bahn sein.«

»Sind die schöner?«

»Viel schöner.«

Lars kam zu uns.

»Der Fahrer hat währenddessen noch 'ne Durchsage gemacht, haste die gehört?«, fragte er mich.

»Nee, währenddessen nicht. Nur hinterher.«

»Als wir beim Malen waren, hat der gesagt: ›Das macht ihr aber toll.‹«

»Der konnte ja auch nur abwarten, war ja nett, dass er euch gelobt hat«, meinte ich.

Dann gingen wir zum Essen über, zum Feiern, zum Feierabend. Einige sprangen noch mal in den See, diesmal ohne Kameras.

Von Weitem sah ich ein Pärchen auf uns zukommen. Es waren Tif und der Redner. Etwas später tauchte auch Michael auf. Und dann Carlos. Wir feierten alle zusammen, bis die Sonne unterging.

»Gibt es eigentlich ein Ende?«, fragte ich Ricky.

»Was denn für ein Ende?«

»Ich weiß nicht. Der Sommer ist vorbei und so. Was wird denn kommen?«

»Ey, mein Fuß ist wieder gut, mein Prozess ist vorbei, der Redner hat bald seine Arbeit fertig, dann geht es wieder richtig los, Larissa«, rief Ricky.

»Ich weiß auch nicht, warum ich nach einem Ende gefragt habe.«

»Komm, iss noch was.«

Wir feierten, bis alles leer war.

Irgendwann ging ich nach Hause.

Auf dem Rückweg hörte ich Sirenen. Mindestens sechs oder sieben Polizeiautos kamen an mir vorbeigerast. Ich schaute ihnen nach. Fuhren sie zum See? Nein, genau in die entgegengesetzte Richtung.

Ich wartete auf die U-Bahn und schrieb Moses eine Nachricht und fragte ihn, was er gerade so mache. Gab es neue Arbeiten im Atelier?

»Auf Atelier habe ich gerade gar keinen Bock. Aber ich male fast jeden Tag. In freier Wildbahn.«

Also alles so, wie es sein sollte?!

Nachwort

Nachricht an Moses:

Ich hab jetzt ein Zitat für den Anfang des Buches: und zwar, dass Verbrechen und Kunst Visionen bräuchten, Vorstellungskraft und Mut. Das ist von Sebastian Horsley.[84] *Wie findest du das?*

Das braucht Kuchenbacken auch. Und das stellenweise deutlich mehr, als Graffiti zu malen.

Hast du schon mal Kuchen gebacken? Ich kann einen mit Banane. Dann kann ich auch einen Zug anmalen?

Safe kannst du einen Zug anmalen!

Das Zitat aus Sebastian Horsleys autobiografischem Text *Dandy in der Unterwelt* bezieht sich auf den Mörder und Gewalttäter Jimmy Boyle, der im Gefängnis zum Bildhauer wurde. Der Ich-Erzähler in Horsleys Buch ist begeistert, trifft sich mit Jimmy auf dessen Freigängen in einem Gemeindezentrum. Nach der Entlassung gründet er mit ihm einen Kunstverein für Verbrecher. Dandy wollte von Jimmy etwas über Kunst lernen, eigentlich über das Leben, über Liebe, Sex und Freundschaft und glaubte, zumindest anfänglich, an seine tiefgreifende Wandlung. Es ging leider schief. Nicht nur die Kunst. In der Stadt stellten sie eine Skulptur in den öffentlichen Raum. In seinem Buch schrieb er die Einwohner von Hull direkt an, zumindest alle, die diese Skulptur als Besudelung ihrer Stadt empfanden. Dandy schrieb, dass er es bereue.[85]

Die Protagonisten in meinem Buch begehen ab und zu Sachbeschädigungen. Im Gegensatz zu Dandys Gesprächspartner gehören sie aber zu den guten Menschen. Darum brauchen sie sich auch nicht zu ändern, nicht zu wandeln und schon gar nicht tiefgreifend. Die Glaubensfrage belastet nicht. Sie können das Leben, die Freiheit des Trotzdem, einfach weiterführen.

Eine Besudelung der Stadt oder der Züge muss nicht bereut werden.

Horsley schrieb, dass Künstler zu sein, der vortrefflichste und individuellste Lebensstil sei, den man wählen könne, wenn man nicht die Laufbahn des Kriminellen einschlage.[86] Ich glaube nicht, dass es den illegal arbeitenden Künstlerinnen und Künstlern in diesem Buch um größtmögliche Individualität geht. Moses würde lachen, würde ich ihn fragen, und mit einem Smiley mit Tränen in den Augen antworten. Und je mehr ich mit den einzelnen Crewmitgliedern von 1UP sprach, desto mehr hatte ich auch bei ihnen das Gefühl, dass die Gruppenidentität wichtiger war als das individuelle Ego, wie man es bei den legalen Künstlern so treffsicher vorfindet.

Verbrechen und Kunst sind gleichwohl reizvolle Terrains. Gute Kunst kann ein Verbrechen nicht immer ausschließen. Hausfriedensbrüche sind manchmal Teil des Weges. Gute Verbrechen und gute Kunst brauchen ein Gesamtbild, in dem sie aufgehen. Alle Elemente müssen ineinandergreifen, müssen sich stützen und zusammen funktionieren. Auch ein abstraktes Gemälde kann das. Wenn alle Striche, Gesten und Farben eine Symbiose bilden, wenn der Krakel unten rechts nicht ohne den Fleck oben links auskommen würde, wenn ohne einen von beiden das gesamte Bild wie ein Kartenhaus zusammenstürzen würde. Eine geglückte Malaktion an einem ICE-Abstellplatz oder in einem U-Bahn-Tunnel braucht ebenfalls das Gesamtbild. Aus Schritten, Zeitplänen, Kamerawinkeln, Sicherheitsplanung und Farben und Flächen. Im Gesamtbild ist jedes Element genau richtig eingesetzt und platziert.

Meine erste Publikation über Graffiti erschien 2019 bei *Kunstforum International.* Der Themenband hieß *Graffiti Now – Ästhetik des Illegalen*. Mit der damaligen Chefredakteurin Andrea Bechtloff saß ich seinerzeit im Restaurant des Museums Ludwig bei einer großen Flasche Wein.

»Da müssen aber auch viele Züge rein«, sagte ich ihr mit dem dritten Glas in der Hand.

»Ja, klar, wenn schon, dann richtig!«, stimmte Andrea gut gelaunt zu.

»Und keine Galeriekunst, erst recht nicht aufs Cover! Auch wenn es *Kunstforum* ist, wir zeigen richtig Graffiti. Auch das, was stört, was illegal ist, nicht das, was Städte zur angeblichen Verschönerung anleiern. Richtig Graffiti, ja?«

»Ja, klar, ein Graffiti-Band!«

Der Band war innerhalb weniger Wochen ausverkauft. Und Andrea freut sich jetzt immer, wenn sie in Köln in eine bemalte S-Bahn steigt.

Ich wollte weitermachen, aber einen *Kunstforum*-Band gab es ja schon. Also dann irgendwie anders. Anfangs hatte ich einen Agenten. Der fand die Idee, über Writer zu schreiben, gut. Zunächst. Nach ein paar Wochen meinte er aber, dass er nur einen Verlag für mich finden würde, wenn auch Tod und eine Liebesbeziehung im Buch vorkämen. Als ich Moses davon erzählte, wäre er am liebsten aus dem Projekt ausgestiegen. Auch 1UP guckten mich zweifelnd an. Ein anderer Rat meines Agenten war, die Passagen mit den Zugtakten rauszulassen. Da, wo ich ins Headset spreche, welcher Zug in welche Richtung in welcher Minute ankommt. So was würde keiner lesen wollen, auch damit würde er für mich absolut keinen Verlag finden. Ich sagte ihm, dass das aber so gewesen sei, also authentisch, und dass ich das alles so beschreiben wolle, wie es auch vor sich geht. Aber es würde keiner lesen wollen, war er sich sicher. Vielleicht hatte er recht, dachte ich mir. Oder nicht. Ich mochte die Zugtaktungen.

Ich verließ den Agenten und machte allein weiter. Ich bin ihm aber immer noch dankbar, dass er mich ein paar Wochen lang ermutigt hatte und somit den Anstoß zu diesem Buch gab.

Seitdem schrieb ich in meinen Exposés an Verlage immer direkt vorne rein, dass es in diesem Buch keinen Tod und keine Liebesbeziehung gebe. Der, der mir am schnellsten antwortete, war Martin Holz. Das war vor einem Jahr.

Heute Vormittag schrieb ich ihm, dass ich noch ein Vorwort schriebe. Und ein Zitat dafür hätte. Jetzt sehe ich seine Antwort, ich solle lieber ein Nachwort schreiben. Das sei für den Leser entspannter. Okay. »Entspannt« schreibt er mir oft. Auf sehr eilige Fragen von mir antwortet er auch gerne mit dem Wort »Tiefenentspannt«. Zwischendurch schreibt er mir auch Witze, auf die mir dann keine Antworten einfallen. Mein Vorwort kommt jetzt an den Schluss. Als wir uns das erste Mal zum Abendessen trafen, um über die Idee zu diesem Buch zu sprechen, da drehte ich ihm eine schiefe Zigarette mit viel zu viel Luft vorne drin. Sie war unrauchbar, er schaffte es trotzdem. Ich erzählte ihm von den Bedenken des Agenten. Martin waren Tod und Liebe egal: »Tiefenentspannt, Larissa, schreib den Scheiß so, wie du meinst.« Er quetschte den aufgerauchten Zigarettenstummel strahlend aus und ging dann souverän in den Spätkauf nebenan, um sich eine neue Schachtel Zigaretten zu kaufen.

In einem Punkt waren sich alle Protagonisten einig, sie wollten nichts Schlechtes über andere Writer sagen. Ich fand das hilfreich. An irgendeinem Szenestreit war ich eh nicht interessiert. Ich war die Schweiz. Eine Sache, die mir wichtig war, war, nicht mehr zu schreiben, als ich erlebt hatte. Mich als Zugsprayerin auszugeben oder alle Aktionen der anderen so zu beschreiben, als wäre ich dabei gewesen, kam nicht infrage. Das waren also die paar wenigen Grundpfeiler. So fing es an. Die anderen fragten mich oft, warum ich dieses Buch schriebe. Ich hatte gehofft, ihnen jetzt eine Antwort geben zu können. Aber die habe ich leider nicht. Vielleicht steht sie aber zwischen den Zeilen.

Während ich zu Hause sitze und dieses Nachwort verfasse, postet hiper. aktiv ein Video von einem weißen Wholetrain: *Alle Acht – Die Geschichte eines weißen Elefanten.* Rache, Hiper, Slac, Moses, Ria, Resk, Wem und Asyl heißen die acht. Von dem Zug sieht man nur noch seine Konturen und sein Volumen. Ein komplettes All-over-Gemälde. Aufgereiht, auf jedem weiß gestrichenen Wagen ein Name, gut leserlich, da sind sie nett, Druckbuchstaben, da muss die Polizei nicht interpretieren, da helfen sie, da ist alles klar. So fährt der Zug durch Hamburg, alle acht auf einen Streich, der weiße Elefant in den Ermittlungsbüros und im Stadtgeflüster, so hätte mancher sie gerne geschnappt, so ist es nicht passiert. Die acht zusammen, Hausaufgaben gemacht. In Ruhe geweißt, ordentlich geschrieben, großzügig im Trotzdem. Steckt der Trotz noch in den Kinderschuhen, ist die Bestätigung des Trotzdem ein Merkmal der Reife. »Die Freiheit des Trotzdem« wäre auch ein Titel für dieses Buch. Gerade für die Deutschen, die in jedem Regelwerk ein Orakel an Glaubensformen finden. In diesem Sinne schließt das Nachwort mit einer Nachricht an den alten Mann aus dem Zug: Vielleicht steigen wir beim nächsten Mal zusammen aus? Es gibt bestimmt einen Edeka am Bahnhof.

Dank

Ich danke allen Protagonisten für ihre Geschichten und unsere Gespräche – ohne euch wäre dieses Buch leer! Damit meine ich ganz besonders die Mitglieder von 1UP, Moses & Taps™, Judy Lybke, Lou Hoyer, Nils Müller, Katharina Grosse, Peter Michalski, Susie, David Ostrowski, Titus Schade, Russi Klenner, Mehmet und Kazim, Rache, Ines, Martha, die Hegge-Gemeinschaft und die zahlreichen Dönerchefs, die uns rund um die Uhr versorgten.

Der besonderste Dank gilt 1UP und Moses & Taps™ für ihr großes Vertrauen, ihre Offenheit, die herzlichen Empfänge meiner Besuche und ihre engagierte Mitarbeit. Die Gespräche und Unternehmungen mit euch waren zutiefst inspirierend. Euer Durchhaltevermögen, euer »Trotzdem« bleibt bewundernswert. Moses und den drei Alias danke ich außerdem für ihre tatkräftige literarische Unterstützung.

Außerdem danke ich Wolfgang Ullrich dafür, dass er mich auf dem Weg dieses Projekts immer wieder bestärkt hat. Meiner Mutter danke ich für ihre unerschöpfliche Neugierde und Begleitung. Adrien danke ich für unseren Austausch, seine Ideen und seine Geduld. Durch *Kunstforum International* und *Monopol Online* konnte ich Interviews und Vorarbeiten angehen und veröffentlichen – vielen Dank. Ich danke Maike Specht für das umfangreiche Korrektorat. Ein großer Dank gilt Martin Holz für die Realisierung dieses Buches und seinen unübersehbaren Spaß dabei.

Endnoten

1 1UP, »Wir haben nie so viele Züge bemalt wie im Corona-Jahr«, Interview mit der 1UP-Crew und Peter Michalski von Larissa Kikol, in: *Monopol Online*, 05.08.2021, https://www.monopol-magazin.de/1up-peter-michalski-interview

2 *Graffiti Now – Ästhetik des Illegalen*, Larissa Kikol (Hrsg.), *Kunstforum International*, Band 260, 2019, S. 142.

3 Ebd., S. 127.

4 Heike Schröder, *Sprayern auf der Spur*, ein Film von Stefan Radüg, Produktion: Kamera Zwei, NDR Fernsehen, 2015, https://www.youtube.com/watch?v=efART-q3TIgs, Min. 0:17.

5 Ebd., Min. 14:24.

6 Ebd., ab Min. 25:00.

7 Moses und Taps, in: *Graffiti Now – Ästhetik des Illegalen*, wie Anm. 2, S. 128.

8 *Think Big! Die Künstlerin Katharina Grosse*, Dokumentation, Claudia Müller (Drehbuch), 3sat, 2020.

9 Sebastian Jonshøj zit. in: Dominik Steinebach, »Kunst oder Vandalismus?« in: *Der Nordschleswiger*, 29.05.2017, https://www.nordschleswiger.dk/de/daenemark-gesellschaft/kunst-oder-vandalismus

10 Gunnar Schupelius, »Die Graffiti-Gangster müssen viel härter bekämpft werden«, Schupelius-Kolumne, in: *B.Z.*, 04.10.2018, https://www.bz-berlin.de/archiv-artikel/die-graffiti-gangster-muessen-viel-haerter-bekaempft-werden

11 Hans von Hentig, *Der jugendliche Vandalismus*, Eugen Diederichs, Düsseldorf/Köln 1967, S. 25.

12 Ebd.

13 Ebd., S. 22.

14 Ebd., S. 46.

15 David Ostrowski und Hans Ulrich Obrist in: *David Ostrowski, I want to die Forever*, Kunstraum Innsbruck 2016, S. 11.

16 Hans Belting, *Bild-Anthropologie*, Wilhelm Fink, München 2001, S. 61.

17 »Erfolg bei den Tarifverhandlungen. Graffiti-Gruß auf U-Bahn! Sprayer zeigt Solidarität mit BVG-Mitarbeitern«, in: *Berliner Zeitung*, 03.02.2019, https://www.bz-berlin.de/archiv-artikel/graffiti-gruss-auf-u-bahn-sprayer-zeigt-solidaritaet-mit-bvg-mitarbeitern

18 Martin Eder in: »Malerei ist wie Kampfsport«, Interview mit Martin Eder von Larissa Kikol, in: *Kunstforum International*, Band 269, S. 208.

19 Dustin Breitenwischer in: *Katharina Grosse – Inside the Speaker*, Stiftung Museum Kunstpalast Düsseldorf (Hrsg.), Verlag der Buchhandlung Walther König, Köln 2014, S. 146.

20 Katharina Grosse in: *Katharina Grosse – Inside the Speaker*, wie Anm. 19, S. 138.

21 Stefan Friesenegger, *101 Dinge, die ein Eisenbahnliebhaber wissen muss*, GeraMond, München 2019, S. 92.

22 Ebd., S. 120.

23 Wolfgang Bauer, »Die Feinde der Bahn – Wie die Deutsche Bahn gegen Extremwetterlagen kämpft«, in: *Der Fahrgast – Das Magazin des Fahrgastverbandes Pro Bahn*, Heft 2/2020, S. 11–15.

24 Reinhard Hanstein, »Die Wurzeln des Hässlichen«, in: *Bahn-Report – Aktueller Betrieb mit Hintergrund*, Heft 4/2020, S. 77–81.

25 Moses & Taps, *Graffiti Avantgarde*, Publikat, Großostheim 2020, S. 408f.

26 Matthias Brust in: *Ermittlungsakte*, 2004, zitiert nach Moses & Taps, in: Moses & Taps, *Graffiti Avantgarde*, wie Anm. 25, S. 408.

27 1UP, in: *Graffiti Now – Ästhetik des Illegalen*, wie Anm. 2, S. 146.

28 Jean Château, *Das Spiel des Kindes. Natur und Disziplin des Spielens nach dem dritten Lebensjahr*, Ferdinand Schöningh, Paderborn 1969, S 61.

29 Silke Weber, »Warum macht der Klingelstreich Kindern so viel Freude? «, in: *Zeit Wissen*, 18.08.2021, https://www.zeit.de/zeit-wissen/2021/05/kinder-psychologie-klingeltreich-lachen-freude-macht?utm_referrer=https%3A%2F%2Fwww.google.com%2F

30 Simon Langemann, »Er zahlt einfach nicht«, in: *Die Zeit*, Nr. 33, 12.08.2021, S. 18.

31 Ebd.

32 *Berliner Illustrierte Zeitung*, Bilder der Woche, 20.06.2021, S. 2.

33 Markus Gerharz, »Die Preisverleihung 2018«, in: *Immobilienmanager, online*, 26.02.2018, https://www.immobilienmanager.de/die-preisverleihung-2018-26022018

34 Toy Crew in: »Toy Crew wendet sich mit kritischer Botschaft an The Haus«, zitiert nach: *urbanshit.de*, 23.08.2017, https://urbanshit.de/kritische-intervention-der-toy-crew-an-der-the-haus-fassade/

35 Abdruck des Originalflyers in: *Bitte Leben – Urbane Kunst & Subkultur in Berlin 2003–2021*, Reclaim Your City (Hrsg.), Assoziation A, Berlin/Hamburg 2022.

36 *Bitte Leben – Urbane Kunst & Subkultur in Berlin 2003–2021*, wie Anm. 35, S. 308.

37 1UP in: »Wir haben nie so viele Züge bemalt wie im Corona-Jahr«, wie Anm. 1.

38 Peter Michalski in: »Wir haben nie so viele Züge bemalt wie im Corona-Jahr«, wie Anm. 1.

39 »Manche Skulpturen sind auch einsam – Gedanken der Formlehre«, Interview mit Erwin Wurm von Larissa Kikol, in: *Kunstforum International*, Band 280, 2022, S. 216.

40 Luc Boltanski und Ève Chiapello, *Der neue Geist des Kapitalismus*, UVK Verlagsgesellschaft mbH, Konstanz 2003, S. 465.

41 Mathias Mesenhöller, »Die Wut der Jungen«, in: *Geo Epoche*, Nr. 88, 1968, S. 34.

42 »Wir sind Bildermacher, das kann niemand verneinen«, Interview mit Moses & Taps von Larissa Kikol, in: *Monopol Online*, 05.01.2021, https://www.monopol-magazin.de/interview-mit-moses-und-taps

43 Andreas Braune in: *Ziviler Ungehorsam – Texte von Thoreau bis Occupy*, Andreas Braune (Hrsg.), Philipp Reclam jun., Ditzingen 2017, S. 250.

44 Andreas Braune in: *Ziviler Ungehorsam – Texte von Thoreau bis Occupy*, wie Anm. 43, S. 209.

45 Howard Zinn, »Ungehorsam und Demokratie. Neun Irrtümer über Recht und Ordnung«, in: *Ziviler Ungehorsam – Texte von Thoreau bis Occupy*, wie Anm. 43, S. 177.

46 Ebd., S. 182.

47 *Rudi Dutschke – Jeder hat sein Leben ganz zu leben. Die Tagebücher 1963–1979*, Gretchen Dutschke (Hrsg.), Kiepenheuer & Witsch, Köln 2003, S. 92f.

48 Mark Schieritz, »Hier könnte bald Ihr Auto stehen«, in: *Die Zeit*, Nr. 41, 6.10.2022, S. 3.

49 Rutger Bregman, *Utopien für Realisten*, Rowohlt, Reinbek bei Hamburg 2019, S. 66f.

50 Ebd., S. 75.

51 Ebd., S. 76f.

52 Ebd., S. 100.

53 Vgl. Passage zu Kellogg in: *ebd.*, S. 140f.

54 Paul Schweizer, *Scampia – die Rezeption eines Diskurses durch die BewohnerInnen des Viertels*, Bachelorarbeit, Johann Wolfgang-Goethe Universität Frankfurt am Main, 2012.

55 *Rudi Dutschke – Jeder hat sein Leben ganz zu leben. Die Tagebücher 1963–1979*, wie Anm. 47, S. 273.

56 Ebd., S. 189.

57 Ebd., S. 263.

58 Ebd., S. 262f.

59 Ebd., S. 83.

60 Edmund Burke, *Vom Erhabenen und Schönen*, Felix Meiner, Hamburg 1989, S. 154.

61 Moses & Taps, *Graffiti Avantgarde*, wie Anm. 25, S. 73.

62 Christoph Schlingensief im Making-Of, in: *Christoph Schlingensief, U3000*, avanti media im Auftrag von MTV; (c) MTV Networks GmbH 2000, DVD: 2015.

63 Christoph Schlingensief, *U3000*, wie Anm. 62, Folge 6.

64 Christoph Schlingensief, *Ich weiß, ich war's*, btb, München 2012, S. 110.

65 Ebd.

66 Christoph Schlingensief, *U3000*, wie Anm. 62, Folge 3.

67 Ulrich Chaussy, *Rudi Dutschke – Die Biografie*, Droemer Knaur, München 2018, S. 34.

68 *Rudi Dutschke – Jeder hat sein Leben ganz zu leben. Die Tagebücher 1963–1979*, wie Anm. 47, S. 102.

69 Christoph Schlingensief, *U3000*, wie Anm. 62, Folge 3.

70 Ulrich Chaussy, *Rudi Dutschke – Die Biografie*, wie Anm. 67, S. 11–13.

71 *Rudi Dutschke – Jeder hat sein Leben ganz zu leben. Die Tagebücher 1963–1979*, wie Anm. 47, S. 20.

72 Larissa Kikol, »Susie«, in: *Graffiti Now*, wie Anm. 2, S. 69.

73 Peter Michalski, *Selfies*, Hitzerot, Berlin 2022, S. 19.

74 Nils Müller in: »Aus der Subkultur die Zukunft formen«, Interview mit Larissa Kikol, in: *Kunstforum International, Post-Vandalismus*, Band 287, 2023, S. 133–142.

75 Teil des Originalartikels hier veröffentlicht: https://www.welt.de/geschichte/article211941877/Als-Elefant-Tuffi-in-die-Wupper-sprang-So-kam-es-zum-beruehmten-Sturz.html

76 »Graffiti-Attacke auf die Schwebebahn«, in: *Wuppertaler Rundschau*, 07.10.2019, https://www.wuppertaler-rundschau.de/lokales/wuppertaler-schwebebahn-von-sprayern-attackiert_aid-46323049

77 Anja Herr, »Coral World entpuppt sich als großer Hotelkomplex mit Museum«, in: *rbb24 Online*, 02.03.2022, https://www.rbb24.de/politik/beitrag/2022/03/berlin-coral-world-rummelsburger-bucht-hotel-hotelkomplex.html

78 Florian Schmidt, *Wir holen uns die Stadt zurück*, Ullstein, Berlin 2021, S. 9f.

79 Ebd., S. 24.

80 *Rudi Dutschke – Jeder hat sein Leben ganz zu leben. Die Tagebücher 1963–1979*, wie Anm. 47, S. 285.

81 Ebd., S. 224f.

82 Larissa Kikol, »Starter Titus Schade«, in: *art – Das Kunstmagazin*, Ausgabe Juli 2018, S. 98.

83 Kay Steinke, »Robbe entspannt am Strand von Altefähr«, in: *Ostsee-Zeitung*, 09.08.2022, S. 13.

84 Vgl. Sebastian Horsley, *Dandy in der Unterwelt*, Blumenbar, München 2009, S. 104.

85 Ebd., S. 180.

86 Vgl. ebd., S. 105.

Inhalt

Impressum

2. Auflage 2023

DCV – Dr. Cantz'sche Verlagsgesellschaft
Prinz-Eugen-Straße 17A
13347 Berlin

Die Deutsche Nationalbibliothek verzeichnet diese Publikation in der Deutschen Nationalbibliografie; detaillierte bibliografische Daten sind im Internet über http://dnb.dnb.de abrufbar

Lektorat: Martin Holz
Gestaltung von Cover und Bildteil: Book Book, Berlin
Layout und Satz: satz & repro Grieb, München
Druck und Bindung: Florjančič tisk, d.o.o., Maribor
Vertrieb und Marketing: DCV
sales@dcv-books.com

Coverabbildung:
1UP, Entstehung eines Wholetrains, Berlin © 1UP, Foto: musa.frames
SIGNED-Logo unter Verwendung eines Splashs von Moses & Taps™

ISBN 978-3-96912-121-4
Printed in Slovenia

Erschienen bei DCV
www.dcv-books.com

DCV

FSC www.fsc.org MIX Papier | Fördert gute Waldnutzung FSC® C106954